下腔静脉
肾静脉
输尿管

腹主动脉
肾动脉
肾

膀胱
尿道

肾脏在人体的位置

肾脏……体的重要排泄器官，对维持人体生命和正常的生理代谢有着重要的作用。肾脏位于腰部脊柱两侧，左右各一，紧贴腹后壁，位于腹膜后面，两肾的形态、大小、重量大致相同，左肾上极平第11胸椎，其后方有第11、12肋斜行跨过，下端与第2腰椎平齐。右肾上方与肝相邻，位置比左肾低半个到一个椎体，右肾上极平第12胸椎，下极平第3腰椎，第12肋斜行跨过其后方。肾脏外形似蚕豆，中央为肾门，是肾血管、输尿管、神经及淋巴管出入之处。

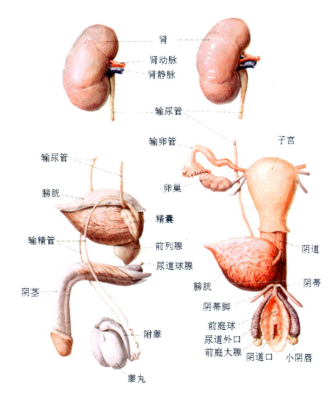

肾
肾动脉
肾静脉
输尿管
输卵管
子宫
输尿管
卵巢
膀胱
精囊
输精管
前列腺
阴道
尿道球腺
阴茎
膀胱
阴蒂
阴蒂脚
前庭球
尿道外口
附睾
前庭大腺
阴道口
小阴唇
睾丸

人体泌尿系统图

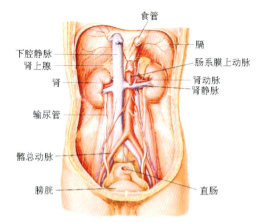

食管
膈
下腔静脉
肠系膜上动脉
肾上腺
肾动脉
肾
肾静脉
输尿管
髂总动脉
膀胱
直肠

肾脏的生理功能包括排泄代谢废物、调节体液以及酸碱平衡、分泌激素。其结果是维持机体的内环境稳定，使新陈代谢正常运行。

　　肾脏分为皮质和髓质两部分，皮质厚度为1cm，该层富有血管及肾小球，颜色较髓质深，为红褐色。皮质的深层为髓质，厚度为2～3cm，该层血管较少，切面是条纹状，是肾小管的肉眼观。髓质约由8～18个肾锥体组成，锥体的尖顶为肾乳头，伸入肾小盏中。肾小盏为漏斗形管状结构，每一肾小盏包绕2～3个肾乳头，相邻的肾小盏汇合成肾大盏，再汇成肾盂，下接输尿管。肾脏的表面自内向外有三层被膜包绕，分别为肾纤维膜、脂肪囊、肾筋膜。

　　肾动脉左右各一，直接起于腹主动脉，走向肾门，分支入肾。肾动脉是肾的滋养血管，又是肾的机能血管，因此口径相当粗。肾动脉在肾内形成两次毛细血管：主要机能是滤出尿液；第二次是出球动脉在肾实质内形成毛细血管网，包绕肾小管等结构，除滋养外，还有利于重吸收作用。最后合成肾静脉出肾门，入下腔静脉。

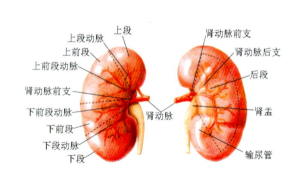

上段动脉
上段
肾动脉前支
上前段
肾动脉后支
上前段动脉
后段
肾动脉前支
下前段动脉
肾盂
下前段
肾动脉
下段动脉
输尿管
下段

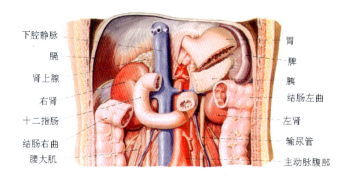

下腔静脉	胃
膈	脾
肾上腺	胰
右肾	结肠左曲
十二指肠	左肾
结肠右曲	输尿管
腰大肌	主动脉腹部

肾的位置和毗邻图

　　肾单位是肾脏的结构和功能的基本单位，每一肾脏约有 100 万个肾单位。肾单位由肾小体和肾小管组成。根据肾小体在皮质的位置，又分为表浅肾单位和髓旁肾单位。表浅肾单位占肾单位的 80%～90%，表浅肾单位髓袢短，仅达髓质外带；髓旁肾单位占肾单位的 10%～20%，髓袢长，可伸达乳头。

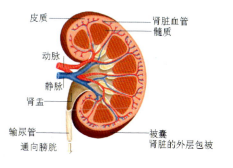

皮质	肾脏血管
	髓质
动脉	
静脉	
肾盂	
输尿管	被囊
通向膀胱	肾脏的外层包被

肾脏解剖图

　　人体有两个红褐色，形如蚕豆的肾脏，每个大约 10cm 长，5cm 宽，2.5cm 厚。肾脏可分为三个部分：皮质、髓质和肾盂。

　　皮质包含过滤血液的肾小囊；髓质包含数以百万计产尿的微管；肾盂呈漏斗形，收集并输导尿液。

人体按摩穴位图

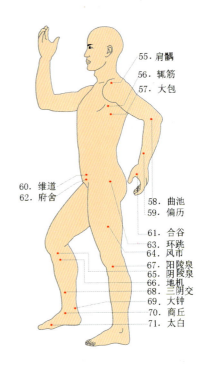

- 55. 肩髃
- 56. 辄筋
- 57. 大包
- 60. 维道
- 62. 府舍
- 58. 曲池
- 59. 偏历
- 61. 合谷
- 63. 环跳
- 64. 风市
- 67. 阳陵泉
- 65. 阴陵泉
- 66. 地机
- 68. 三阴交
- 69. 大钟
- 70. 商丘
- 71. 太白

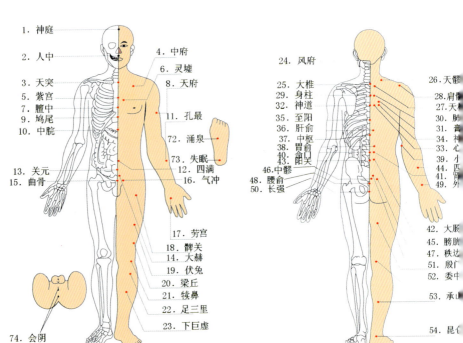

- 1. 神庭
- 2. 人中
- 3. 天突
- 5. 紫宫
- 7. 膻中
- 9. 鸠尾
- 10. 中脘
- 4. 中府
- 6. 灵墟
- 8. 天府
- 11. 孔最
- 72. 涌泉
- 73. 失眠
- 12. 四满
- 16. 气冲
- 13. 关元
- 15. 曲骨
- 17. 劳宫
- 18. 髀关
- 14. 大赫
- 19. 伏兔
- 20. 梁丘
- 21. 犊鼻
- 22. 足三里
- 23. 下巨虚
- 74. 会阴

- 24. 风府
- 25. 大椎
- 29. 身柱
- 32. 神道
- 35. 至阳
- 36. 肝俞
- 37. 中枢
- 38. 胃俞
- 40. 命门
- 43. 阳关
- 46. 中髎
- 48. 腰俞
- 50. 长强
- 26. 天髎
- 28. 肩俞
- 27. 天宗
- 30. 肺俞
- 31. 膏肓
- 34. 神堂
- 33. 心俞
- 39. 小肠俞
- 44. 四渎
- 41. 膀胱俞
- 49. 外关
- 42. 大肠
- 45. 膀胱
- 47. 秩边
- 51. 殷门
- 52. 委中
- 53. 承山
- 54. 昆仑

脚 部 按 摩 示 意 图

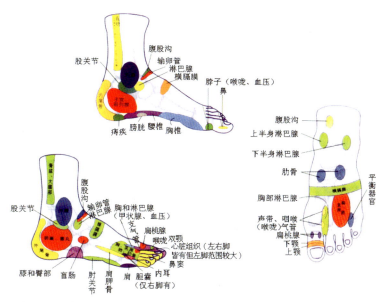

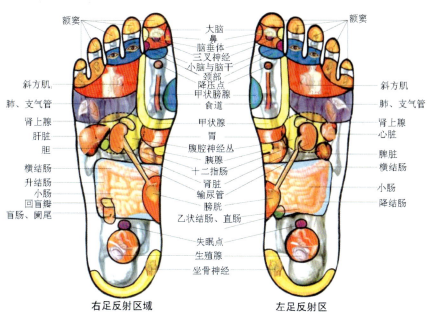

脚掌反射区

手部按摩示意图

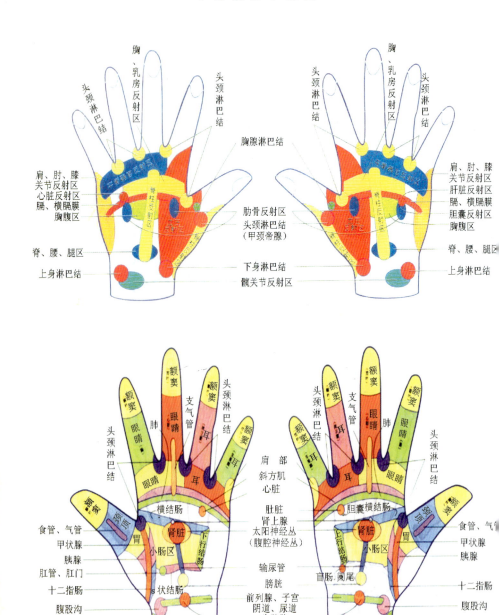

肾脏病的诊疗与保健

主　编：秦亚刚　韩育民
副主编：徐丽梅　史国珍
编　委：谭建民　曲　洪
　　　　杨玉龄　刘晓晨
　　　　宋　颖　杨文明

蓝天出版社

图书在版编目（CIP）数据

肾脏病的诊疗与保健/秦亚刚、韩育民主编. —北京：蓝天出版社，
2002.8

ISBN 7-80158-229-2

Ⅰ.肾… Ⅱ.①秦… ②韩… Ⅲ.①肾脏病—诊疗②肾脏病—保健
Ⅳ. R692

中国版本图书馆 CIP 数据（2002）第 042260 号

肾脏病的诊疗与保健

主 编□秦亚刚 韩育民

出版发行□蓝天出版社

印 刷□北京柯蓝博泰印务有限公司

开 本□880×1230 毫米 1/32

字 数□180 千字

插 页□6 页

印 张□9.25 印张

印 数□5000 册

出版日期□2006 年 9 月第 2 版 2006 年 9 月第 1 次印刷

书 号□ISBN 7-80158-229-2/Z•80

定 价□15.80 元

前　言

随着物质生活水平的日益提高，大家对自己的身体健康状况的关注也越来越多，一旦患上某种疾病，病人都希望对自己的病情有个基本的了解，更希望能通过各种自然疗法或非药物疗法让自己的病情得到控制并逐渐痊愈。

让普通大众了解最新的医学成果，掌握与疾病作斗争的最新的方式方法，是每一个有良知的医务工作者应有的道义和良知。正是基于这种目的，我们组织了一批医学专家，编写了这套"家庭科学医疗丛书"。

本书的编写尤其注重面向普通大众，即把读者对象定位在患者、患者家属，而不是专业医生，所以对于病情诊断方面我们尽量做到深入浅出。对于治疗方面倾向于重点介绍家庭疗法、自然疗法、家庭保健、日常护理、调养与康复、食疗、预防、秘方偏方、常用药物精选等。

食疗方面，我们力争收集到最有效实用的食疗配方，并把经多位患者试用后反映最为良好的配方推荐给读者。

预防方面，我们把每一项预防措施点到实处，注重可操作性，不去大讲空洞的理论。

秘方偏方，科学性和实用性并重，方不求多而求精。

常用药物方面，我们把经临床试用效果最好的老药作重点介绍，同时不忘把最新研制的药品介绍给大家。

这套丛书各分册的编写人员均是该专科的研究专家和始终工作在第一线的主治医生及专业护理人员，他们不仅了解最新研究成果，同时具备最丰富的临床治疗和康复经验，业务的精通和良好的医德让他们在编写本套丛书时力求让每位患者和患者家属从中找到自己最需要的东西。

但是，因为每个人身体情况不同，具体治疗方案也应不同，因此，在您决定开始运用本书的某些疗法之前，最好先向您的经治医生咨询其可行性，以免出现"尽信书不如无书"的状况。需要特别强调的是，凡本书中涉及的处方药一定要在您的经治医生指导下才能用药。

解放军空军司令部门诊部的朱媛媛医生与空军总医院的宋颖医生为本丛书的出版给予了大力的支持与帮助，在此特向她们表示衷心的感谢。

当然，由于时间仓促，更由于医疗科技的飞速发展，本丛书还会有不少不足之处，敬请广大同道和读者批评指正。

编　者

目　　录

肾脏发病的基本常识

☞ 肾脏的主要结构
☞ 肾脏的生理功能
☞ 肾脏的发病因素

第一节 肾脏的主要结构

呼吸系统、循环系统、消化系统、血液系统、内分泌系统、代谢系统、泌尿系统、生殖系统、神经系统和运动骨骼系统构成了人体十大系统。肾脏属于人体的泌尿系统，它是人体的重要排泄器官，对维持人体生命和正常的生理代谢有着重要的作用。肾脏一旦发病，就会危及人体多个器官，严重者并发多种疾病，一不小心就会有性命之虞。

1. 肾脏在人体中的位置

肾脏即俗语所说的"腰子"，是实质性器官，外形似蚕豆，表面光滑，呈红褐色，实心而柔软，大小与猪腰子近似。每个人都有两个肾脏，两肾的形态、大小、重量大致相同，每个肾脏长 10~12 厘米，宽 5~6 厘米，厚 3~4 厘米，重约 120~150 克，男子比同年龄女子的肾脏略重一些。肾脏位于人体腹后壁脊柱两旁，左右侧各 1 个。其上缘与第十一、十二胸椎等高，下缘可达第二、三腰椎。正常右侧肾脏比左侧肾脏略低 1~2 厘米，这是因为右肾位于肝脏下面的缘故。由于肾脏是在横膈以下，所以能随呼吸上下移动，移动的范围为 1~2 厘米。触诊检查时，由于右肾较低，有时可于肋缘下触及其下端，叩击或触压肾疾患者的这一部位可引起疼痛。

肾脏分为上下两端，内外两侧缘和前后两面。上端宽而薄，下端窄而厚。肾的前面较凸，朝向前外侧；肾的后面较平，紧贴腹后壁。外侧缘凸隆；内侧缘中部凹陷，是肾血管、输尿管、神经及淋巴管出入之处，称为肾门，其排列顺序为：肾静脉在前、肾动脉居中、输尿管在后，该处合称为肾蒂。肾门向肾内延续为由肾实质围成的肾窦，窦内含有肾动脉、肾静脉的主要分支和属支、肾小盏、肾大盏、肾盂和脂肪组织等。在肾脏的上方左右侧各有一个很小的肾上肾的被膜自内向外可分为 3 层：

（1）纤维膜　为贴于肾实质表面的一层结缔组织膜，薄而坚韧，由致密结缔组织和少数弹力纤维构成。在正常状态下，容易与肾实质剥离。但在某些病理情况下，由于与肾实质粘连，而不易剥离。

（2）脂肪囊　位于纤维膜的外面，为肾周围呈囊状的脂肪层。脂肪囊对肾起弹性垫样保护作用。

（3）肾筋膜　位于脂肪囊的外面，由腹膜外组织发育而来。肾筋膜分前后两层，包绕肾和肾上腺。向上向外两层互相融合。向下两层互相分离，其间有输尿管通过。肾筋膜向内侧、前层延至腹主动脉和下腔静脉的前面，与大血管周围的结缔组织及对侧肾筋膜前层相续连；后层与腰大肌筋膜相融合。自肾筋膜深面还发出许多结缔组织小束，穿过脂肪囊连至纤维膜，对肾起固定作用。肾的正常位置要靠多种因素来维持，如肾被膜、肾血管的邻接器官、腹内压以及腹膜等都对肾起固定作用。肾的固定装置不健全时，肾可向下移位形成肾下垂或游走肾。

2. 肾脏的血管分布

肾动脉左右各一，直接起于腹主动脉，走向肾门，分支入肾。肾动脉是肾的滋养血管，又是肾的机能血管，因此口径相当粗。肾动脉在肾内形成两次毛细血管：第一次在肾小球内形成动脉性毛细血管，主要机能是滤出尿液；第二次是出球动脉在肾实质内形成毛细血管网，包绕肾小管等结构，除滋养外，还有利于重吸收作用。最后合成肾静脉出肾门，入下腔静脉。

肾动脉在肾实质内是按节段分布的。一个段动脉分布一定区域的肾组织，这部分肾组织称一个肾段。一般分为 5 个肾段，即上段、上前段、下前段、下段和后段。动脉和段的名称相同，如上段动脉分布的肾组织即为上段。肾段动脉分支之间在肾内没有吻合，故一支段动脉发生血流障碍时，它供应的肾组织即可发生坏死。因此，肾段知识对肾血管造影及部分肾切除手术等有重要的实用意义。

3. 肾脏的神经支配

支配肾的神经主要有交感神经与副交感神经。交感神经来自腹腔神经丛发出的肾丛；副交感神经来自迷走神经的分支。这些神经沿肾血管进入肾实质内，形成神经末梢网，分布于肾小球及肾小管，血管外膜有感觉神经末梢，肌层则有运动神经末梢。

4. 肾的分层结构

肾为实质器官。如果把肾脏沿着肾门纵向切为前后两半，从纵剖面上可以看到，肾实质分为肾皮质和肾髓质两部分：外层为皮质，厚度为 1 厘米，该层富有血管和肾小球，颜色较髓质深，为红褐色。皮质的深层为髓质，厚度约占肾实质的 2/3，切面呈条纹状，这就是肾小管。髓质由 10～15 个肾锥体组成，每 2～3 个肾锥体的尖端构成一个肾乳头，肾乳头上有 10～25 个小孔，开口于肾小盏。肾锥体另一侧向皮质伸出许多放射状条纹，称髓放线。皮质嵌入锥体之间部分为肾柱。每 1～2 个肾乳头被一个漏斗状的肾小盏包绕，2～3 个肾小盏合成肾盂，相邻的肾小盏汇集成肾大盏，再汇成肾盂和输尿管相连。

5. 什么是肾单位

肾脏主要由肾小体、肾小管、集合管和肾间质这四个部分组成，其中肾小球与之相连的肾小管组成肾单位，每个肾脏约有 100 万个以上肾单位，是肾的结构与功能的基本单位。肾单位之间有血管和结缔组织支撑，称为肾间质。

肾单位由肾小体和肾小管两部分组成。肾小体是由肾小球和肾小囊组成的球状结构，具有形成和滤过原尿的作用。肾小球的核心是一团球形的毛细血管网，其两端分别与入球小动脉和出球小动脉相连。肾小球的外面覆以肾小囊，肾小囊腔与肾小管腔相通。肾小管由近端小管、细管（细段）和远端小管三部分组成，具有重吸收和排泄的功能。远端小管最后汇入集合管，许多集合管汇合成肾乳头，肾乳头管开口在肾乳头处，与肾小盏相通。集合管不包括在肾单位内。

6. 肾小球的超微结构与功能

肾小球是一团构造特殊的毛细血管网丛，包裹在肾小管中间，属于有孔型的毛细血管，又称血管球。它的一端是入球小动脉与出球小动脉的出入处，称为肾小球血管极；与血管极相对应的另一端（与远端小管相连的）称为肾小球尿极。入球小动脉进入肾小球后分为 4~6 支，每支再分为若干小分支，组成袢状毛细血管小叶，各小叶的毛细血管先集合成数支，然后再与出球小动脉相连于血管端，在毛细血管小叶与毛细血管之间，存在着血管系膜区。

肾小球为血液过滤器，肾小球毛细血管壁构成过滤膜，从内到外有三层结构：

内层为内皮细胞层，为附着在肾小球基底膜内的扁平细胞，上有无数孔径大小不等的小孔，小孔有一层极薄的膈膜。

中层为肾小球基膜，电镜下从内到外分为三层，即内疏松层、致密层及外疏松层，为控制滤过分子大小的主要部分。

外层为上皮细胞层，上皮细胞又称足细胞，其不规则突起称为足突，其间有许多狭小间隙，血液经滤膜过滤后，滤液入肾小球囊。在正常情况下，血液中绝大部分蛋白质不能滤过而保留于血液中，仅小分子物质如尿素、葡萄糖、电解质及某些小分子蛋白能滤过。

系膜由系膜细胞及系膜基质组成，为肾小球毛细血管丛小叶间的轴心组织，并与毛细血管的内皮直接相邻，起到肾小球内毛细血管间的支持作用。

系膜细胞有多种功能，该细胞中存在收缩性纤维丝，通过刺激纤维丝收缩，调节肾小球毛细血管表面，从而对肾小球血流量有所控制。系膜细胞能维护邻近基膜及对肾小球毛细血管起支架作用。在某些中毒及疾病发生时，该细胞可溶解，肾小球结构即被破坏，功能也丧失。系膜细胞有吞噬及清除异物的能力，如免疫复合物、异常蛋白质及其他颗粒。

7. 肾小球毛细血管的特点

肾小球是一团球形的毛细血管网。入球小动脉自血管极进入肾小囊，分为5～8支，继而分成许多袢状毛细血管。这些毛细血管盘绕成5～8个毛细血管小叶或节段，小叶内的毛细血管之间有系膜组织相连接，毛细血管之间的吻合支很少。每个小叶的毛细血管再依次集中为较大的血管，然后再与其他小叶的小血管汇合为出球小动脉，从血管极离开肾小球。

肾小球毛细血管与身体其他部位毛细血管相比，有两大特点：

（1）肾小球入球小动脉平直，短而粗，出球小动脉屈曲，细而长，从而使肾小球毛细血管的内压力较一般毛细血管高出2～3倍，这一特点在皮质肾单位尤为明显，这种结构显然有利于肾小球毛细血管的滤过功能和原尿生成；另一方面也容易使血流中的一些特殊物质（免疫复合物、大分子物质等）在毛细血管壁沉积而导致损伤。

（2）肾小球毛细血管壁的结构复杂，由内皮细胞、基底膜和上皮细胞组成，从而保证了肾小球毛细血管的选择性滤过功能；另一方面也可使血流中的一些特殊物质选择性地沉积于毛细血管壁的不同部位。

8. 肾小管的组成

肾小管是肾单位的组成部分，是由近端小管、细管（细段）和远端小管三部分组成,是一条细长的单层上皮管道。其中起选择性重吸收作用的主要部位,也是肾小管各段中最粗最长的一段,其直径约 50~60 微米,长约 14 毫米,约占整个肾小管总长的1/4,管壁由单层立方上皮组成,细胞界限不清晰。近端小管又可分为近端小管曲部(近曲小管)和近端小管直部(降支粗部)。近端小管的管腔面有很多刷状缘,是由许多很长的微绒毛组成,微绒毛的总面积约 50~60 平方米,这样大的细胞面积对肾小管的重吸收十分有利。细管是肾小管的第二部分,分为降支细部和升支细部,连接于近端小管直部和远端小管直部之间,长约 10 毫米。这段肾小管不具有主动运转的功能,即不具有主动重吸收作用,但却具有逆流倍增功能。所谓逆流倍增作用,是指能使尿液逐步浓缩的作用,而其重吸收作用却极低弱。远端小管是肾小管的第三部分,由远端小管的直部(升支粗部)和远端小管曲部(远曲小管)组成。直部与上述细管和近端小管直部构成髓袢。远端小管直部的上皮细胞能主动运转钠离子,调节酸碱平衡,使小管液由低渗变为等渗再变为高渗。远端小管下行与集合管相连。

9. 肾小球旁器的结构与功能

肾小球旁器位于肾小体血管极处,入球及出球小动脉与远曲小管毗邻的三角区,由三种细胞组成:

(1)球旁细胞为入球细动脉的平滑肌细胞进入肾小球。

(2)致密斑是远端小管靠近肾小体血管极一侧的一群上皮细胞。致密斑是一个化学感受器,对小管液中钠离子的变化十分敏感,可以调节球旁细胞分泌肾素。

(3)球外系膜细胞位于入球和出球小动脉及致密斑所形成的三角地带,并与球内系膜细胞相连。它的功能除与球内系膜细胞有相同的收缩功能外，尚可看成是包曼氏囊的一个关闭装置。

10. 肾间质是什么

肾间质是分布在肾小球与肾小管以外的少量纤维结缔组织，包括血管、淋巴管及神经纤维等。间质细胞以成纤维细胞为最多，其次为巨噬细胞。肾间质在肾实质内分布不均匀，自皮质向髓质逐渐增多，尤其是在接近肾锥体乳头部的数量更丰富，故肾间质的病变也常以肾髓质乳头部的间质为最显著。肾乳头处集合小管、肾血管之间为疏松结缔组织，细胞间质较多，有利于渗透扩散，肾血管周围也有较多的网状纤维，具有支持作用。肾髓质中的间质细胞有分泌功能，如分泌前列腺素参与血压的调节，分泌促红细胞生成素促进红细胞的合成。肾间质细胞具有收缩功能，可促进尿液浓缩。肾间质细胞还具有吞噬功能。

第二节　肾脏的生理功能

肾脏是泌尿系统的重要器官，其生理功能主要包括以下几个方面。

1. 生成尿液

肾脏是生成和排泄尿液的器官，人们饮水以后，饮入的水分经过胃肠道吸收进入血液，通过血液循环，再经过肾脏处理后形成尿液排出体外，所以尿液是直接来源于血液的。血液中除了水分以外，还有许多其他成分，如蛋白质、电解质、代谢废物等。肾小球好像是一个过滤器，当血液流经肾小球毛细血管时，血液中的水分和中、小分子的可溶物质，如盐类、葡萄糖和小分子蛋白质，都能通过肾小球基膜过滤到肾小球囊内而形成原尿。正常成年人两侧肾脏的血流量大约是每分钟 100～120 毫升，每天滤液的总量大约有 150～200 升（平均 180 升），也就是 15 万～20 万毫升；但是正常人每天排出的尿液却只有 1.5 升，即 1500 毫升左右。也就是说，肾小球滤液并没有完全被排出体外，大部分又被肾小管重新吸收回去。排出的 1500 毫升左右的尿液叫终尿。原尿的成分与血浆的成分十分接近，甚至几乎完全相同；而终尿与原尿则完全不同。如原尿中含糖，终尿不含糖，终尿中的肌酐比原尿中的肌酐多 100 倍。这些都充分说明肾小管有吸收、分泌和排泄的功能。

根据以上所述，尿液的生成包括三个过程：

（1）肾小球的滤过作用　血液流经肾小球毛细血管网时，血浆中的水分和其他物质从肾小球滤过，形成原尿。

（2）肾小管的重吸收作用　原尿经过肾小管时，99% 的水分和一切有用的物质，如蛋白质、葡萄糖、电解质等，全部被重吸收到血液中。

（3）肾小管和集合管的排泄和分泌作用　原尿中有相当一部分物质，是从肾小管和集合管的上皮细胞分泌或排泄到肾小管的管腔中去的。人体排出尿液的数量和成分之所以能维持正常状态，都与以上这三个过程的正常进行有关。如果肾小球的通透性增加了，肾小管重吸收的作用减弱了，肾小管和集合管的排泄功能发生了障碍，都会导致尿量和尿液成分的改变。通过尿量的变化和对尿中成分的分析，可以更好地诊断和治疗肾脏疾病。

正常人在体内水分过多或过少时，都会通过肾脏自动进行调节，以保持体内水分的平衡。如夏天天气炎热，剧烈运动或劳动时出汗多了，体内的水分少了，尿量就会减少；冷天或休息时出汗少了，体内的水分多了，尿量就会增多。肾血流量约占全身血流量的1/5~1/4左右，肾小球滤液每分钟约生成120毫升，一昼夜总滤液量约170~180升。滤液经肾小管时，99%被重吸收，故正常人每日尿量约为1500毫升。由此可见，几乎99%的滤液都被肾小管重吸收。而且肾小管的重吸收功能具有选择性，葡萄糖、氨基酸、维生素、多肽类物质和少量蛋白质，在近端小管几乎被全部回收，而肌酐、尿素、尿酸及其他代谢产物，经过选择，或部分吸收，或完全排出。肾小管尚可分泌排出药物及毒物，如酚红、对氨基马尿酸、青霉素、头孢霉素等；药物若与蛋白质结合，则可通过肾小球滤过而排出。一个肾单位全长约50毫米，两侧肾脏肾单位的总长加在一起可达70千米以上。正常人的肾脏平时只有一小部分肾单位在工作，说明肾脏的储备功能很大。肾小体是肾小球肾炎的主要病变部位。

2. 排出代谢废物、毒物和药物

慢性肾炎发展到后期，可以形成慢性肾功能衰竭，也就是尿毒症。导致尿毒症的毒素种类繁多，目前公认的有尿素、尿酸、肌酐、肌酸、芳香酸、脂肪酸、胍类、酚类和吲哚类等。当这些有害的代谢产物在体内大量潴留时，会使肾脏的排泄、调节、分泌等功能发生障碍，引起慢性肾功能衰竭。尿素是蛋白质及氨基酸分解代谢的主要终末产物，也是氨在肝脏内解毒的产物。正常成年人血浆中尿素的浓度约3.2~7.0毫摩尔/升，而每日尿中排出的尿素可有10~30克。摄入的蛋白质越多，尿中排出的尿素也越多，因此排泄尿素是肾脏的主要功能之一。

为了维持肾脏的正常排泄功能，肾血流量一般保持在恒定范围内，肾小球滤过率每分钟约 120 毫升。肾脏有自身调节功能，通过管球反馈、肾神经及血管活性物质等环节调节肾血浆流量，肾小球滤过率维持在一定的范围内。肾小球滤过率受毛细血管内压、肾血浆流量、动脉血白蛋白浓度及滤过膜的通透系数的影响，当血压过低，肾血浆流量减少，血浆胶体渗透压增高，或通透系数下降时，肾小球滤过率显著降低或停止。肾小球滤过膜对大分子物质具有屏障作用，滤过膜的屏障由两部分组成：一是机械性屏障，与滤过膜上的孔径大小及构型有关；二是电荷屏障，肾小球滤过膜带负电荷，可以阻止带负电荷的白蛋白滤出。在某些病理状态下，滤过膜上的负电荷消失，使大量白蛋白经滤过膜滤出，形成蛋白尿。

尿素、肌酸、肌酐为主要含氮代谢产物，由肾小球滤过排泄，而马尿酸、苯甲酸以及各种胺类等有机酸则经过肾小管排泄。主要通过肾小管上皮细胞向管腔内分泌的途径来排泄代谢废物，以肾小管近端排泄为主，除排泄有机酸外，还排出许多进入体内的药物，如庆大霉素、头孢霉素等也从近端肾小管排出。

正常成年人血浆中尿酸的浓度为 178~488 微摩尔/升，其中大约 25% 与血浆蛋白结合，大部分以游离的钠盐溶解在血浆中，它可以自由地滤过肾小球，但 98%~99% 会被近端小管重吸收。近端小管还能主动分泌尿酸，但大部分也在排泄过程中被重吸收。通过重吸收—分泌—重吸收的过程，经终尿排出的尿酸约占肾小球滤过量的 6%~10%，每日尿中所含的尿酸约 0.1~1.0 克。肌酸及肌酐也是可以通过肾小球滤过的小分子物质，滤过后在近端小管中可全部重吸收，故正常成年人尿中没有肌酸排出。肌酐主要由肌酸通过脱水反应在肌肉中缓慢地形成，再释放到血液中，随尿液排出。因此，肌酐的排泄量不容易受饮食的影响，但临床上判断肾功能时，常以血清肌酐、血尿素氮及血尿酸的客观指标为标准来进行分析，其中以肌酐的指标为最重要。

3. 调节体内水和渗透压

肾具有强大的根据机体需要调节水排泄的能力，以维持体液渗透浓度的稳定。调节人体水及渗透压平衡的部位主要在肾小管。近曲小管为等渗性再吸收，为吸收钠离子及分泌氢离子的重要场所。

在近曲小管中，葡萄糖及氨基酸被完全回收，碳酸氢根回收70%~80%，水及钠的回收约65%~70%。滤液进入髓袢后进一步被浓缩，约25%氯化钠和15%水被重吸收。远曲小管及集合小管不透水，但能吸收部分钠盐，因之液体维持在低渗状态。肾对尿液的稀释浓缩主要发生在集合管。滤液进入髓袢后，通过逆流倍增机制而被浓缩。肾脏自皮质到髓质，组织间液的渗透浓度逐渐升高，到肾乳突处最高。髓袢各段通透性不同，髓袢降支对水容易透过，尿素较难，而氯化钠则极少能渗透，故水分不断向组织间透出，管腔内氯化钠浓度不断升高；而髓袢升支细段则对钠离子有高度通透性，对尿素有中度通透性，但水则不易透过。因此在升支管腔中，钠浓度逐渐降低，而尿素浓度则有升高。总之，调节人体水及渗透压平衡的部位主要在肾小管。在肾功能严重衰退、滤过率极度减少时，肾小球也可影响水的排泄。影响肾稀释浓缩机能的因素很多，如抗利尿激素、慢性肾功能不全、利尿剂等。

4. 调节电解质浓度

肾小球滤液中含有多种电解质，当进入肾小管后，钠、钾、钙、镁、碳酸氢、氯及磷酸离子等大部分被，按人体的需要，由神经－内分泌及体液因素调节其吸收量。

5. 调节酸碱平衡

通过排泄尿液，将人体新陈代谢过程中所产生的一些酸性物质排出体外，并可控制酸性物质和碱性物质排出的比例，从而保持体内的酸碱平衡。肾对酸碱平衡的调节包括：

（1）排泄氢离子，重新合成碳酸根，主要在远端肾单位完成。

（2）排出酸性阴离子，如硫酸根、磷酸根等。

（3）重吸收滤过的碳酸根。

6. 内分泌功能

肾脏不仅是排泄器官，也是重要的内分泌器官，它能分泌许多激素来调节人体的正常生理活动。如分泌的肾素能通过肾素－血管紧张素系统调节血压；分泌的促红细胞生成素能刺激骨髓干细胞的造血功能；分泌的前列腺素及高活性维生素 D 对调节人体血压和钙磷代谢，促进成骨也有十分重要的作用。

总之，肾脏是通过排泄代谢废物，调节体液，分泌内分泌激素，以维持体内内环境稳定，使新陈代谢正常进行的。

第三节　肾脏的发病因素

肾脏病的病因相当复杂，概括起来可分为外感因素、内伤因素、病理产物因素和药邪致病等四类。

（一）外感因素

包括风、寒、暑、湿、燥、火六淫及疠疫之气。由于人生活在自然界里，任何疾病的发生均会受到自然界各种气候的影响。上述外邪侵犯人体同样亦可造成或诱发肾病的发生。

如《素问水热穴论》说："勇而劳甚则肾汗出，肾汗出逢于风，内不得入于脏腑，外不得越于皮肤，客于玄府，行于皮里，传为跗肿，本之于肾，各日风水。"《医学入门》指出："阳水多外因，涉水冒雨，或兼风寒暑气。"从临床来看，急性肾炎、慢性肾炎、急性肾盂肾炎等肾病的发生或诱发加重，与这些外感因素的侵袭均有密切关系。外邪致病，可单独致病，亦可相兼为患，但临床以两种或两种以上致病因素联合作用多见。如急性肾炎的发病，常常有感受风热，或风寒，或风寒湿等外邪的病史。祖国医学认为，外邪一般是在人体正气虚弱的情况下才能侵袭人体致病。外邪伤肾可分直中和递传两种形式。因肾居下焦，位于人体较深层次，故外邪伤肾，多首先侵袭肺卫肌腠等浅表层次，由表入里，由上而下。因此，外邪直接侵及肾脏者较少，大多经标本倾移，脏腑传受，逐渐波及肾脏。

（二）内伤因素

内伤致病是指排除近期外邪干扰的情况下，由于机体的内在原因而导致的疾病。同外邪致病相比，内伤致病有两大特征：一为复杂性，即其发病多非由单一因素造成，而是若干因素相互作用，交结而成。其发病后，病理机制也较为复杂，病位多为数脏同病，病性多为虚实错杂。二为潜发性，即内伤致病，多难指出明确的发病时间，实际上，病人觉察病情，其病理机制早已暗成。内伤致病的原因很多，主要包括有先天不足、七情内伤、饮食不节、久病过劳等。

1. 先天不足

先天禀赋不足，阴阳偏颇是肾病形成的重要因素，常由精气禀赋不足和妊娠调养失宜所引起。先天禀赋不足，如后天喂养得法，用后天饮食水谷之精，补其先天精气之不足，亦致于造成肾病；如后天失调，脏腑失养，易为外邪侵袭，甚则生长发育迟缓，以致产生筋骨痿软、鸡胸、龟背、遗尿等肾病的病征。先天禀赋不足，与肾气的强弱和肾中阴阳的偏盛偏衰密切相关，此一关系又构成肾脏致病的病理基础。如有的人禀赋阴盛阳衰，其致病多形成肾阳不足、虚寒内盛的病理征型；反之则易形成阴虚内热之症。

2. 七情内伤

七情是指喜、怒、悲、恐、忧、思、惊七种情志活动，是人类的精神意识对外界事物或自身的各种活动的情感反应。

一般情况下，七情属正常生理活动范畴，并不致病。但这些情志活动过于强烈、持久或失调，即可引起脏腑失调、气血紊乱而致病。实际上，人类的各种情志活动，均以肾精为物质基础，七情过用，必引致肾精的过耗，从而导致肾病；另外，七情还可通过其他脏腑，间接导致肾的损伤，如悲可伤肺，金不生水等。情志失调不仅是一些肾病的一个因素，也是诱发肾病趋向严重的原因。如遗精、阳痿这些性功能不全的患者中，由于精神紧张，常常导致病情反复不愈，甚至日趋严重；慢性肾功能衰竭患者，若遇情志失调，亦常致病情恶化加重。

3. 饮食不节

饮食失宜包括过饥、过饱及五味偏嗜等情况。过饥指摄食不足，体内所需营养得不到充分供应，气血生化之源则匮乏，后天之精无以濡养先天之精，久必先天之精亦不足，从而导致肾精的虚亏。过饱指饮食过量，超过了体内正常的需要，发生营养过剩。这种过剩的营养，常化为脂肪，存积体内，久之则形成气衰，痰湿内生，阻滞气血，遏伤阳气，从而导致肾阳不布，百脉不畅，产生诸多肾虚之症。另一方面，摄食无度，暴饮暴食，还可损伤脾胃，进而及肾。五味偏嗜，恣食膏粱厚味，辛燥刺激食物，不但可使某些脏气偏盛偏衰，亦可造成肾中积热，消谷耗液，五脏之阴液失其滋养。

4. 劳倦过度

劳倦包括房劳和形劳，前者指色欲过度，后者指运动过极，过分消耗体力。人的一切运动能力皆以元气为动力，而元气又由肾精所化生，如体力过用，扰伤筋骨，则必耗精伤气，内损及肾；而房事过度，不但耗精，而且伤神，而神亦以精为之守。在临床上，劳倦伤肾，多以虚症为主。一般常可见到神疲乏力、腰膝酸软、眩晕遗精等肾气亏虚之症。但由于人的体质不同，又有阴虚、阳虚之分，阴虚者可兼见潮热、盗汗、梦遗、口干、舌红等虚热之象；阳虚者可兼见畏寒、肢冷、滑精、阳痿、舌淡等虚寒之症。女人劳倦，还可损及冲任，引起月经不调、崩漏带下、流产不孕等症。

（三）病理产物因素

指因脏腑功能失调所产生的病理产物，主要指水湿、淤血。这些因素可成为肾病加重、恶化的病因，近年已引起广大肾脏医务工作者的重视。如急慢性肾炎、肾病综合征，由于肺、脾、肾功能失调，致使水湿内生，这些水湿又可影响脏腑功能，如湿邪困脾，可使脾气进一步虚弱，进而及肾，致使水肿愈重；湿邪滞内，又可阻碍气机，可致机体气机升降失常，气血逆乱；水湿亦可阻碍血液运行，形成血淤，使水肿进一步加重。淤血是许多肾脏病如肾肿瘤、肾动脉硬化症、肾静脉血栓形成等的重要病因和病理产物，亦存在于多种肾脏病如急慢性肾炎、慢性肾盂肾炎、紫癜性肾炎、狼疮性肾炎等的发病过程中，现代医学证明，肾脏局部或弥漫性淤血，可引起肾血流量减少，继发性肾小球滤过率降低，临床在辨证的基础上使用活血祛淤药，可取得更好的疗效。淤血的形成可因脏腑功能障碍而致气滞血淤；或气虚血淤；或脉络损伤，血出离经而导致血淤；或因湿热郁久不解导致血淤。

（四）药邪致病因素

肾病的发生发展，药邪致病是一个重要因素。这种药邪伤肾一般多因误治或用药不当所致。如误用或过量使用对肾有毒副作用的药物（氨基甙类、镇痛剂、雷公藤、关木通等）常可引起肾功能不全、间质性肾炎等肾病的发生；又如过用苦药，日久可致肾阴不足，过用寒药日久可伤及肾阳；或以温补药治疗肾阴虚症，以养阴清热药治疗肾阳虚症，这种由误治导致的药邪，于病无益，反而加剧原来病情的发展。另外，现代医学治疗肾病而运用的抗生素、激素、免疫抑制剂等药物，常克伐真阴，助生湿热，形成阴虚内热或湿热内蕴之症，并使原有肾病病情加重或迁延难愈，已引起广大医务工作者的注意和重视。

此外，久病及肾亦是肾病发生的不可忽视的一个致病因素。

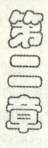

肾脏病的症状和诊断

☞ 各型肾病的病因病机
☞ 各型肾病的临床表现
☞ 各型肾病的诊断重点

第一节 急性肾炎

急性肾炎是急性感染后肾小球肾炎的简称，是儿童常见的肾脏病，好发年龄多见于 5～14 岁。有资料报道 55 岁以上的急性肾炎患者占 12.2%。本病的特点是急性起病，临床表现为急性肾炎综合征，即血尿、蛋白尿、高血压、水肿、少尿及氮质血症。急性肾炎一般预后较好，儿童患者 80%～90% 可以痊愈，而成人患者中只有50%～75% 可以痊愈。一次感染后机体产生保护性免疫，因而很少二次患病。

一、病因病机

西医认为急性肾炎的主要病因是咽喉炎、腭扁桃体炎、皮肤感染、猩红热等溶血性链球菌的感染。本病多系免疫复合物型肾炎，其免疫发病机制是细菌等作为抗原，刺激机体出现抗原—抗体反应，继之循环免疫复合物沉积于肾小球的基底膜及系膜区而发病。

中医古代文献中关于"风水"、"阳水"的记载与急性肾炎类似。前贤指出其病因为"肾汗出逢于风"、"阳水……或疮痍所致"、"阳水多外因，涉水冒雨，或兼风寒暑气而见阳症"，这里强调外邪、疮毒是其诱因，与现代医学的看法确有雷同之处。结合本病的临床特点，中医认为其病因主要是外邪侵袭，其中又以风寒、风热、湿毒、热毒为主。病位重心在肺，由肺波及于肾。其中医病机有两个方面，若以风水为主要表现者，是因于外邪袭肺，肺失宣降，水道失于通调，故聚而为水肿。若以血尿为主要表现者，当责之于肺胃热毒壅盛，迫血下行，上病及下所致。虽然中医理论认为，"邪之所凑，其气必虚"，然而就急性肾炎而言，邪实是其病机的特点。

二、临床表现

急性肾炎患者大部分有咽部或皮肤等前驱感染史，潜伏期一般为 7~20 日，之后出现急性肾炎综合征。

全部患者均有血尿，肉眼血尿的出现率约为 40%，余者为显微镜下血尿。尿色呈洗肉水样，无血凝块。

蛋白尿常呈轻度或中度，一般在 0.5~3.5 克/日之间。少数患者可出现肾病综合征的表现。

以水肿为主要表现者约 60%，程度轻重不一，轻者仅晨起颜面眼睑水肿，重者可出现全身高度水肿。水肿患者一般尿量减少。

急性肾炎患者的高血压主要与水钠潴留相关，称为"容量依赖性高血压"，一旦利尿退肿以后，血压会随之恢复正常。高血压的程度多为轻至中等度增高，一般不伴高血压的眼底改变。

由于少尿、水肿，急性肾炎患者可出现一次性的氮质血症，血肌酐和血尿素氮会轻度升高，但经利尿之后会恢复正常。

三、诊断要点

（1）有咽峡部或皮肤等部位溶血性链球菌感染史，潜伏日为7～20日，之后发病。

（2）临床表现为急性肾炎综合征，其中以血尿为必备条件。

（3）急性肾炎患者在发病的前8周，可出现补体血下降，之后恢复正常。

第二节　慢性肾炎

慢性肾炎是慢性肾小球肾炎的简称。一般多见于青年男性，起病缓慢，病情迁延，是由多种原因、多种病理类型组成的原发于肾小球的一组疾病。其肾小球的病变呈两肾一致性。临床表现多种多样，且轻重程度不等，持续性尿常规检查异常，大多数患者有程度不等的高血压，随着病情发展，会出现肾功能损害。本病预后较差，治疗有一定的难度。

一、病因病机

西医认为，大多数慢性肾炎的病因并不清楚，其中仅极少部分是由急性肾炎迁延不愈转化而成；大部分并非由急性肾炎迁延而来，而是一开始就患的是慢性肾炎。除链球菌以外，其他细菌及病毒感染，特别是乙型肝炎病毒感染可以导致慢性肾炎。本病的大部分仍系免疫复合物型肾炎。其循环免疫复合物或原位免疫复合物沉积于肾小球的不同部位而引起组织损伤，因而形成了不同的病理类型。近年来的研究还提示，非免疫介导因素，如高血压、肾血流动力学改变等在慢性肾炎的发生与发展中亦起着重要的作用。

中医古代文献中对慢性肾炎的认识，散见于"虚损"、"肾风"、"水气"、"眩晕"等病征中，这是与中医认识疾病主要根据"病态"，即主要临床表现所决定的。鉴于慢性肾炎病程绵长，"久病多虚"，故而其症候多为虚症或虚中挟实症。虚症的成因有素体脾肾虚弱，劳倦情志所伤，外邪久羁伤症等多种。关于兼挟邪实的种类有水湿、湿热、淤血、肝风等。其中淤血的病机属于气血虚滞的范畴，中医学称为"久病入络"。这与现代医学认为继发性凝血障碍是肾小球病变发展与恶化的重要因素极为吻合。结合慢性肾炎的临床特点，若以虚损的症状为主，伴有尿常规检查异常者，其病位重点在脾肾，因脾不升清充血失职、肾失封藏，故致蛋白尿或血尿。若以水肿的症状为主者，多系阴水的范畴，因脾气虚、脾阳虚而运化水湿失职，或肾气、肾阳虚衰主水无权。若以眩晕之症为主者，多伴有中等度以上高血压，其病机以肝肾阴虚，木少滋荣，肝阳上亢者居多。

二、临床表现

早期患者可有神疲乏力、腰部酸痛、纳差等症状，随着病情迁延，上述症状可持续。可有轻度水肿，如伴有肾病综合征，则可出现高度水肿。持续性尿常规检查异常，或为轻至中度蛋白尿，或为镜下血尿，或两者兼有，可见管型。大多数患者有程度不等的高血压，有的以持续性中等度以上高血压为突出表现，这种患者多伴有高血压的眼底改变。

随着病情的持续发展，肾功能会出现不同程度的损害。慢性肾炎患者有急性发作倾向，诱因多为呼吸道感染或突如其来的恶性刺激，致使病情急剧恶化。

三、诊断要点

（1）起病缓慢，病情迁延。

（2）持续性尿常规检查异常。

（3）伴有持续性高血压。

（4）可有不同程度的肾功能损害。

第三节　隐匿性肾炎

隐匿性肾炎是隐匿性肾小球肾炎的简称，又称隐匿性肾小球疾病。本病多发生在儿童和青年，一般多在体检或偶然的情况下发现尿常规检查异常，多无症状和体征，血压正常，肾功能正常。隐匿性肾炎的临床表现有三种类型：无症状性血尿、无症状性蛋白尿、无症状性血尿和蛋白尿。隐匿性肾炎实际上包括了不同病因、不同发病机制、不同病理类型的一组肾小球疾病。隐匿性肾炎虽然有隐匿、持续的特点，但由于其肾功能的发展趋势是良好的，故预后也是良好的。

一、病因病机

西医认为隐匿性肾炎的病因有多种。由于其临床表现的特点不同，因此其病理类型的侧重也不同。若以血尿为突出表现的隐匿性肾炎，其病理类型多见于 IgA 肾病、非 IgA 系膜增生性肾小球肾炎、局灶性肾小球肾炎及薄基底膜肾病。若以轻至中度蛋白尿为主要表现的隐匿性肾炎，其病理类型可能为系膜增生性肾炎、膜性肾病、微小病变性肾病、局灶节段性肾小球硬化。若以无症状性血尿和蛋白尿为主要表现的隐匿性肾炎，其病理类型多为肾小球轻微病变、轻度系膜增生性肾炎、局灶增生性肾炎及 IgA 肾病。综观以上大多数的病理类型，可见隐匿性肾炎仍多为免疫复合物型肾炎，循环免疫复合物或原位免疫复合物沉积于系膜或基底膜，造成肾小球的损伤而发病。鉴于隐匿性肾炎的尿常规检查异常的部分患者与感染或劳累相关，故细菌或病毒的感染与过劳也为其病因。

中医认识疾病限于古代的历史条件，主要是从"病态"即症状与症候。由于隐匿性肾炎患者无明显自觉症状，因而中医在临床上遇到这种情况，无论在中医病名诊断还是在症候诊断方面都感到为难。笔者通过长期的临床实践体会到应采取中西医结合的思路，在继承的基础上有所发扬。若为单纯性血尿，无论是肉眼血尿还是镜下血尿，可归属于中医"尿血"的范畴。若为单纯性蛋白尿，因蛋白质属人体的精微物质，虽是精失统摄，但为了有别于中医传统的"失精"是指遗精这一概念，故可将其看做"虚损"，但程度较轻。若为无症状性血尿和蛋白尿，见肉眼血尿者可归属于"尿血"，镜下血尿伴蛋白尿者，则以"虚损"为宜。另外还应综合四诊的情况仔细辨识症候。

隐匿性肾炎的中医病因有素体虚弱，或为阴虚，或为气虚，或为气阴两虚、过劳伤及脾肾、湿热或热毒内阻等诸种。其血尿的病机与阴虚内热，血络受伤；气阴两虚，血不归经；邪热扰肾，迫血妄行有关。其蛋白尿形成的病机一则为脾肾虚损，升清无权与封藏失职，致使精微泻而不藏；一则为湿热或热毒内阻，以致脾肾的升清封藏功能障碍，而使蛋白尿持续或反复。

二、临床表现

（一）无症状性血尿

患者偶然在体检时发现有显微镜下血尿，呈持续性或反复发作性。部分患者在剧烈运动后或高热的情况下表现为一次性的肉眼血尿。

患者无水肿、高血压、蛋白尿及肾功能减退。血常规、血沉、血小板、出凝血时间等化验检查均正常。

对于单纯性血尿的患者，尤其是儿童及青年患者，不能因其没有蛋白尿就认为不是肾炎，应先作位相显微镜检查，若为肾小球性血尿则是肾炎。若是中、老年患者的无痛性血尿，则应首先排除外泌尿系肿瘤、结石、前列腺疾病，而不应过早地轻率地诊断为隐匿性肾炎。

（二）无症状性蛋白尿

患者在偶然的情况下发现尿蛋白阳性，多见于青年男性患者。尿蛋白多次检查虽有波动，但呈持续阳性。一般 24 小时尿蛋白定量为 2 克以下，以白蛋白为主。患者无血尿、水肿及肾功能减退。

血液生化等检查亦多无异常。

应当注意的是临床上应首先排除肾小管性蛋白尿、组织性蛋白尿、继发性肾小球疾病的蛋白尿以后，才能诊断为无症状性蛋白尿。

（三）无症状性血尿和蛋白尿

患者在偶尔查尿常规时开始发现异常，表现为血尿伴蛋白尿，24 小时尿蛋白定量为 2 克以下。除尿检异常以外，无水肿、高血压及肾功能减退。无症状性血尿和蛋白尿一般呈持续性，肾功能的发展趋势是良好的。

对于无症状性血尿和蛋白尿的患者应长期观察，如果逐渐进展到肾功能减退或蛋白尿大量或出现高血压等表现，就不宜再诊断为隐匿性肾炎。这也说明某些肾小球疾病在早期容易与隐匿性肾炎混淆。

三、诊断要点

（1）无急、慢性肾炎或其他肾脏病病史，肾功能正常。

（2）表现为无症状性肾小球性血尿或（和）蛋白尿，尿蛋白定量 24 小时在 2 克以下。

第四节　原发性肾病综合征

肾病综合征不能作为最终的诊断，它是肾小球疾病的一种常见表现。肾病综合征的基本特征是大量蛋白尿。所谓"大量"的客观指标，目前国内外肾病学界大部分定为 24 小时尿蛋白定量≥3.5克。而且常伴有低白蛋白血症（≤30 克/升）、水肿、高脂血症。肾病综合征有原发性和继发性之分，只有除排继发性之后才能诊断为原发性肾病综合征。由于原发性肾病综合征主要见于五种病理类型，因而其发病的年龄段，临床表现的特点，对激素的特性及其预后均不尽相同，不能一概而论。

一、病因病机

西医认为原发性肾病综合征常见的有五种病理类型，即微小病变性肾病、系膜增生性肾炎、膜性肾病、系膜毛细血管性肾炎、局灶节段性肾小球硬化。上述病理诊断要通过肾穿刺才能确定。从发病的年龄段来看，儿童及少年以微小病变肾病较多见，中年患者以膜性肾病多见。由于病理有不同的类型，其发病机制亦不同。微小病变性肾病的发病机制主要是细胞免疫异常，特别是 T 抑制细胞功能紊乱。系膜增生性肾炎多属于免疫复合物性肾炎的范畴，而且主要是循环免疫复合物致病。膜性肾病亦属于免疫复合物性肾炎，但主要是原位免疫复合物致病。系膜毛细血管性肾炎无成功的动物实验模型，因而发病机制的研究受到一定的限制，目前的研究提示其 I 型的发病与循环免疫复合物沉积有关，鉴于本病持续性低补体血症，故有的学者认为先天性补体缺欠者易患此病。肾小球局灶节段性肾小球硬化的发病机制尚无定论，多认为与长期大量蛋白尿的影响、肾小球内血流动力学改变及高脂血症有关。

中医对肾病综合征的病因病机的认识，主要是从肾病综合征患者临床突出的水肿及大量蛋白尿入手，但是每位患者的表现又不尽相同。中医古代文献中的"虚损"及"水气病"中的"皮水"和

"正水"与肾病综合征的临床表现极为相似。其病因与脾肾素虚，过劳所伤，外邪久羁密切相关。肾病综合征的病位主要应抓住脾肾两脏。若脾虚健运失司，则水湿潴留为患。反过来水湿又易困阻脾土，中医学称之为"脾恶湿"、"湿困脾土"，如此恶性循环，水湿难以祛除。若为肾气、肾阳虚衰，则主水无权，关门不利，以致尿少水肿。同时在水停之时，还就注意水、气、血三者失调的状况。水停可以引起肺、脾之气的壅滞。水病及血还可导致淤血内阻，如妇女患者的月经闭阻、肾静脉血栓及高凝血症。肾病综合征的大量蛋白尿虚症居多，脾肾虚损是其病机的重心。若为脾虚则升清无权，精微物质下泄于外。若为肾虚则藏精失职，致使精微从尿中流失。

二、临床表现

原发性肾病综合征的临床表现可以用"三高一低"来概括，即大量蛋白尿、高度水肿、高脂血症、低白蛋白血症。所谓大量蛋白尿，是指 24 小时尿蛋白定量≥3.5 克。主要成分是白蛋白，是由于肾小球基底膜通透性增强所致。低白蛋白血症是指血浆白蛋白≤30克/升。主要是因为尿中丢失了大量白蛋白所致。肾病综合征的水肿程度不一，与低白蛋白血症呈正相关性。其水肿责之于胶体渗透压低下，属肾病型水肿。高脂血症是指患者的血浆胆固醇、三酰甘油和磷脂均明显增加。

值得提出的是感染和肾静脉血栓是肾病综合征的主要合并症，而且也较为常见。

虽然原发性肾病综合征有上述共同的临床表现，但因其有五种不同的病理类型，故仍有其各自的特点。

（1）微小病变性肾病多见于幼儿，2～8岁为发病高峰，常骤然起病，多表现为单纯性肾病综合征。

（2）系膜增生性肾炎多见于青少年患者，起病有隐袭起病和急性发作两种情况。约70%～90%的病例伴有血尿，多为显微镜下血尿，少数为反复发作的肉眼血尿。

（3）膜性肾病大部分为成人，一般多超过40岁，男性较多。常隐袭起病，呈缓慢发展趋势。约50%的患者伴发肾静脉血栓。一般无肉眼血尿。

（4）系膜毛细血管性肾炎主要见于少儿及青年。血尿与蛋白尿同时存在为其特点，多为持续性镜下血尿，约10%～20%呈发作性肉眼血尿。约80%～90%的患者伴有高血压，半数患者伴有肾功能减退。持续性低补体血症亦为其特点。

（5）局灶节段性肾小球硬化多发生在儿童及青少年，男性多于女性。常伴有镜下血尿和高血压。易于出现慢性进展性肾功能损害。

三、诊断要点

（1）大量蛋白尿、低白蛋白血症、水肿、高脂血症是肾病综合征的临床表现，但是其中大量蛋白尿和低白蛋白血症两项是诊断肾病综合征的必备条件，即诊断要点。

（2）要想确诊为哪一种病理类型所致的肾病综合征，除了可根据其各自的临床特点进行分析以外，确定诊断仍需要做肾穿刺。

第五节 慢性肾功能衰竭

慢性肾功能衰竭简称慢性肾衰，它是一个肾功能状况的诊断名词。慢性肾衰是慢性肾脏疾病或累及肾脏的系统性疾病所引起的慢性肾功能减退，以及由此而产生的各种临床症状和代谢紊乱所组成的综合征。在慢性肾衰患者的肾脏基础疾患中，以慢性肾炎、小管间质性肾炎及糖尿病肾病较为常见。据近年来西方国家统计，在慢性肾衰血液透析治疗的患者中，糖尿病肾病占第一位，为 27.7%；高血压为 22.7%；肾小球肾炎为 21.2%，已由以往的第一位降为第三位；多囊肾占 3.9%；其他多种病因共占 22.7%。慢性肾衰的特点是肾功能呈慢性进行性减退，在病程中若遇可逆性加剧因素未能纠正，可使肾功能加速恶化，因而从总体发展的趋势来看，慢性肾衰的预后不良。

一、病因病机

西医认为多种慢性肾脏疾病均可导致肾功能的减退，前已述及以慢性肾炎、小管间质性肾炎及糖尿病肾病较为常见。

而且由于基础疾患的不同，其肾功能减退的速度也不尽相同，如糖尿病患者若血肌酐≥451 微摩尔/升时，平均 6 个月即进展至终末期尿毒症。而同样的情况无梗阻的慢性肾盂肾炎平均为 14 个月；多囊肾则慢，平均为 18 个月。此外，高血压与慢性肾衰的病程呈正相关性，持续中等度以上的高血压不能控制，则肾功能减退的速度加快。

关于对慢性肾衰发病机制的认识逐渐深入与全面，主要与肾实质减少以致健存肾小球高灌注和高滤过，终致肾小球硬化不断增加；肾小球通透性增加，以致系膜基质过度增生、间质纤维化及肾小管萎缩；脂质代谢异常，促使肾小球硬化；肾小管高代谢，以致肾单位损害进行性加重等方面的机制相关。尿毒症毒素有多种，小分子毒素指分子量小于500道尔顿者，如尿素、肌酐、胍类、胺类、酚类等；中分子毒素指分子量500～5000道尔顿者，中分子毒素对造血系统抑制明显，而且在有心包炎和神经病变的患者中明显升高；大分子毒素指分子量为5000～50000道尔顿者，如甲状旁腺素、β_2-微球蛋白等。由于肾功能衰竭致使体内多种毒素清除障碍，遂蓄积于血液中出现机体自身中毒的各种症状。

气虚统血无权及久病入络可致淤血内阻。肾虚藏精失职，水不涵木，精亏血少，故现乏力腰酸，头晕耳鸣，面色萎黄无华等症。血虚生风则皮肤瘙痒，土败木贼则现肢体抽搐。若血虚有热或气虚统血无权均可出现血离经妄行的鼻出血、便血、呕血、崩漏等出血倾向。总之，倘若实邪不能迅速祛除，可加重病情，使正气更虚。

二、临床表现

处于肾功能不全代偿期的患者一般不出现症状，当进入肾功能不全失代偿期之后，则会出现轻度乏力，食欲减退，夜尿多，轻度贫血等症状。随着肾功能的不断恶化，可出现机体自身中毒而致的系统损害的表现，并伴有酸中毒及水、电解质失衡等。

消化系统可因尿素的刺激，出现症状最早也最突出。可出现口腔糜烂、口腔有尿味、食欲不振、呃逆、便秘或腹泻、消化道出血等尿毒症性胃肠炎或溃疡病等表现。

呼吸系统的典型表现是可见"尿毒症肺"。患者出现呼吸困难，咯泡沫痰，两肺湿音，X线胸片示肺门两侧呈现对称型蝴蝶状阴影。这与肺水肿、低白蛋白血症、间质性肺炎、心力衰竭等综合因素有关。

心血管系统的损害是多方面的，由于慢性肾衰患者长期的高血压，高脂血症，尿毒症毒素的刺激，长期贫血等因素，可以出现心力衰竭、缺血性心脏病、尿毒症性心肌病及尿毒症性心包炎的表现，心血管系统的并发症既常见，同时又较为严重，对慢性肾衰患者的预后影响极大。

神经系统的损害主要是引起周围神经病变及尿毒症性脑病。其原因仍是由于尿毒素的蓄积与刺激的结果。临床表现轻重程度不同，如记忆力减退、反应迟钝、表情淡漠或激动易怒、肌阵挛、扑翼样震颤、不安腿、烧灼足综合征，重者可出现嗜睡、谵语、昏迷或狂躁等表现。

血液系统的损害突出表现在两个方面，即贫血与出血倾向。贫血发生的机制主要是肾组织的促红细胞生成素减少，尿毒素对红细胞生长的抑制及缩短红细胞的寿命，各种失血的影响。一般来说，贫血的程度与肾功能减退的状况呈正相关性，但某些患者肾小管间质受累较重时，肾功能的损害程度与贫血程度往往不一致。出血倾向常表现为淤斑、紫癜、鼻出血、胃肠道黏膜出血、妇女月经过多等。慢性肾衰患者一般血小板数目正常，之所以引起出血主要责之于血小板功能障碍，如出血时间延长、血小板黏附受损及血小板聚集降低。

内分泌系统也因肾功能减退及尿毒素的刺激，多种功能受到损害。比如 $1.25 (OH)_2 D_3$ 的缺乏可导致肾性骨病；生长激素的递质受到抑制；胰岛素靶组织反应受损；类似甲状腺功能减退症状的出现；男性患者常见性功能减退，睾丸缩小，血浆总睾丸酮水平降低的表现。

当肾小球滤过率下降至20毫升/分时，机体开始出现酸中毒，随着肾功能的进一步减退，酸中毒逐渐加重。这是由于酸性代谢产物排泄降低所致。患者可出现呼吸加快、恶心呕吐等不适症状。测定患者血二氧化碳结合力降低，则说明患者有酸中毒的情况。

慢性肾衰患者的水平衡失调既可以出现脱水，也可以出现水潴留。脱水的原因有两个方面：一是因为慢性肾衰患者呕吐、腹泻、发热易引起水丢失；二是由于浓缩功能低下，尿量被迫增多之故。当肾小球近乎全部废弃时，则会出现少尿肢肿等水潴留的情况。

电解质失衡主要表现在钠、钾、钙、磷几个方面，因而应注意监测慢性肾衰患者血清中上述离子的动态情况。血钠水平由于代偿机制的关系，一般可处于暂时的相对平衡。但肾衰终末期的患者常出现高血钠。血钾低者主要与摄入不足、吐泻及利尿失钾有关。血钾高者常见于晚期患者，主要与少尿、代谢性酸中毒有关。高血钾属重危症，应积极处理。慢性肾衰患者常见低血钙的手足搐搦症，这与摄入不足、吸收障碍、磷的蓄积等有关。由于尿磷排出下降，血磷水平会逐渐升高。

慢性肾衰患者常出现皮肤瘙痒，这与尿素氮的刺激、甲状旁腺功能亢进致使皮肤内钙沉着的刺激均密切相关。

三、诊断要点

（1）出现上述症状后，应及时作肾功能的检查，一般慢性肾衰患者重点观察血肌酐、血尿素氮及血色素这三项指标，其中血肌酐值是慢性肾衰患者的诊断及分期依据，而血尿素氮值受多种因素的影响，不能作为其诊断与分期的依据。

（2）肾脏 B 超会呈现不同程度的缩小。

（3）慢性肾衰的分期诊断标准。

① 肾功能不全代偿期：肾小球滤过率（GFR）为 50～80 毫升/分（一般常用肌酐清除率来代表 GFR），血清肌酐（Scr）为 133～177微摩尔/升。

② 肾功能不全失代偿期：GFR 为 20～50 毫升/分，Scr 为 186～442微摩尔/升。

③ 肾功能衰竭期：GFR 为 10～20 毫升/分，Scr 为 451～707 微摩尔/升。

④ 尿毒症期或肾衰终末期：GFR 小于 10 毫升/分，Scr 大于 707 微摩尔/升。

第六节　IgA 肾病

IgA 肾病是一个免疫病理学的诊断名词。它是由法国病理学者 Berger 于 1968 年发现的，其免疫病理的特点是在肾小球系膜区以 IgA 为主呈颗粒样沉积，因而又称为 Berger 病、伴系膜 IgA（/IgG）沉积的肾小球肾炎、IgA 系膜肾病。虽然 1982 年世界卫生组织将 IgA 肾病划分在系统性疾病所致的肾小球疾病的范围，但是近年来日本学者、我国学者等大部分学者认为 IgA 肾病应属于原发性肾小球疾病的范畴。所以 IgA 肾病是一组不伴有系统性疾病，肾脏组织病理特点以系膜细胞和基质增生为主，免疫病理特点是系膜区以

IgA 沉积为主，临床上以血尿为主要表现的原发性肾小球肾炎。

　　IgA 肾病的发病率存在着明显的地区差异性。亚洲和太平洋地区发病率最高，如在日本和新加坡占原发性肾小球疾病的 30% ~ 40%，在我国为 32%，南美为 10%，欧洲为 20%，而在美、英、丹麦、瑞典和荷兰等国不常见，为 5% 左右。IgA 肾病好发于儿童和青年，30 岁以下者占总发病数的 80%，男女之比为 3.2 : 1。IgA 肾病的预后相差较大，同时也存在着一定的地区差异性，不能一概而论。判断 IgA 肾病的预后好坏，目前一致认为主要依靠肾穿刺活组织检查的病理结果，其中最关键的要看肾小球硬化及间质硬化的程度。一般而言，小儿患者比成年患者的预后要好。从国内外终末期肾衰的病因统计资料来看，IgA 肾病所占的百分比约为 10%，可见它是慢性肾衰的主要病因之一。再者肾移植后可再次发生 IgA 肾病。

一、病因病机

　　西医认为 IgA 肾病的发病与多种因素有关。IgA 肾病是免疫复合物性肾炎，其免疫反应主要是通过循环免疫复合物和原位免疫复合物两种方式，使多聚体 IgA 沉积于肾小球系膜区，而造成肾小球的损伤。其抗原主要是食物、细菌和病毒补体激活主要是通过旁路途径。而且其免疫反应的发生与患者的黏膜免疫异常清除抗原不力，以及肝胆功能异常清除 IgA 障碍，致使大量 IgA 留存体内而易于沉积于系膜区亦不无关系。近年来用分子生物学技术研究 IgA 肾病的发病机制亦十分活跃，目前已知的主要细胞因子是 IL-1（白介素 -1）、IL-6（白介素 -6）、PDGF（血小板源性生长因子）、TGF-p（转化生长因子 p），它们通过旁分泌与自分泌，使系膜细胞增生及基质增多。再者 IgA 肾病有家族遗传易感性，因先天性体质异常，机体产生 IgA 功能旺盛，有报道其遗传因子 HLA 血的发生率较高，提示本病与遗传有一定的关系。鉴于 IgA 肾病的临床表现以血尿为主居多，因而其中医病症名应归属于中医尿血的范畴。"尿血"一词出于《金匮要略五脏风寒积聚病篇》，《内经》中曾称为溲血、溺血。尽管 IgA 肾病的血尿有肉眼血尿和镜下血尿两种情况，这只是出血量多少不同而已，没有质的区别，故而均可认为是中医的尿血病症。在中医古代文献中对尿血的病因病机的论述较多，归纳起来认为尿血的病位主要在下焦、膀胱、肾。认为其病性与膀胱和下焦有热、心移热于小肠心肾气结、心肾虚寒、房劳伤肾、相火妄动等密切相关。通过长期的临床实践观察，从中医学的角度来看，IgA 肾病的病因有主因与诱因之分。主因源于先天不足、饮食失常、七情内伤等耗伤正气，致使脾肾虚损。诱因责之于外邪与过劳。鉴于 IgA 肾病血尿在整个病程中的特点，笔者将之分为急性发作期和慢性迁延期两期。其病机在急性发作期以邪实为主，多因肺胃风热毒邪壅盛，迫血下行；亦有因心火炽盛，移热于小肠与膀胱，以致尿血。慢性迁延期的病机以正虚为主，其中以脾肾气阴两虚者最为多见，脾不统血，肾失封藏，以致尿血。

二、临床表现

血尿是 IgA 肾病的主要临床表现，其表现的形式有肉眼血尿和镜下血尿两种情况。其中肉眼血尿又可细分为反复发作性肉眼血尿型与孤立性肉眼血尿型（仅在发病初见肉眼血尿）。一般小儿患者80%在发病时可见肉眼血尿。IgA 肾病肉眼血尿的发作特点是感染后即发，感染与肉眼血尿的间隔时间为 72 小时内。近来我国有的学者称之为咽炎同步血尿。成人发病时往往是镜下血尿或轻、中度的蛋白尿，或血尿伴蛋白尿。通常不伴有蛋白尿者又称为单纯性血尿。促使 IgA 肾病肉眼血尿反复发作的常见诱因有上呼吸道感染（如咽喉炎或腭扁桃体炎）、消化道感染、剧烈体育活动、过度疲劳；偶见诱因有预防注射、皮肤感染及麻疹、水痘等病毒感染。

IgA 肾病以单纯性血尿和血尿伴轻、中度的蛋白尿者居多，但也有少数患者表现为肾病综合征，关于肾病综合征的发生率国内外报道有差异，这与总体肾穿刺的人数有关，总之与血尿发生率相比仍属少数。

腰痛是 IgA 肾病的常见症状，可能系小的血块在尿路发生暂时性梗阻所致。

IgA 肾病患者多数在初发病时血压与肾功能均正常。部分进展患者在后期可出现高血压及肾功能减退。

血清 IgA 值在 IgA 肾病患者中升高者约为 50%，因而不能依据血清 IgA 不高而排除本病。

三、诊断要点

（1）发病者多为儿童或青年。

（2）具有咽炎同步血尿的特点，并经检测为肾小球性血尿。

（3）必须有肾穿刺免疫病理检查的结果：IgA 为主在肾小球系膜区呈颗粒样沉积。

（4）必须除外继发性的以 IgA 沉积为主的肾小球疾病。

第七节　狼疮性肾炎

系统性红斑狼疮性肾炎简称狼疮性肾炎，它是继发性肾脏疾病中最常见而且最主要的疾病。系统性红斑狼疮于19世纪中叶被发现，"狼疮"之名是源于其皮肤损坏似狼咬。该病是具有多种自身抗体的自身免疫性疾病，其临床特点是皮肤盘状红斑，并伴有多系统、多器官的损害。我国的系统性红斑狼疮发病率高，约为70例/10万人口。该病多发于青年女性，其男女之比为1：9。随着医学检测手段的迅速发展，发现几乎所有的系统性红斑狼疮均有不同程度的肾损害，而且其预后与肾损害的程度密切相关。

狼疮性肾炎的肾脏病变主要在肾小球，部分病例常伴有肾小管、肾间质及血管损害，而且其肾脏病变呈现多样化和多变化的特点。所谓多样化是指患者之间肾病变不相同，而且同一患者肾小球之间的病变不相同，甚至同一个肾小球内不同节段之间的病变不相同。所谓多变化是指同一患者在不同阶段病理类型可以转化。

近年来，随着大剂量肾上腺皮质激素和细胞毒类药物的应用，因狼疮活动而死亡者已不多见，存活率有所提高，使本病的预后得到很大改观。需要指出的是对本病进行早期治疗，并合理地进行中西医结合用药，是提高疗效减轻副作用的关键。

一、病因病机

西医对本病发病机制的研究进展较大，认为与多种因素综合影响有关，本病属于免疫复合物性肾炎的范畴。关于自身抗体有多种，如抗核抗体、抗细胞浆抗体、抗细胞膜抗体、抗球蛋白抗体等，其中抗双链 DNA 抗体的致病作用较肯定。本病自身抗体的增多与多克隆 B 细胞高度活化有关，是免疫调节障碍的结果。本病的抗原主要是自身抗原和在结构上与自身抗原有相似之处的异体抗原。由于机体的免疫稳定功能失调，以致自我识别能力减弱或消失，使原已形成的"禁株"释放出来，产生大量自身抗体，形成自身免疫反应。关于本病自身免疫功能紊乱的促发因素的研究，由于本病患者的近亲发病率高达 5% ~ 12%，同卵孪生发病率为 69%，提示本病有遗传易感性。再者妇女发病率高，提示雌激素在本病中的作用。在环境因素中病毒感染、药物因素、紫外线照射等均对促发本病起重要作用。

其免疫反应通过循环免疫复合物和原位免疫复合物两种方式，使免疫复合物沉积于肾脏，一般主要沉积在肾小球的膜区和（或）基底膜上，但也可伴有肾小管基底膜、肾间质、肾小管周围毛细血管壁及肾小血管壁上的沉积。然后通过经典途径和旁路途径激活补体，进一步介导炎症损伤。

中医文献中虽无狼疮性肾炎的名词，但狼疮性肾炎的肾外表现及肾脏受累表现，可从中医的"阴阳毒"、"日晒疮"、"发热"、"痹症"、"水气病"、"虚损"等门中求之。其中医病因有主因、诱因之分，主因责之于先天禀赋不足，或七情内伤，或房事不节，以致肝肾精血亏虚。诱因为外感湿热毒邪，留滞皮肤、经络、关节，以致气血痹阻不通，日久则由表入里损及脏腑。其中医病机错综复杂，一方面表现为本虚标实，本虚以肝肾阴虚为主，后期阴损及气、阴损及阳，终致气阴两虚和阴阳两虚。标实有邪热、毒热、淤血、水湿等诸种。而且在整个病程中本虚与邪实交织在一起。另一方面本病的中医发病部位广泛,涉及皮肤、关节及内脏,但是以肝肾脾为重心。基于上述因素,所以本病缠绵难愈。

二、临床表现

狼疮性肾炎的临床表现可分为肾外表现与肾受累表现。

大部分肾受累表现在肾外表现之后;约1/4患者肾受累表现在肾外表现之前。再者,两者的病情轻重可不平行一致。

(一) 肾外表现

以发热、关节炎、皮肤黏膜损害最为常见,其中皮肤损害可表现为面部蝶形红斑、弥漫性斑丘疹、盘状红斑等多种。此外还可出现贫血、口腔溃疡、脱发、胸膜炎、精神异常等症状。

(二) 肾受累表现

以程度不等的蛋白尿及镜下血尿为多见,常伴有管型尿、高血压及肾功能损害。由于本病的病理有多样化和可转化性的特点,而且临床与病理呈现一定的对应性,故狼疮性肾炎的肾受累表现大致可分为以下七个类型:

1. 轻型

约为30%~50%。仅有尿常规检查间断性异常,尿蛋白阴性小于1克/日,常有镜下血尿及红细胞管型。无症状,血压正常,肾功能正常。肾脏病理多属于系膜增生型或局灶节段型。预后良好。

2. 肾病综合征型

约为40%。又分为两种类型:

（1）单纯的肾病综合征。有大量蛋白尿、低白蛋白血症和水肿，但血胆固醇常不升高，时有少量尿红细胞。肾脏病理多数属于膜型，少数部分为系膜增生型。病程缓慢，10年存活率约50%。

（2）肾病综合征伴肾炎综合征。表现为伴有血尿、高血压、肾功能损害，而且常伴全身性活动狼疮。肾脏病理多属于弥漫增生型，病情危重，预后不良，若经及时的强化治疗可使预后改观。

3. 慢性肾炎型

约为35%～50%。呈现蛋白尿、血尿及管型、高血压及肾功能损害。肾脏病理多为弥漫增生型。预后不良。

4. 急性肾功能衰竭型

短时间内出现少尿性急性肾衰，常伴全身性系统性活动病变。肾脏病理呈新月体性肾炎、严重弥漫性增生。

5. 肾小管损害型

肾小管酸中毒伴肾钙化、结石、尿镁丢失等表现。

6. 抗磷脂抗体型

临床上主要表现为大、小动静脉血栓及栓塞、血小板减少及流失倾向。

7. 临床"寂静"型

临床症状及体征均无肾受累表现，尿常规化验阴性，但病理（尤以电镜及免疫荧光检查）阳性。

虽然临床表现与病理类型之间呈现一定的规律性，但不能仅根据临床表现推断病理变化的严重程度。一般而言，病情严重者病理变化均严重，但病情轻微者其肾脏病理变化不一定都轻。

（三）病情活动的临床指标

（1）关节炎。

（2）实验室检查发现白细胞减少，低补体血症及抗 DNA 抗体阳性。

（3）皮肤黏膜损害。

（4）胸膜炎，心包炎。

（5）精神、神经系统损害。

（6）血管炎。

（7）血尿。

以上七项中若有两项以上者则可确定为活动病变。

三、诊断要点

（1）青、中年女性有肾脏受累者，若伴有发热、关节炎、皮疹、血沉显著增快、贫血、血小板减少、丁球蛋白明显增高者应高度怀疑本病。

（2）生育年龄妇女若有肾脏受累者，均应常规检查与本病有关的免疫血清学化验，注意及早发现本病。

（3）本病的诊断标准大多参照美国风湿病学会 1982 年提出的诊断标准：①颧部红斑。②盘状红斑。③光敏感。④口腔溃疡。⑤关节炎。⑥浆膜炎。⑦肾脏病变。⑧神经系异常。⑨血液异常。溶血性贫血或白细胞减少小于4000/微升，或淋 D 细胞大于15000/微升或血小板减少小于100000/微升。⑩免疫学异常（LE 细胞阳性，或抗 dsDNA 抗体阳性，或抗 Sm 抗体阳性，或梅毒血清试验假阳性）。⑪抗核抗体阳性。以上 11 项标准中符合 4 项或以上者即可确诊。国内又加血清补体 C，及皮肤狼疮带试验等项。

第八节 乙型肝炎病毒相关肾炎

乙型肝炎病毒相关肾炎简称 HBV 相关肾炎。该病于 1971 年由 Combes 等首先发现，此后引起了世界各地学者的关注。以往国内对本病的称谓较为混乱，自 1989 年 10 月北京召开的本病专题会议以后，统一称为"乙型肝炎病毒相关肾炎"，该名称能突出乙型肝炎病毒（HBV）对肾炎的致病作用。

随着本病动物模型的复制成功，某些血清 HBV 抗原阳性的肾炎患者的肾组织中 HBV 抗原（HBsAg、HBeAg、HBcAg）的逐渐被检出，以及传染病学的认识乙肝病毒可以引起肝外多器官病变等，目前一致认为本病为一独立疾病。

我国为乙型肝炎高发地区，乙型肝炎病毒（HBV）的感染（乙肝患者及带毒者）约为人群的 15%，因而乙型肝炎病毒相关肾炎并非少见。本病多见于儿童，且以男性居多。HBV 相关肾炎的肾脏病理类型以膜性肾病最为多见，其次为系膜毛细血管性肾炎和系膜增生性肾炎。其预后与病理类型存在着相关性，若为膜性肾病，约 50% 有自发缓解倾向；若为系膜毛细血管性肾炎，则约有 45% 伴发高血压，约 20% 可进展为肾功能衰竭，预后不良。

一、病因病机

顾名思义，"乙型肝炎病毒相关肾炎"说明乙型肝炎病毒是其病因，但乙型肝炎病毒通过何种途径引起肾炎的呢？西医认为已知的发病机制有如下几个方面：

HBV 抗原与抗体复合物致病　实验证明，HBV 相关肾炎患者的肾小球中，存在有能与补体相结合的 HBV 抗原—抗体复合物，从而说明为免疫复合物致病。其免疫发病途径有循环免疫复合物及原位免疫复合物两种，因而其病理类型有膜性肾病与增殖性肾炎之分。

HBV 感染导致自身免疫致病　HBV 感染时可直接侵犯淋巴细胞及单核细胞，以致免疫功能紊乱。再者乙型肝炎病毒在肝细胞内繁殖，可改变自身抗原成分，并可随肝细胞的破坏而释放入血，亦能导致自身免疫。自身免疫有可能引起肾炎。

HBV 直接感染肾脏　不少实验及检测结果均提示乙型肝炎病毒可以直接感染肾脏而致病。

中医文献并无"乙型肝炎病毒相关肾炎"的名称，但从本病的临床表现的特点来看，可以归属于中医"肝水"、"尿血"、"虚损"的范畴。从中医病位的重心来看，主要是肝、脾、肾三脏的失调，其原发于肝而波及到脾肾。中医理论认为肝肾乙癸同源，为母子之脏，因而病理上相互影响。肝与脾在五行学说中为相克的关系，因而肝病及脾最为常见。儿童为稚阴之体，肝肾阴精未充，易于感受湿热毒邪。肝病及脾，湿热毒邪困阻脾土，则脾不制水而现水肿；脾不升清而现蛋白尿和血尿。肝肾同病则藏血与藏精的功能失职，以致出现血尿和蛋白尿；肝气郁结和肾不主水则现水湿潴留为患。本病迁延难愈，正邪搏结，其正虚的重心为阴虚与气阴两虚；其邪实的重心为湿热毒邪与淤血内阻。

二、临床表现

（一）肝脏失调

可有右胁隐痛不适，食欲不振，腹胀，乏力，部分患者可有 GPT 升高或肝脾肿大。

（二）肾脏失调的临床类型主要有以下三种类型

1. 肾病综合证型

表现为大量蛋白尿、高脂血症、高度水肿、低白蛋白血症。可伴有血尿。

2. 肾炎综合证型

表现为血尿和非肾病综合征性蛋白尿。可伴有高血压和轻度水肿。

3. 慢性肾功能不全综合证型

表现为贫血、食欲不振、呕恶、乏力、皮肤瘙痒、水肿、血压高等。其肾脏病理以系膜毛细血管性肾炎多见。

三、诊断要点

（1）血清 HBV 抗原阳性。但是由于 HBV 感染后病人血清中 HBV 抗原滴度呈时高时低的波浪式状态，且血清中 HBV 抗原的消长也不是与组织中 HBV 抗原消长同步，因而有时血清中 HBV 抗原可呈阴性。

（2）患肾小球肾炎，并可除外狼疮性肾炎等继发性肾小球疾病。

（3）肾活体组织病理切片中找到 HBV 抗原。

第九节　紫癜性肾炎

过敏性紫癜肾炎简称紫癜性肾炎。该病于 1801 年被发现，它属于继发性肾脏疾病的范畴。过敏性紫癜是一种变态反应性毛细血管炎，因而肾损害是过敏性紫癜的基本症状之一，并非并发症。虽然 Meadow 曾于 1978 年综合各家报道过敏性紫癜肾受累的比例为 20%～100%，出现差异如此大的原因主要是观察肾损害的手段和角度不同。多数临床报道是根据尿常规和肾功能检查的阳性结果来诊断肾损害的；而有的作者对尿检阴性的过敏性紫癜患者作肾穿刺，均发现有肾炎的改变。

血尿是紫癜性肾炎最常见的临床表现，它可以出现在过敏性紫癜发病前后的任何时间。其血尿的来源绝大部分是肾脏损害的结果，亦有小部分是因输尿管、膀胱或尿道黏膜表面出血所致。

紫癜性肾炎的发病以儿童及青少年居多，男性多于女性，好发于寒冷季节。

本病的预后差异较大，一般而言，儿童患者，表现为单纯血尿者，发病时肾脏病理变化轻者，皮肤紫癜不反复发作者，预后大都良好。但成人患者，表现为肾病综合征者，发病时肾脏病理变化重者，皮肤紫癜反复发作者，其预后相对较差，且病程较长。

一、病因病机

西医认为本病是一种变态反应性毛细血管炎，因而皮肤小血管、肠系膜血管及肾小球均受累。关于过敏原，一般认为与感染、食物、药物等因素有关。感染以细菌和病毒感染最常见，其中又以β-溶血性链球菌所致的上呼吸道感染居多。此外，结核杆菌、肺炎球菌、流感病毒、肝炎病毒及以蛔虫为主的寄生虫感染等均可诱发本病。食物如牛奶、虾、鱼、蛋、羊肉等动物蛋白可引起机体过敏而发病。药物如磺胺类、青霉素、解热止痛片、雷米封、胰岛素、抗血吸虫药物等。其他诱发因素如寒冷刺激、花粉吸入、预防接种、精神因素等。应当指出的是过敏性紫癜患者多为过敏体质，所以在上述过敏原的刺激下才能诱发本病，而且过敏原的反复出现又可导致紫癜反复发作，继之不断加重肾脏病变。

紫癜性肾炎属于免疫复合物性肾炎的范畴。肾脏受损的部位主要是肾小球的系膜区，以 IgA 为主的免疫复合物沉积在系膜区，引起以系膜细胞及基质增生为主要组织病理特点的肾小球肾炎。本病肾脏移植后仍可再发。从紫癜性肾炎与 IgA 肾病的肾脏病理来看很相似，难以区分。但紫癜性肾炎肾脏病理改变大多数是非进行性，且临床有紫癜、关节痛、腹痛等肾外症状。IgA 肾病肾脏病理改变部分呈缓慢进行性，属于原发性肾小球疾病。

中医学无紫癜性肾炎的名称，但从该病的主要临床表现来看，可从"斑疹"、"肌衄"、"葡萄疫"、"尿血"等门中求之。所谓肌衄，正如《张氏医通》所说："血从毛孔出者为肌衄。"所谓葡萄疫，正如《外科正宗》所云："葡萄疫，其患多见于小儿，感受四时不正之气，郁于皮肤不散，结成大小青紫斑点，色若葡萄，发在遍身头面。"

中医学认为出血症是由于各种原因而导致血液不循脉道而离经妄行。鉴于本病的出血部位以肌衄和尿血为主,因而其病位主要在肺、胃、肾与膀胱。当紫癜性肾炎初发病时,其病机多为实热症,由于风热壅肺,阳明胃热壅盛,热迫血妄行,发于皮毛肌肉则为肌衄。热扰肾络则迫血下行,以致尿血。紫癜性肾炎常病程迁延缠绵,久病多虚,此时的中医病机多责之脾肾虚损,脾虚则统血无权,肾虚则藏精失职,因精血是同源异名之物。也有因肝肾阴虚,虚热内生,伤及血络而致迁延不愈者。

二、临床表现

紫癜性肾炎的临床表现主要可分为肾外表现与肾受累表现这两个方面。肾外表现以皮肤紫癜、关节疼痛、腹痛为其特点。肾受累表现以单纯性血尿及血尿伴蛋白尿居多。

皮肤紫癜为出血性斑点,稍高于皮肤,可有痒感,出现的部位多在四肢远端、臀部及下腹部,呈对称性分布,一般1~2周后渐退,常可分批出现。约2/3的患者可伴发关节肿痛,多发生在踝关节,偶发生在腕和手指关节。关节腔可有渗液,但不留后遗症。约1/4的患者可伴发腹部绞痛、腹泻,腹痛常位于脐周、腹下区及全腹部。甚至还可出现呕血、便血等胃肠道出血症状。

紫癜性肾炎的肾受累表现,以单纯性血尿和血尿伴少量蛋白尿者居多。血尿的形式为镜下血尿或间断肉眼血尿。肾受累的症状大约80%~85%的病例出现于皮疹、关节痛、腹痛等肾外症状之后的4周内。有的可在发病后几个月才出现。也有少数患者先出现血尿,之后才出现皮疹等症状。少数患者表现为肾病综合征或肾功能损害。一般儿童患者出现肉眼血尿的较成人为多，多呈良性过程。而成年人中25%的患者呈现急进性肾炎的表现，50%呈现肾病综合征的表现，故而预后较儿童差。

三、诊断要点

（1）有皮肤紫癜、关节肿痛、腹痛的病史，其中皮肤紫癜是必备条件，部分患者紫癜可反复发作。

（2）有肾受累的表现，如血尿、蛋白尿等。少数患者出现肾病综合征、肾功能损害。约25%的过敏性紫癜患者肾脏受累表现很轻，应反复细致地进行尿常规检查。

（3）本病急性期毛细血管脆性试验阳性，血小板计数正常，出、凝血时间正常，嗜酸粒细胞增多，约50%的患者血清 IgA 升高。上述实验室检查可供诊断时参考。

第十节　糖尿病肾病

糖尿病肾小球硬化症、肾小动脉硬化症、急性或慢性肾盂肾炎统称糖尿病肾病。该病是糖尿病全身性微血管合并症之一，它属于继发性肾脏病中代谢性疾病肾损害的范畴。糖尿病是由于胰岛素绝对或相对不足，以慢性高血糖为主要特点的全身性疾病。糖尿病的临床分型有 I 型和 II 型，I 型是胰岛素依赖型糖尿病（IDDM）；II 型是非胰岛素依赖型糖尿病（NIDDM）。I 型糖尿病以青少年居多，II 型糖尿病多见于中老年人。虽然 I 型糖尿病并发肾损害的比率较 II 型为高，且进展快，多导致肾功能衰竭，但由于 I 型糖尿病仅占糖尿病的10%，而Ⅱ型糖尿病占糖尿病的90%，故而从绝对数来看仍以Ⅱ型糖尿病合并肾损害多见。糖尿病肾病以蛋白尿、水肿、高血压及慢性肾功能衰竭为主要临床表现，由于其肾脏基本病理改变以肾小球基底膜增厚和系膜区扩张为主要特征，所以如果在早期未能有效地控制，则导致肾小球进行性硬化，以致肾衰竭不可避免。而且糖尿病肾病患者如果血肌酐达到5毫克/分升（451微摩尔/升），其进展到尿毒症的时间较其他的肾脏疾病为快。为什么糖尿病患者会得糖尿病肾病呢？

　　因为肾脏是机体内净化血液的器官。血流流经肾脏的滤过膜得以过滤。在正常肾脏，代谢产生通过滤过膜滤到尿液中，而对机体有用的物质通过再吸收保留在血液中。但是糖尿病患者血液中通常有高水平的葡萄糖，大量的葡萄糖使肾脏滤过的血液量高于正常。由此造成肾脏做功增加，久之有损于滤过膜的生理功能，最终致使滤过膜处于超负荷状态，以致发展至漏出，形成糖尿病肾病。如果继续发展到不能滤过，最后导致肾功能衰竭。

　　目前，国内外的资料均表明糖尿病肾病是终末期肾衰的主要病因之一。在美国透析病人的30%为糖尿病肾病，在我国透析病人中糖尿病肾病亦呈逐年增长的趋势，而且透析的糖尿病病人死亡率比非糖尿病病人高50%，流行病学调查表明，严格控制血糖可减少糖尿病肾病发病风险率50%。因而积极防治糖尿病肾病是一个紧迫而又重要的课题。

一、病因病机

　　西医认为糖尿病肾病不是免疫复合物性肾炎，而是由于慢性糖代谢异常而引起的肾损害。其肾脏病理以肾小球硬化症为主要特征，表现在肾小球基底膜增厚和系膜基质的增生，具体可分为结节型肾小球硬化和弥漫型肾小球硬化两型。其中结节型肾小球硬化具有特异性，而弥漫型肾小球硬化的糖尿病肾病患者更易进展至尿毒症。

为什么会发生糖尿病肾病？已知的研究表明，该病的发病机制是多方面因素的影响。首先，应当明了的是糖尿病可以引起全身性微血管病变的合并症，而肾小球是毛细血管网当然亦会累及。其次，糖尿病肾病早期的特征是肾小球高滤过伴随着肾血流量的增加，这与高血糖状态密切相关。而且高血糖可以促使前列腺素合成增加，引起肾小球血管扩张，这也是形成肾脏高灌注的原因之一。肾小球高滤过的后果使肾小球内高压损害肾小球毛细血管内皮细胞，致滤过膜通透性增加，同时肾小球毛细血管内高压可刺激肾小球滤过膜上皮细胞胶原的合成增加，致肾小球毛细血管基膜增厚和肠系膜区扩张，最终促使肾小球硬化。慢性高血糖可使肾小球基底膜的硫酸类肝素合成减少，致使基底膜阴电荷减少，电荷屏障功能改变，基底膜的通透性增加，继之大量蛋白从尿中漏出。由于慢性糖代谢异常，可以促使肾小球基底膜和系膜的胶原合成增加，而使胶原蛋白正常的降解减慢，如此则促进肾小球的硬化。晚期肾小管基底膜增厚及间质纤维化亦随之而来。再者糖尿病常伴发高血压，如高血压不能积极地控制，可加重蛋白尿和加速肾功能恶化。糖尿病肾病与高血压等心血管疾病共同表现有家族聚集改变。糖尿病肾病的发生和发展与病程及代谢控制程度缺乏一致性。部分糖尿病人尽管长期血糖失控从不会发生肾病，而约5%的糖尿病人在短期发病，尽管血糖控制良好，也会产生严重的糖尿病肾病。但目前糖尿病肾病遗传机制并未最终阐明。

糖尿病的中医病名为"消渴"。根据患者临床表现多饮、多食、多尿的不同特点，前贤又将消渴细分为上消、中消、下消，其中医病位的重心又有肺、胃、肾之异。中医认为消渴的病因主要责之于恣食肥甘厚味、情志抑郁和过劳，致使湿热内蕴，久之耗气伤阴，血络淤阻。对于糖尿病肾病的表现，中医文献中也有描述，如《外台秘要》说："消渴……其久病变或发痈疽或为水病。"《圣济总录》说："消渴病久，肾气受伤，肾主水，肾气虚衰，开阖不利，能为水肿。"《儒门事亲》也说："消渴……或不数溲变为水肿。"这与糖尿病肾病进入临床显性期而现水肿极为相似。综观糖尿病肾病的病程特点，其中医病名可从"消渴"、"水气病"、"虚劳"、"关格"等门中求之。其中医病机演变的规律是初为阴虚燥热，由于气血阴阳的互根关系，终至气阴两虚或阴阳两虚。肾藏精与主水的功能皆失职，因而出现大量蛋白尿和水肿。肾气虚惫，浊阴不能从下窍而出，遂滞留体内，壅塞三焦，以致关格。再者"久病入络"，糖尿病肾病患者的淤血阻滞也是中医病机的重要环节之一。

二、临床表现

糖尿病肾病的肾损害的临床表现随着病程的演进而有不同。初始阶段以间断性微量蛋白尿为主要临床线索，以后发展为持续性蛋白尿或肾病综合征。晚期则不可避免地出现肾功能衰竭。一般而言在终末期肾功能衰竭阶段患者尿蛋白漏出减少，而糖尿病肾病患者的晚期仍伴有大量蛋白尿和低白蛋白血症。

除了肾损害的症状以外，还可出现糖尿病引起的全身性微血管病变合并症，发生一系列相应的症状，如视力下降，甚至失明或白内障；高血压、心肌梗死、脑梗塞；自主神经和周围神经病变；性功能障碍等病变的相应症状。

关于糖尿病肾病的临床分期，Mogensen 根据 I 型糖尿病（IDDM）患者肾功能和结构病变的演进及临床表现，建议分为 5 期。这一分期对 II 型糖尿病（NIDDM）患者肾损害的进程是否完全适用正在探讨之中，可供参考。

I 期　肾小球高过滤过期，以肾小球滤过率增高和肾体积增大为特征，没有肾脏病理组织学的损害及临床表现。

II 期　"寂静期"正常白蛋白尿期。尿白蛋白排出率（UAE）正常（小于 20 微克/分或 30 毫克/24 小时）。肾小球的结构出现变化，可见基底膜增厚和系膜基质增加。此期患者仍无临床表现。

III 期　持续性微量血蛋白尿期，早期糖尿病肾病期。此时糖尿病已在 5 年以上，尿白蛋白排出率异常，UAE 持续超过 20～200 微克/分（相当于 30～300 毫克/24 小时）。肾小球基底膜的增厚和系膜基质的增加更为显著，可见结节型或弥漫型改变以及小动脉玻璃样变，肾小球开始出现荒废。患者的血压轻度升高。

IV 期　临床蛋白尿期临床糖尿病肾病期或显性糖尿病肾病期。此期的特点是大量白蛋白尿，UAE ＞ 200 微克/分，尿蛋白持续每日大于 0.5 克，约 30% 患者出现肾病综合征表现。值得指出的是此期尿蛋白并不因肾小球滤过率下降而减少。肾小球的基底膜进一步增厚，系膜基质进一步增宽，约 36% 的肾小球已荒废，肾小球的滤过率开始下降，平均每月约下降 1 毫升/分，一般血肌酐值正常。此期患者血压升高，出现严重水肿。

V 期　肾功能衰竭期，终末期肾功能衰竭期。此期是糖尿病肾病的晚期，也是临床糖尿病肾病进展的必然结果。由于糖尿病肾病的肾脏组织病理是以肾小球基底膜进行性增厚和系膜基质进行性增宽为特点，这必然导致肾小球毛细血管腔进行性狭窄，肾小球滤过功能不可遏制地下降，终致肾小球进行性荒废。患者除了有严重高血压、低蛋白血症、高度水肿的临床表现以外，血肌酐进行性升高，临床可出现氮质滞留，机体自身中毒即尿毒症的一系列症状，预后不良。

三、诊断要点

（1）有糖尿病病史多年，且血糖未能得到有效的控制。一般出现微量白蛋白尿即 II 期时，平均糖尿病病程已达 5 年。当临床出现蛋白尿即 IV 期时，表明糖尿病病程已超过 10 年。如果进展到 V 期时，表明糖尿病病程已超过 15 年。

（2）临床糖尿病肾病期的蛋白尿的特点，不因肾功能的好转或降低而减少。

① 微量白蛋白尿测量：常规筛选 >30mg/L，可做过夜 12h 或 24h 尿的蛋白尿测定。

② 微量转铁蛋白尿：可作为糖尿病肾病的早期诊断指标。

（3）糖尿病肾病通常没有严重的血尿。

（4）临床糖尿病肾病期多合并有视网膜病变，眼底可见微血管瘤或增殖性病变。

（5）肾活体组织检查有助确诊。肾脏组织病理的特点是肾小球基底膜增厚和系膜基质增生；免疫病理一般阴性，但若见到 IgA 在毛细血管壁呈细线状沉积，则是非特异性血浆球蛋白附着的结果，此时抗白蛋白染色阳性，表明系大量蛋白尿所致。

第十一节　成人型多囊肾

　　多囊肾是肾脏的皮质和髓质出现无数囊肿的一种遗传性肾脏疾病，其中较为常见的一型为成人型多囊肾，一般到成年才出现症状，其遗传方式为常染色体显性遗传。多囊肾常伴有肝、胰、脾等的多囊病变。

　　随着 B 型超声和 CT 的广泛应用（B 超可发现 0.5～1 厘米直径的囊肿，CT 可发现 0.3～0.5 厘米直径的囊肿），成人型多囊肾已成为一种常见的肾脏疾病。其发病情况，据欧、美报道大约 500～1000 人中有 1 名患者，而且在终末期肾衰的患者中 5%～10% 为成人型多囊肾，可见本病是发病率最高，代价最昂贵的遗传病之一。其发病男女性别无差异，男女之比为 1：1。

一、病因病机

　　现代医学认为成人型多囊肾的病因有遗传性因素，经国内的研究证实，我国成人型多囊肾的基因座位与 3′HVR 和 24－1 有密切关联。其遗传方式遵循常染色体显性遗传规律，即：男女发病几率相等；父母一方患病，子女 50% 获得囊肿基因而发病，父母均患病，子女发病率为 75%；不会隔代遗传。

　　本病的囊肿来源于肾小管某一节段，或集合管，或肾小囊，并与之相通。囊内充满液体，外观清亮或为血性。囊液来源于功能肾单位的原尿及囊壁细胞的排泄和传输。关于囊肿的形成，基因变异是本病的基础，其始动因素为小管上皮细胞持续性增殖，进一步形成息肉样损害而致肾小管梗阻，继之使管内液体潴留、膨胀而成囊肿。再者，在囊肿基因的作用下，影响囊肿形成和发展的因素，还与邻近囊肿的细胞外基质成分的改变，细胞因子的作用以及感染与中毒的环境因素等密切关联。

关于多囊肾的中医病名，与中医文献中描述的癥（病名）或积（病症名）极为相似。"癥"与"积"均指腹腔内的痞块，固定不移，痛有定处。这与多囊肾因囊肿增大而使肾脏明显增大，且表面凹凸不平，腹部可扪及包块，而且推之不移等表现十分吻合。多囊肾患者易现血尿，若有血尿者可再加上"血尿"的病症名。其中医病机因于禀赋不足，肾气、肾阴、肾阳亏虚，气化不行湿淤互阻，久之肾络痹阻而成瘕积，至于血尿的发生机制与下焦湿热，热迫血妄行；或囊肿淤阻经脉而因淤出血；或脾肾虚损，统血藏精失职而使血不归经等诸因素有关。

二、临床表现

多囊肾的囊肿一般进程缓慢，30岁以前一般无症状，30岁以后因囊肿较大才始现症状。其临床表现主要有多囊肾的表现、引起的并发症及肾外表现三个方面。

肾脏因囊肿而肿大，可大于正常肾的5～6倍，两侧肾可不等，较大者腹部即能触及。

腰腹不适或隐钝痛，这与囊肿增大以致肾包膜张力增加或牵引肾蒂血管神经有关。若疼痛突然加重，常因囊内出血或继发感染。若现肾绞痛则为结石或血块堵塞输尿管所致。

多囊肾患者常呈现发作性镜下血尿或肉眼血尿，主要原因为囊壁血管牵扯破裂而致。少部分多囊肾患者有轻度蛋白尿，一般24

小时尿蛋白定量在 1 克以下。

高血压为本病常见的早期表现，而且与预后密切相关。高血压的形成机制与囊肿压迫致使局部肾组织缺血，继之肾素分泌增加；肾单位功能下降以致水钠潴留等综合因素有关。

肾功能的损害为本病的晚期表现，近年来的资料表明，尿毒症的发生年龄在逐渐后移。肾衰发生的原因除了肾脏囊肿的逐渐增大，压迫和取代了正常的肾组织以外，还与非囊肿组织，如肾小管—间质和小血管的缺血、硬化或纤维化，以及剩余的正常肾单位代偿性高灌注、高滤过均有关。再者尿路感染和高血压亦为重要的影响因素。多囊肾患者肾性贫血出现较晚亦较轻，·这可能与本病的肾脏增大以及结构变化的肾组织仍具有分泌促红细胞生成素和保持代谢甲状旁腺激素的功能有关。

多囊肾常见的并发症为尿路感染和肾结石。其主要的肾外表现为常伴发多囊肝，少部分患者伴发颅内动脉瘤。

三、诊断要点

（1）B 超或 CT 检查证实有无数充满液体的囊肿散布在两侧肾脏的皮质和髓质。

（2）有确凿的本病家族史。

（3）成人型多囊肾的基因限制性片段长度多态性连锁分析试验结果阳性。

（4）常伴发多囊肝。

值得提出的是有多囊肾家族史者，应注意进行肾 B 超或 CT 的检查，以便早期发现本病，并对囊肿的发展进行追踪观察。

第十二节 痛风肾

痛风肾是慢性高尿酸血症肾病的简称，为原发性高尿酸血症肾病，归属于代谢性疾病的肾损害的范畴。尿酸是嘌呤代谢的终末产物，本病是由于机体嘌呤代谢紊乱，而使血尿酸生成过多。继之一方面尿酸盐沉积于关节及其周围滑囊、软骨部位，引起小关节肿胀、疼痛即为痛风；另一方面尿酸盐沉积于肾脏的间质——肾小管引起肾损害。

本病多见于中老年患者，85%的患者在30岁以后发病。本病男性多见，女性少见。且多见于肥胖、喜肉食及酗酒者。痛风肾是西方国家的一种常见病，欧美国家发病率约为0.3%。据欧洲透析移植协会报道，终末期肾衰由痛风所致者占0.6%~1.0%。近年来我国由于经济情况的好转，饮食中人们摄入蛋白质及富含嘌呤成分的食物增加，致使国内本病的发病率较既往明显增高。

痛风肾病程迁延缠绵，晚期肾脏损害由间质—小管累及到肾小球，致使肌酐清除率逐渐下降，血肌酐及血尿素氮逐渐升高，终致尿毒症。据文献报道，约有41%的本病患者呈现肾功能损害，25%的患者死于肾功能衰竭。因而早期发现与及时控制本病，对于改善预后是十分重要的。

一、病因病机

西医对痛风肾患者高尿酸血症的形成机制，认为主要是几种与嘌呤代谢相关的先天性酶缺乏或缺陷或功能失调所致。如磷酸核糖焦磷酸合成酶的活性增高，使嘌呤合成速度加快，导致血尿酸升高；次黄嘌呤—鸟嘌呤磷酸核糖转换酶活性降低或缺乏，继之大量黄嘌呤生成，而使尿酸合成增加；葡萄糖－6－磷酸酶缺乏，致使糖原不能分解成葡萄糖，戊糖分解增加，因而尿酸合成增加；谷酰胺磷酸核糖焦磷酸转移酶或黄嘌呤氧化酶的活性增加，使嘌呤合成加速，继而血尿酸升高。

本病的肾脏损害，主要是由于血中尿酸盐浓度升高，超过了其在血中的饱和度，使尿酸盐结晶析出，继而尿酸盐结晶主要沉积于肾小管—间质部位，呈现慢性肾小管—间质病变。本病肾脏病理的特征性改变：光镜下可见呈针状、双折光放射形排列的尿酸盐结晶沉积于肾间质—肾小管。此外，尿酸盐亦可沉积于肾盂、肾盏及输尿管内，形成尿酸结石阻塞尿路。

痛风为本病的肾外表现，是因于尿酸盐沉积于关节及其周围滑囊、软骨部位，引起关节炎的结果。

中医古代文献中无"痛风肾"的名词。但有"痛风"一词，见于《格致余论》、《景岳全书》、《医学六要》、《医学正传》、《张氏医通》等著作中。然而前贤对于"痛风"的见解有二：其一认为是痹症中的"痛痹"，临床因关节疼痛剧烈为特征，主要是感受寒邪所致；其二认为是痹症中的"风痹"，临床以关节疼痛游移不定为特征，主要是感受风邪所致。可见中医学中的"痛风"，与西医"痛风肾"中的"痛风"专指因血尿酸升高，导致尿酸盐沉积于关节引起关节炎的概念不同。根据痛风肾患者病程中的各种临床表现，可以归属于中医的"痹症"、"淋症"、"腰痛"、"关格"等范畴。

痛风肾的中医病因，其一为先天禀赋不足；其二为饮食失调，过食肥甘厚味及酗酒均致湿热内蕴，痰从中生；其三是感受风寒湿等外邪，流滞经络关节。本病的中医病机，其病位的特点是初期在经络关节，中后期由浅入深，由经络关节内舍于脏腑，其中最主要累及于肾。其病性的特点是风寒湿热诸邪杂至，流滞于经络关节，不通则痛。湿热久稽内舍于肾与膀胱可现淋症。热迫血妄行则为血淋；湿热煎熬尿液，结为砂石而为石淋。后期肾气衰败，气化失司，湿浊内阻，终致下关上格即关格的危候。

二、临床表现

痛风肾起病隐匿，一般在中年以后开始出现临床症状。早期表现为轻度腰痛以及持续性或间歇性轻度蛋白尿。可伴轻度水肿，60%的病例血压中度升高。因肾小管功能受损而现尿浓缩稀释功能障碍。尿呈酸性，尿 pH 低于6.0。

本病病程迁延，晚期肾小球受累，以致肌酐清除率下降，血肌酐、血尿素氮升高，终现尿毒症之危候。

痛风肾患者90%伴发尿酸结石，主要由于高尿酸尿症、酸性尿及脱水尿浓缩三个因素所致。其成分可分为单纯性尿酸结石和混合性结石（合并草酸钙和磷酸钙成分）两种。结石堵塞肾小管及肾以下尿路，可发生肾绞痛和血尿，血尿呈镜下血尿或肉眼血尿。结石梗阻尿路，可引起尿路感染。细小结石呈鱼子样大小的砂粒状，色黄灰或橘红，可随尿排出。

本病的肾外表现主要是痛风，约80%的患者呈现急性或慢性关节炎的表现。急性关节炎起病急骤，酗酒、暴食、过劳、受凉为其诱因。多于夜间发作，疼痛剧烈。多先侵犯第一跖趾关节，而后波及足跟、踝、膝、指、腕、肘等关节。局部关节可呈现红、肿、热、痛、运动受限。慢性关节炎是由于急性关节炎反复发作迁延不愈所致，关节肿痛、变形、畸型、僵直、活动受限。

其结节可破溃，流出含尿酸成分的白色分泌物，瘘管不易愈合。如痛风结晶沉积于耳廓处皮下组织，呈硬性结节称痛风石。大部分病例痛风在肾病变之前出现。

三、诊断要点

（1）中年以上男性患者常发痛风性关节炎及尿路结石者，应首先疑及本病，需进一步作血尿酸及尿常规、肾功能检查。

（2）血尿酸 >390 微摩尔/升（ >6.5 毫克/分升）。

（3）尿路结石主要含尿酸成分。

（4）尿和肾功能检查主要为慢性间质性肾炎的表现。

（5）肾活检主要为肾间质—肾小管病变，并于肾间质及肾小管内找到双折光的针状尿酸盐结晶。

第十三节　尿路感染

尿路感染简称尿感，是指尿路内有大量微生物繁殖而引起的尿路炎症。临床上细菌性尿感最为常见，而最常见的致病菌为革兰氏阴性杆菌中的大肠杆菌。

尿路感染的类型可从不同的角度来划分，如根据症状有无，可分为有症状的尿路感染和无症状细菌尿。所谓的症状是指有尿频、尿急、尿痛等膀胱刺激症状。如根据感染发生的部位，可分为上尿路感染（即肾盂肾炎）和下尿路感染（即膀胱炎）。其中肾盂肾炎又有急性与慢性之分。如根据尿感的发作次数来分，首次发作者称为初发尿感，反复发作者称为再发性尿感。如根据有无尿路功能上或解剖上的异常来分，可分为复杂性尿感和非复杂性尿感。所谓复杂性尿感是指伴有尿路梗阻、尿流不畅、结石、尿路先天畸形及膀胱输尿管返流等解剖和功能上的异常，而无上述表现者称为非复杂性尿感。尿路感染是一种常见病，据统计在我国的发病率是0.91%，而在女性人群的发病率为2.05%。本病女性居多。女性之中，由于月经、性生活、妊娠的因素，生育年龄的已婚妇女有症状的尿感最为多见。60岁以上的女性10%～12%可见无症状细菌尿。男性之中，50岁以后7%的患者因前列腺肥大而易发尿路感染。一般情况下男性较少发生本病。

尿路感染一般预后良好，主要问题是容易反复发作，极少数病例可发展至肾功能衰竭。

一、病因病机

本病最常见的致病菌是革兰氏阴性杆菌，其中以大肠杆菌居多，占急性尿感的80%～90%。其次是副大肠杆菌、变形杆菌、克雷白杆菌、产气杆菌、产碱杆菌和绿脓杆菌。

约5%～10%的尿感是由以粪链球菌和葡萄球菌为主的革兰阳性细菌引起。

本病的易感因素有多种：如尿路梗阻，尿流不畅，可诱发尿感和使尿感易于上行；如膀胱输尿管返流及其他尿路畸形和结构异常；如在尿路使用器械检查，易致尿路损伤，且易将细菌带入后尿道和膀胱；如代谢失调，常见的有慢性失钾、高尿酸血症、糖尿病等均易发生尿路感染；妊娠也是本病的重要诱因，这是与黄体素分泌增加、尿液化学成分的改变、妊娠子宫压迫输尿管等原因有关，而且产后亦极易尿感；其他易感因素如妇科炎症、男性包茎、细菌性前列腺炎、长期卧床的严重慢性疾病及长期使用免疫抑制剂等，使机体的抵抗力降低，均易导致尿感。

本病的感染途径主要有上行感染、血行感染、淋巴道感染三种。细菌通过上述途径进入尿路和肾脏而引起炎症。绝大多数尿感是细菌经尿道上行至膀胱，乃至肾盂而引起感染。比如女性的尿道短而宽，尿道口又接近肛门和阴道，易受粪便和阴道分泌物污染，加之性交等因素，常常以上行感染居多。血行感染少见，血行感染是指细菌由体内的感染灶进入血流，然后抵达肾脏和肾以下尿路发生感染。淋巴道感染亦少见，由于腹下区和盆腔器官，特别是升结肠与右肾的淋巴管相通，因而有的学者认为，上述部位的炎症有可能通过淋巴道进入肾脏。

中医学将尿路感染归属于"淋症"的范畴，淋症是中医病名，它是指小便频数短涩，滴沥刺痛，欲出未尽，小腹拘急，或痛引腰腹的病症。中医学的"淋症"与现代医学所称的"淋病"概念截然不同，不应混为一谈。关于淋症的分类有"五淋"、"七淋"、"八淋"之说。经过临床实践体会，《诸病源候论》的"气、血、膏、石、劳、寒、热"七种淋症的分类，内容全面且较实用。关于淋症的中医发病机制，其病位的重心是在下焦的肾与膀胱，其病性以膀胱湿热蕴结居多。中医文献中这方面的论述颇多，如《金匮要略·五脏风寒积聚病篇》认为"热在下焦"，淋，亦认为"淋有五，皆属乎热"。《诸病源候论·淋病诸候》认为"诸淋者，由肾虚而膀胱热故也"。其膀胱湿热多因恣食肥甘厚味和酒酪所致，也有因于心火移热于小肠及膀胱。热血妄行而见血淋；湿热长期煎熬尿液结成砂石而为石淋；湿热下注，膀胱气化不行，脂液失于制约而下流可见膏淋。故热淋、血淋、膏淋、石淋多由膀胱湿热所致。此外，因于情志不遂、肝气郁结或中气虚陷可致气淋。劳淋是淋症迁延，因劳而反复发作，此为虚中挟实症。而正虚的重心是肾虚，其中又有肾气虚、肾阴虚、肾阳虚、肾气阴两虚及肾阴阳两虚之异。虚实之中又有虚多实少、实多虚少、虚实并重之分。寒淋多责之脾肾阳虚气化失司。

二、临床表现

（一）膀胱炎

膀胱炎是下尿路感染，此种类型最为多见。主要的表现有膀胱刺激症状，即尿频、尿急、尿痛，膀胱区可有不适，尿液检查为白细胞尿，偶有血尿，甚至肉眼血尿。一般无明显的全身感染症状。

（二）急性肾盂肾炎

急性肾盂肾炎为上尿路感染，常见于生育年龄的妇女。其临床特点为既有泌尿系的症状，又有全身感染的症状。泌尿系症状包括有尿频、尿急、尿痛等膀胱刺激症状以外，还有腰痛和（或）腹下区痛，肋脊角及输尿管点压痛，肾区压痛和叩痛。

全身感染的症状为寒战、发热、头痛、恶心、呕吐、食欲不振等，多伴有血白细胞计数升高和血沉增快。一般无高血压和氮质血症。

上述表现是典型的尿路感染患者的临床所见，但在临床上也常见不典型表现的患者，甚至有的患者完全无症状，因此，高度怀疑本病时应认真地进行尿细菌学检查。

三、诊断要点

（1）女性患者有尿路感染的临床表现时应高度怀疑本病。

（2）正规清洁中段尿（要求尿停留在膀胱 4~6 小时以上）细菌定量培养，菌落数≥105/毫升。如无尿路感染症状者，应作两次检查，菌落数均应 ≥ 105/毫升，且为同一菌种。此项结果为必备条件。

（3）参考清洁离心中段尿沉渣检查，白细胞数大于 10 个高倍视野。

（4）关于尿路感染定位的实验室检查。

①尿抗体包裹细菌检查，阳性者多为肾盂肾炎；阴性者多为膀胱炎。

②膀胱灭菌后的尿标本细菌培养，阳性者多为肾盂肾炎；阴性者多为膀胱炎。

③尿沉渣镜检如发现白细胞管型则是肾盂肾炎。

第十四节　尿路结石

尿路结石是指发生于肾盏、肾盂、输尿管以及膀胱等部位的结石。结石是由晶体物如钙、草酸、尿酸、胱氨酸等，与有基质如基质 Tamm - Horsfall 蛋白、酸性黏多糖等聚积而成。

根据结石的物理化学性质，结石的种类主要有草酸钙、磷酸钙、磷酸镁铵、尿酸、胱氨酸等多种，其中草酸钙结石居多，占

80%～94%。

尿路结石属于泌尿外科的常见疾病，随着我国人民生活水平的不断提高，尿路结石的发病率及住院治疗人数呈逐年增长趋势。在我国男女发病之比为3.9∶1，发病的年龄段为21～50岁居多。双侧肾结石占10%。尿路结石可以引起尿路感染和阻塞，若结石嵌顿于肾盂、输尿管交界处或输尿管，则产生肾盂积水、肾盂扩张、肾皮质萎缩及破坏。近年来由于体外震波碎石（ESWL）的应用，以及采用中西医结合的方法治疗尿路结石，致使尿路结石的预后得到明显改善。

一、病因病机

形成尿路结石的病因较为复杂，西医认为有局部病因、新陈代谢紊乱及其他因素等方面。局部病因有尿淤积、尿路感染和异物存在。尿淤积往往由机械性梗阻所致，如肾盂输尿管连接处狭窄和肾积水时多并发肾结石，又如多囊肾亦常发尿路结石。再者长期卧床的患者不利于尿液下流，易致尿淤积而发生尿路结石。尿路感染对结石的形成亦有一定的影响，因为炎症产生的有机物可以扰乱尿液中晶体和胶体的平衡，继之不稳定的胶体沉积；细菌及其引起的脓块、坏死组织等均可成为尿路结石的核心。尿路异物的存在亦可形成结石的核心。

新陈代谢紊乱最常见的有高血钙、原发性高尿钙以及高尿酸血症。高血钙的形成主要与原发性甲状旁腺功能亢进、乳酸碱化药综合征、结节病或肉样瘤病、维生素D中毒症、恶性肿瘤、皮质醇增多等有关。高尿钙的病因与肠内吸收钙过多或肾小管回吸收钙量减少有关。高尿酸血症主要是嘌呤代谢紊乱，容易引起尿酸结石。

其他因素如气候、水质、遗传、性别、年龄、饮食和职业等对尿路结石的发生均有一定的影响。

由于上述病因的作用，致使晶体物质在尿中浓度升高或溶解度下降，而呈过饱和状态，继之析出结晶并与有机物质组成核，而后结晶体在局部增长、聚集，终成尿路结石。

中医文献中对本病的认识较早，如北周姚僧垣的《集验方》中就有石淋的记载；《中藏经》称之为砂淋；隋代巢元方的《诸病源候论》将石淋归属于淋症病中之一种，并作了详尽的描述："石淋者，淋而出石也……其病之状，小便则茎里痛，尿不能足出，痛引小腹，膀胱里急，砂石入小便道出，甚者塞痛。"

可见尿路结石应归属于中医石淋的范畴。

中医学认为尿路结石的病因病机，多因嗜食肥甘厚味及酒酪过度，再者情志抑郁，郁久化火，以致膀胱湿热蕴结，久之尿液受其煎熬，尿中杂质结为砂石，小者如砂，大者如石。由于砂石阻络，不通则痛故现腰腹胀痛难忍，湿热阻于下焦，膀胱气化不利则现尿液淋沥不畅，细小砂石可随尿液排出，故尿中时而兼挟砂石。

二、临床表现

部分尿路结石的患者可无症状，仅是在体检作肾脏 B 超时发现本病。而部分患者因结石活动，引起尿路剧烈蠕动而呈现症状。

肾绞痛是常见的严重症状，多呈阵发性，疼痛如刀割，部位多在腰部或腹部，且常放射至腹下区，腹股沟，大腿内侧，女性可放射至阴唇。肾绞痛发作时患者呈急性病容，呻吟不已，甚至出现虚脱。肾绞痛是本病的重要临床线索。

肾绞痛发作时常伴有血尿，血尿为镜下血尿或肉眼血尿，而以镜下血尿居多，此种血尿为非肾小球性血尿，是由于结石在尿路移行时损伤血管所致。

尿路结石患者部分有尿中排出砂石史，尿内可混有砂粒或小结石，结石通过尿道时，有堵塞或刺痛感。

尿路结石的常见并发症是尿路感染和尿路梗阻，较大的结石可以阻塞尿路，从而引起肾盂积水。

三、诊断要点

（1）有肾绞痛或伴血尿的表现，有尿中排出砂石的病史。

（2）泌尿系平片显示结石阴影。90％的尿路结石可在 X 线平片上显影，其中草酸钙显影最好，而纯尿酸和胱氨酸结石可不显影。

（3）B 超检查可发现肾积水、结石强回声和声影，能发现 X 线阴性结石。但当结石直径小于 0.5 厘米时易于漏诊。

（4）CT 检查可以发现细小结石，而且可将结石与血块或肿瘤区别开来。

第十五节　肾硬化症

肾硬化症包括肾动脉粥样硬化引起的动脉性肾硬化，和高血压引起的良性肾硬化及恶性肾硬化。肾动脉粥样硬化是全身性动脉粥样硬化的一部分，多见于老年人，伴或不伴高血压。良性肾硬化发生在血压轻、中度升高的患者，由于高血压引起肾小管和肾小球的损伤，肾小球滤过率在数年内缓慢下降；恶性肾硬化发生在严重高血压的患者，肾功能呈急剧恶化，多为不可逆性，但二者并非完全独立，良性期的高血压可转变为恶性期的高血压，引起恶性肾硬化。

一、临床表现

（一） 症状体征

动脉性肾硬化多见于 60 岁以上的老年人，常伴有其他器官的动脉粥样硬化的表现，如心、脑、眼底及周围血管等。部分病者有微量蛋白尿，伴或不伴高血压。良性肾硬化多见于 30 岁以上患者，特别多发于糖尿病或长期高血压未得到良好控制者，临床常见头痛、眩晕、心悸、心前区疼痛等，血压中度升高。恶性肾硬化常表现为急骤发展的高血压，静张压大于 17.3kPa，头痛或头晕，严重者可发生高血压脑病，视力障碍，或视乳头水肿，肾功能急剧恶化，迅速发展至肾功能衰竭，此外部分患者可并发左心衰竭。

（二） 实验室及其他检查

动脉性肾硬化尿液检查，部分病者可有微量蛋白尿。血生化检查，血胆固醇、甘油三脂和 β 脂蛋白增高。X 线检查，可发现主动脉粥样硬化。良性肾硬化尿液检查通常有轻度蛋白尿，24 小时尿蛋白排出量不超过 1 克，尿沉渣一般无红、白细胞，早期肾功能检查正常，随着病情缓慢进展，可渐出现肾功能不全，其中以肾脏浓缩功能减退最早出现。恶性肾硬化 24 小时尿排泄量平均为 2.4 克，重者可达肾病综合征水平，常伴镜下血尿或肉眼血尿，可有红细胞管型、透明管型或颗粒管型，血肌酐、尿素氮迅速增高，眼底检查可有视乳头水肿，眼底絮状渗出及出血等。

二、诊断与分型

（一）西医诊断

动脉性肾硬化可根据老年、全身性动脉粥样硬化、微量蛋白尿的特征作出诊断。良性肾硬化可根据高血压病史，以后渐出现尿液检查异常或肾功能异常，排除慢性肾炎、慢性肾盂肾炎等疾病而作出诊断。恶性肾硬化可根据舒张压≥17.3kPa，视乳头水肿和急剧的肾功能衰竭特征而诊断，但需与急性肾炎、慢性肾炎鉴别。

（二）中医分型

1. 阴虚阳亢型

【主症】眩晕，头痛，视物模糊，腰膝酸软，五心烦热，耳鸣健忘，心悸失眠，口干口苦，面色潮红，尿黄，舌红，苔薄白或薄黄，脉弦或细弦。

2. 湿淤交阻型

【主症】腰酸痛，乏力，或水肿，纳差腹胀，口干不欲饮，唇舌紫暗，或有淤斑，苔白腻或黄腻，脉沉细。

3. 脾肾两虚型

【主症】面色无华，神疲乏力，恶心呕吐，口有尿味，纳差，腰膝酸软，或少尿，浮肿，大便干或溏，舌淡，苔白或白腻，脉沉细。

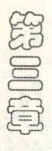

肾脏病的西医治疗

第一节　急性肾炎的西医治疗问答

一、怎样治疗急性肾炎

急性肾炎是一种自限性疾病，自然痊愈率高，目前尚无特效药物，其治疗原则主要在于缓解急性期的症状，预防和控制并发症。其治疗要点如下：

（1）卧床休息　直至浮肿消退，并发症消除。

（2）饮食治疗　高糖、低盐、低蛋白与富含维生素的饮食，持续到利尿开始。

（3）抗生素的应用　以青霉素为首选，可以每次80万单位肌注，每天2次，10~14天为一疗程。

（4）对症治疗

① 利尿：轻度水肿，以限制水、盐，卧床休息为主；水肿明显及限水后浮肿无明显减轻者，可应用利尿剂。

② 降压：轻度高血压者无须使用降压药，中、重度高血压者应积极稳步控制血压。

③ 控制心力衰竭：治疗措施包括利尿、扩张血管以减轻心脏前后负荷。

二、急性肾炎病人是否都需要抗感染治疗

对急性肾炎病人，一般主张常规使用 2～3 周的青霉素抗感染治疗，其目的并不是治疗肾炎本身，而是清除咽部、上呼吸道、皮肤或体内其他部位的感染病灶。因为急性肾炎并不是细菌直接侵犯肾脏引起的炎症，而是由于感染部位的细菌，如链球菌中的 M 蛋白和血中的抗体结合形成的免疫复合物沉积于肾小球引起的免疫性炎症。抗生素既可以消除细菌，自然也会消除免疫反应的抗原。一般常规使用 2～3 周的抗感染治疗后，绝大部分病人均能达到清除体内感染病灶的目的，不需要继续或长期使用抗生素。

急性肾炎抗感染的药物首选青霉素：因为急性肾炎的致病菌主要是 β 型溶血性链球菌，其次是金黄色葡萄球菌，二者都属于革兰氏阳性球菌，对青霉素最敏感。对青霉素过敏的患者，可改用红霉素、洁霉素，但应避免使用对肾脏有毒性的药物，如庆大霉素、卡那霉素、链霉素等。另外对有明确染灶的急性肾炎患者，最好做细菌培养及药物敏感试验，根据药敏结果，选择对肾脏无毒性的敏感抗生素治疗，直至感染完全控制，感染灶彻底肃清为止。

三、急性肾炎患者是否需要常规摘除扁桃体

扁桃体炎既是急性肾炎的重要诱因，也是慢性肾炎：肾病综合征反复发作的重要原因。因此，积极防治扁桃体炎，对于防治肾小球疾病有很大的意义。但是，由于扁桃体是咽部较大的淋巴组织，位于咽喉部的咽峡窝内，可以产生淋巴结胞，参与机体的免疫功能，就像卫兵一样守卫着咽喉大门，抵挡着外来病菌的侵犯，有重要的防御功能。所以急性肾炎需不需要摘除扁桃体，应根据具体情况作具体分析，权衡利弊得失而定。以下几种情况需要提请注意：

（1）如患者在急性肾炎发病前 1~2 周内没有发生过急性扁桃体炎，急性肾炎不是由扁桃体炎引起的，则不必摘除扁桃体。

（2）如果患者有扁桃体反复肿大发炎的病史，而且与急性肾炎的发病及病情的波动密切相关，就应该予以摘除，以减少肾炎的复发。

（3）扁桃体反复感染发生病理改变，已失去它的正常功能，也应该摘除。

摘除的时机：一般主张儿童 4 岁以后为宜，手术时间的选择应在急性肾炎病情基本稳定时，即尿蛋白低于"＋"尿红细胞小于每个高倍视野 10 个，扁桃体无急性炎症时。术前术后需常规使用足量抗生素（以青霉素为首选）各 2 周，以防止细菌活跃引起肾炎复发或加重。

四、急性肾炎病人血压升高是否都需要降压治疗

多数急性肾炎病人血压增高并不严重，不必都服用降压药物，

只要控制饮食中水、钠的摄入，并适当给予小剂量利尿剂如双氢克尿塞或速尿以利尿降压即可。因急性肾炎的高血压主要是由于体内水钠潴留、血容量增加所致，随着病人尿量的增加，血压就会自然下降。然而，如患者血压增高明显，或伴有头昏、头痛、恶心、呕吐、视力下降等脑水肿症状，或出现胸闷、气促、心悸、不能平卧，甚至咯粉红色泡沫样痰等心功能不全表现时，就应该积极给予降压、强心治疗。一般可联合应用利尿剂和心痛定、开搏通、呱唑嗪等血管扩张剂。如已出现心脑合并症，应选用作用迅速的硝普钠或立其丁等静脉给药。具体应在医生指导下使用。

五、急性肾炎患者是否需要使用糖皮质激素、细胞毒类药物和消炎痛治疗

一般不需要使用。因为糖皮质激素和细胞毒类药物会抑制抗体的产生，导致抗原过剩，使病情迁延不愈或转变成为慢性肾炎。消炎痛虽然可以使尿蛋白减少，但它是通过降低肾脏血流量、减少肾小球滤过率而发挥效果的，且其降低尿蛋白的作用也不能持久，所以也不宜使用。再者，急性肾炎是一种自限性疾病，自然痊愈率高，不必使用其他药物。

但是，如果患者病程迁延不愈或伴有大量蛋白尿，或急性肾衰以及重症急性肾炎，肾活检有大量新月体形成时，则可考虑使用糖皮质激素及细胞毒类药物。

六、急性肾炎时怎样正确使用利尿剂

急性肾炎的临床表现主要是水肿、高血压，这是由于水钠潴

留，细胞外液容量增加所致。适当应用利尿剂，不仅能消肿、降压，还有助于预防心力衰竭、高血压、脑病等并发症的发生。不过，急性肾炎患者不能因为在应用利尿剂后水肿消退，就以为肾炎已经治愈而放松其他治疗，因为利尿剂的使用，不过是一种对症的治疗措施，服用量应适可而止，不可久用。

一般来讲，对急性肾炎的水肿，应先控制水和盐分的摄入，若仍有尿少、水肿、血压高，就应当使用利尿剂。利尿剂中以噻嗪类（如双氢克尿噻等）最常用，它的主要作用是肾小管髓祥升支对钠、氯离子的重吸收，使之排出体外带走水分，并能增加钾的排泄，但当肾小球滤过率低于 25 毫升/分时，噻嗪类利尿剂常无效果，可改用强效的祥利尿剂如速尿或利尿酸，使滤过的钠 25% 排出体外。此外，还可用血管解痉剂利尿，如利尿合剂（含普鲁卡因 0.5 克，维生素 C 3.0 克，咖啡因 0.25 克，氨茶碱 0.25 克）置于 20% 葡萄糖液 200 毫升中静脉滴注。

急性肾炎时，一般不用保钾利尿剂（如安体舒通、氨苯喋啶等）、汞利尿剂及渗透性利尿剂。

七、急性肾炎能不能治愈

急性肾炎经过适当的处理绝大多数均可治愈，但约 5% ~ 10% 的患者可迁延一年以上转为慢性肾炎。急性肾炎的治愈标准为：（1）水肿消失，血压正常，肾小球滤过率恢复正常；（2）每周检查一次尿常规，连续半年尿蛋白及红细胞全部阴性；（3）肾活检示肾脏的病理改变已恢复正常。

急性肾炎的痊愈率与年龄成反比，年龄越小，越容易治愈，年龄越大越不易治愈。

八、糖尿病肾病的治疗

糖尿病肾病一旦出现临床蛋白尿（24 小时尿蛋白排到大于 0.5 克）就变得不可逆。故治疗在对早期肾病可逆阶段进行治疗和干预。

(1) 代谢控制 纠正代谢紊乱和严格控制血糖正常或接近正常水平。可通过强化胰岛素治疗达到严格控制血糖接近正常水平而有效延缓肾病发生。

(2) 饮食治疗 无论早期和晚期糖尿病肾病饮食管理，主要是蛋白质摄入量限制。蛋白质摄入量每日 0.6 ~ 0.8 克/千克（或热量的 10% 以下）。选用鸡蛋、牛奶、瘦肉、鱼等含低胆固醇的动物蛋白及多种氨基酸，可选用海参、海蜇皮、酸牛奶、牛奶等含蛋白质更多的食物。患高血压者应限盐（每日 3 ~ 4 克）。

(3) ACE 抑制剂 以卡托普利为代表的 ACE 工具有良好的治疗高血压作用，而且能使糖尿病的蛋白尿排出量减少，保护肾脏功能。

(4) 钙离子拮抗剂 通过降压有利于糖尿病肾病质变，同时还可降低肾小球自由基。

(5) 抗血小板药 使尿及血浆中血糖素 B_2 下降，肾血流量增加。如潘生丁等。

第二节 慢性肾炎的西医治疗及预后

虽然慢性肾炎至今还没有特效疗法，但由于近年来对其发病机理的研究有了很大的进展，治疗措施也有了很大的改进，加上中西医结合，治疗的办法比以前更多，其预防也大为改观。

（一）慢性肾炎的西医治疗原则

1. 一般处理

慢性肾炎活动期或症状明显者应当休息，要避免感冒、受湿、过劳，防止呼吸道及泌尿道感染，禁用肾毒性药物。蛋白质的摄入量不宜过多，每天控制在 1 ~ 1.2 克左右，有水肿、高血压者应限制水、盐，肾功能不全者宜采用低蛋白饮食。

2. 对症处理

包括利尿、消肿、控制血压、抗凝治疗，并应积极治疗感染，尤其是潜在的感染，包括无症状性菌尿等。

3. 药物治疗

根据不同的病理类型，选择治疗的药物：轻度系膜增生性肾炎（包括 IgA 肾病），蛋白尿轻者可用雷公藤制剂；以大量蛋白尿、肾病综合征为主要表现者，可应用糖皮质激素及细胞毒类药物。较重的系膜增生或膜增生性肾炎，激素及细胞毒类药物必须根据血压及肾功能情况，分阶段地应用，应重视抗凝及降压治疗。激素及细胞毒类药物对膜性肾病的疗效欠佳，但对早期膜性肾病患者，目前仍多主张给予激素等药物强化治疗，以延缓肾功能恶化的进程。可联合使用雷公藤及血管紧张素转换酶抑制剂与抗凝治疗等，使部分患者的蛋白尿减轻。但激素的疗程不宜过长。局灶节段性肾小球硬化，对激素及细胞毒类药物的反应差异较大，呈肾病综合征且肾功能正常者，仍可酌情使用，可能有助于改善病情，减轻蛋白尿，但切忌用药过长或滥用激素。

4. 肾炎要尽早治

一个人得了任何疾病都应该早期诊断、尽早治疗,这是不言而喻的。只有早期诊断、早期治疗,才能使疾病早日痊愈,减少并发症,恢复健康,肾炎患者也不例外。但是肾炎患者患病以后,如未能得到及时的诊治,后果要比其他的疾病严重得多。因为肾炎迁延不愈,会逐渐发展到慢性肾功能衰竭。严重地威胁患者的健康和生命。因此,要定期做尿液常规检查,这是早期发现肾炎的最简单有效的方法。一旦发现尿常规异常,如出现蛋白尿、血尿、红细胞、白细胞及管型等,应立即到医院做进一步检查及辅助检查,如肾功能、两肾 B 超检查,血浆蛋白定量及其他项目检查,大多能很快明确是否患了肾病。思想上不能麻痹大意,如发现小便有一点不正常,不应该认为没有关系而任其发展。一旦确诊为肾炎,应按照正规的治疗方案进行治疗,争取早日痊愈。决不能麻痹大意,或满不在乎,以致贻误了治疗时机。

5. 慢性肾炎的治疗要打持久战

慢性肾炎和其他肾脏疾病一样,有两个显著的特点:一是病程缠绵,二是容易反复。慢性肾炎病程长是因为肾小球肾炎是自身免疫性疾病,通过机体免疫功能紊乱而造成肾小球毛细血管的弥漫变化。也就是说,两侧肾脏约 200 万个肾小球同时都发生了病变,包括肾小球毛细血管基膜增厚和细胞增殖等。这些病变并不是短时期内就能恢复正常的。因此大部分慢性肾炎,包括肾病综合征等的治疗,都不是以月计算,而是要以年计算的。有些肾炎,如狼疮性肾炎还需终身用药治疗。另外肾炎病人治愈后,常因上呼吸道感染、扁桃体炎、劳累及情绪波动等诱因而使已经稳定的病情出现反复。为此，肾炎病人的治疗要打持久战，有的甚至要治疗几年或更长一段时间。如果患者麻痹大意，病情稍一稳定就任其自然，不注意坚持服药、治疗，甚至停服药物，不注意调治，就会出现反复，而每一次反复都给肾脏带来新的损害，对病人的健康是十分不利的。

（二）慢性肾炎的预后

在慢性肾衰的病因中，慢性肾炎占第一位。那么，慢性肾炎要经过多长时间才会发展成为慢性肾衰呢？这没有一定的标准，因为有很多因素会影响这一进程，其中与慢性肾炎的病理类型关系最大。临床表现不同，其发展的速度也各有差异，所以慢性肾炎出现肾功能损害的个体差异很大。目前临床上是以血清肌酐的倒数（$1/Scr$）和时间的直线斜率来判断其进展的速度，就是用血清肌酐浓度的倒数作纵坐标，以时间作横坐标，所画出的直线来计算慢性肾衰的进展速度。当然，这也并不是说所有的慢性肾炎病人都必然会发展成为慢性肾衰的，经过积极、有效的中西医结合治疗，合理地安排饮食、起居和调养，是可以大大地延缓肾功能的变化，使部分患者获得临床的完全缓解。

引起慢性肾炎患者肾功能进行性恶化的因素有以下几点：

（1）原发性肾小球疾病的反复发作，处于活动期；

（2）持续性高血压存在；

（3）饮食中摄入的蛋白质过多；

（4）合并感染；

（5）使用肾毒性药物；

（6）有水电解质或酸碱平衡功能紊乱等。此外，血小板功能异常，及脂质代谢紊乱对肾脏的损害和发展也有重要的作用。

判断慢性肾炎的预后，首先需要了解其原发病的性质和类型、目前的临床表现、有无活动性、肾脏的病理类型及肾功能受损程度等，然后进行综合分析，才能作出正确的结论。

肾炎的预后与以下因素有关：

（1）临床表现：单纯蛋白尿或镜下血尿，而无其他伴随症状者，一般预后较好；慢性肾炎出现持续性高血压者比无高血压的患者预后差。血压虽高，经一般降压药物治疗能使血压降到正常或稍高于正常水平者，预后较好，反之预后较差。有持续性贫血不能改善者预后较差。

（2）引起肾实质病变的前驱或根底疾病与预后密切相关：如扁桃体炎、上感等溶血性链球菌引起者预后较好；继发于全身性疾病而病因不易去除者预后较差。

（3）病理类型：轻度系膜增生性肾炎预后良好，重症系膜增生性肾炎及膜增生性肾炎、局灶节段性，肾小球硬化的预后较差；膜性肾病则预后较好，进展缓慢。纤维性新月体的数量、肾小球硬化的数目、间质纤维化的程度以及肾小管萎缩的多少与预后相关。肾内血管疾病病变严重者预后较差。

（4）肾功能情况：肾功能受损严重，血清肌酐、尿素氮升高，内生肌酐清除率下降者，预后严重；肾功能正常或肾功能虽然受损，经积极治疗能恢复正常者，预后相对较好；反之若已发展到慢性肾功能衰竭或尿毒症期，则预后较差。此外，肾炎患者的预后还和患者的精神状态、饮食控制、是否早期积极治疗、是否正规治疗等多种因素有关。

慢性肾炎患者的自然病程变化很大，有一部分病人的病情比较稳定，经 5~6 年，甚至 20~30 年，才发展到肾功能不全期，极少数病人可自行缓解。另一部分病人的病情持续发展或反复急性发作，2~3 年内即发展到肾功能衰竭。一般认为慢性肾炎的持续性高血压及持续性肾功能减退者预后较差。总之，慢性肾炎是具有进行性倾向的肾小球疾病，预后是比较差的。肾活检的病理学分型对预后的判断比较可靠，一般认为微小病变型肾病和单纯的系膜增殖性肾炎预后较好，膜性肾病进展较慢，其预后较膜增殖性肾炎好，后者大部分病例在数年内出现肾功能不全，局灶性节段性肾小球硬化预后亦差。近年来的研究表明，除了肾小球病变外，肾小管、肾内血管及肾间质病变的程度明显影响预后。肾小管萎缩、肾内小血管硬化、肾间质大量淋巴细胞浸润及间质纤维化则预后较差。慢性肾炎的预后，因慢性肾炎各种根底疾病类型的不同而有很大差异。一般说来，高血压型的预后较差，普通型及急性发作型的预后较好，但如后两型也伴有高血压存在和肾功能损害，则预后也不好。

　　慢性肾炎血尿患者的预后主要看其肾脏的病理类型。慢性肾炎血尿患者的肾脏病理类型为系膜增生性肾炎，其预后一般良好。慢性肾炎血尿患者的肾脏病理类型为系膜毛细血管性肾炎，其预后多不良，病情呈缓慢进展，经过 8~10 年，大约 50% 的患者发生肾功能不全。慢性肾炎血尿患者中有一小部分肾脏病理类型为局灶节段性肾小球硬化症者，其预后也不良，容易复发，而且往往对糖皮质激素治疗无效。此外，如果慢性肾炎血尿患者屡发呼吸道或泌尿系感染，常可使病情加重。如果高血压控制得不理想，一方面可加速肾功能不全的进程，另一方面亦容易引起心、脑损害的严重并发症。慢性肾炎血尿患者氮质血症出现较早和较重者，其预后也不佳。

（三） 保护残存的肾功能

对合并有慢性肾功能不全的慢性肾炎患者，要保护残存的肾功能，应该从以下几个方面进行。

（1）控制肾炎的活动，坚持治疗用药，不要对病情麻痹大意，治治停停。

（2）控制血压，注意坚持长期的降压治疗，以保持血压的平稳。否则间断服药，不仅对病情不利，还会加速对心、脑、肾功能的损害。

（3）低蛋白、低磷饮食。

（4）积极防治感染。

（5）避免使用肾毒性药物，如庆大霉素等氨基糖甙类抗生素。

肾脏病的中医治疗

第一节　肾脏病的中医治疗

　　理、法、方、药是中医辨证论治密不可分的四个环节。治法是在辨清症候，审明病因、病机之后，有针对性地采取的治疗方法。它是指导组方遣药和选择中成药的指导原则。因而中医学常说："法随症立，方从法出，方以药成。"可见理、法、方、药四位一体，缺一不可。

　　中医的治法有多种，结合肾脏病患者临床表现的特点和常见的中医症候，以及笔者长期临床实践的经验，兹将肾脏病常用的中医治法概述如下：

一、发汗解表法

肾脏病患者由于机体免疫功能低下，常易患感冒及上呼吸道感染。反过来感冒及上呼吸道感染又可使原来的肾脏疾病加重，如水肿加重、蛋白尿及血尿反复、肾衰患者的血肌酐上升等。因此，对肾脏病患者的感冒及上呼吸道感染不能等闲视之。

中医的发汗解表法是通过宣发肺气，调畅营卫，开泄腠理等作用，使人体絷絷汗出，从而使肌表的六淫之邪随汗而解的一种治法。它的优点是可以因症、因人、因时而异，使邪祛而正不伤；对病毒性感冒具有特效；还可避免部分抗生素的副作用。

发汗解表法有辛温解表法、辛凉解表法、扶正解表法诸种。辛温解表法适宜于风寒表征。常用方为桂枝汤、杏苏散、九味羌活汤。麻黄汤为峻汗之剂，不宜选用。若夏令外感风寒，内伤湿滞，则宜用藿香正气散，散寒与化湿并进。辛凉解表法适宜于风热表征。常用方为银翘散、桑菊饮。扶正解表法适宜于虚人外感，扶正的目的是有利于鼓邪外出，且祛邪而不伤正。

常用方为人参败毒散、荆苏参豉汤（自拟方：荆芥、苏叶、党参、豆豉）、加减葳蕤汤、小柴胡汤。其中小柴胡汤在《伤寒论》中虽为和解少阳的代表方剂，因方中的药物扶正与祛邪兼顾，且柴胡的药理作用具有较好的抗感冒病毒的作用，故笔者常引申为扶正解表之方剂，临床效如桴鼓。

使用发汗解表剂时要避免"闭门留寇"，也就是说要暂时停用原先的补益的方药，集中力量表散外邪，以利迅速截断病程。因为补益之品有恋邪之弊。另外，要注意轻煎以充分发挥药效。

二、解毒利咽法

咽炎、腭扁桃体炎是肾炎发病与反复加重的重要诱因之一。如蛋白尿及血尿常因咽炎、腭扁桃体炎的发作而加重。现代医学主张运用抗生素及手术摘除腭扁桃体。中医学认为咽喉是肺、胃之门户，咽炎、腭扁桃体炎主要责之于肺胃热毒上攻。因而，治法为清热解毒、利咽散结，常用方有银翘散、五味消毒饮、银菊玄麦海桔汤（银花、野菊花、玄参、麦冬、胖大海、桔梗）。

三、利水退肿法

水肿是肾脏病患者主要的临床表现之一，现代医学称之为"肾性水肿"。根据其发生的机制又可细分为肾病性水肿和肾炎性水肿两类。肾病性水肿责之于血管内外的液体交换失衡，主要由于尿蛋白的大量丢失，血浆胶体渗透压降低所致。肾炎性水肿责之于机体内外的液体交换失衡，主要由于各种原因导致肾小球滤过率下降，致使水、钠潴留。

中医治疗肾性水肿的长处在于调整恢复有关脏腑的功能并协调水、气、血三者的关系，即重视机体对水液代谢的自调能力，所以退肿不易反复，且无副作用，同时患者的体力恢复亦较好。此外，也较输注白蛋白或血浆以扩容利尿更为经济。兹将利尿退肿诸法分述如下：

宣肺利水法适宜于肾性水肿急性期，症属肺气不宣者，即前贤所谓的"开鬼门"、"汗法"。常用方为越婢加术汤、越婢五皮饮、麻黄连翘赤小豆汤、麻车五皮饮（五皮饮加麻黄、车前草、车前子）。

活血利水法适宜于血淤水停者，其发生机制多为水病及血病。如女性患者因肾性水肿可致闭经，肾病综合征患者伴发肾静脉血栓时应首选此法，活血利水并进，俾淤去肿消。常用方为加味当归芍药散（当归尾、白芍、川芎、白术、茯苓、泽兰叶、怀牛膝、丹参）。

行气利水法适宜于气滞水停者。若系脾气壅塞，脘腹胀满水停，常用方为导水茯苓汤、胃苓汤。若因肝气郁结水肿加重者，应在利水的同时及时配用逍遥散、柴胡疏肝散类方药，并辅以情志护理，俾肝气条达，水液运行。

清热利水法适宜于湿热内蕴者。湿热之邪常胶着难解，病程缠绵，治宜守方，切勿急于求成。辨识湿热宜分清孰重孰轻及病位重心，用药方能恰到好处。若为下焦湿热，可选八正散、大橘皮汤。若湿热弥散三焦，湿重于热者用三仁汤；湿热并重者用杏仁滑石汤。

温阳利水法适宜于阳虚水停者。脾阳虚则选用实脾饮。肾阳虚而水停宜用济生肾气汤，肾病撤减激素太快而现水肿反复者，该方效著且药效持久。若心肾阳俱虚，水气凌心者，常选真武汤合苓桂术甘汤。对尿毒症性心包炎，我们曾以苓桂术甘汤合生脉饮，益气温阳蠲饮而收效。

健脾益气利水法适宜于脾气虚水停者，常用方为防己黄芪汤、防己茯苓汤、春泽汤、五苓散、香砂六君子汤加味、参苓白术散加味。

育阴利水法适宜于阴虚水停者。因施治较为棘手，为防滋阴腻滞和利水伤阴，宜选甘寒清补之品与甘淡或甘寒利水药并用，常用方为猪苓汤、六味地黄汤加味。

益气养阴利水法和温肾滋阴利水法适宜于气阴两虚和肾阴阳两虚水停者。前者选参芪地黄汤合五皮饮；后者宜选用济生肾气汤。

四、通腑泻浊法

通腑泻浊法即中医学的"下法"。主要是运用泻下药通导大便，排除肠胃积滞，使浊邪从下窍而出。结合肾脏病患者而言，此法主要常用于肾衰患者。现代医学认为，尿素氮75％由尿中排出，25％由肠道随粪便排出，因而近年来问世的口服肠道吸附剂，如氧化淀粉等，就是着眼于导泻，以降低尿素氮。然而在临床运用中出现了腹泻过多，患者体力不支；胃脘不适，难以受纳；尿素氮虽降而患者症状不减的情况。中医通腑泻浊法的长处在于结合患者的个体症候特点，灵活地运用大黄，不仅无以上弊病，且在降低尿素氮的同时，患者便调纳香神振，确有扶危救急之功。

运用大黄治疗关格始自唐代，近20多年来大黄治疗肾衰已成常规，方法多采用灌肠。实验研究提示：大黄有降低尿素氮、降解血内中分子量含氮化合物等促使体内毒物排出和减少其毒害，改善肾功能等多方面的综合作用。运用大黄尤注重在选择制剂、用量、煎法、配合扶正药四个方面下工夫。

生大黄适宜于肠胃积热、大便燥结的患者，用量为3~20克，要注意掌握各个患者的有效治疗量。生大黄宜后下，便前常有轻微腹痛感，不必过虑，便后迅失。对于大便偏干而脾胃虚弱或者是年老的慢性肾衰患者，则宜选用制大黄同煎，用量为3~20克。有时还可采用配服麻仁润肠丸或连翘败毒丸等成药以图缓泻。由于肾衰患者正气多虚，纵然腑气不通，亦多为本虚标实症，所以应采用扶正攻下法方合病机，如此可避免一意攻下后正随邪脱的险候。若系脾胃虚寒大便偏干者，常用香砂六君子汤加制大黄；若系肝肾阴虚而致便秘者，常用六味地黄汤加大黄；倘若气阴两虚兼有大便秘结者，常用参芪地黄汤加大黄；若系肾阳虚而兼大便偏干者，可用肾气汤加制大黄。此外，若痰热中阻较甚且大便干结者，可暂不配扶正药，而选用黄连温胆汤加生大黄以清化痰热、通腑泻浊为首务。

运用通腑泻浊法一般掌握药后每日排便两次为度，过多则伤正气。对于肾衰大便并不秘结或反而溏薄，甚至腹泻的患者，则不宜选用大黄，倘若滥用之则有"虚虚"之弊。

五、止血法

止血法是针对出血症而言的，肾脏病患者常见的出血症主要有肾炎血尿和尿毒症的出血倾向。血尿有镜下血尿和肉眼血尿；出血倾向可见鼻出血、肌衄、呕血、便血、妇女经血过多等表现。根据出血症的常见中医症候特点，止血法有多种，体现了标本兼顾的精神。

益气止血法适宜于气虚出血症。中医学认为"气能摄血"若气虚则血统摄无权，血离经妄行。常用方为补中益气汤、参苓白术散、归脾汤加味。

滋肾止血法适宜于肾阴虚的出血症。中医学认为"精血同源"、"肾藏精"、"肾开窍于二阴"，若尿血患者伴见肾阴虚症，其中医病机责之于肾不藏精，治当滋阴止血。常用方为二至丸、六味地黄汤加味。

凉血止血法适宜于热迫血妄行的出血症。中医学认为"血宜凉宜静"，此法临床较常用。常用方为小蓟饮子、犀角地黄汤、导赤散、三黄泻心汤。

温阳止血法适宜于脾肾阳虚的出血症。患者在出血的同时，呈现一派脾肾阳虚的表现。常用方剂为黄土汤、理中汤、肾气丸加味。

化淤止血法适宜于血络淤阻的出血症。其辨证要点为有血淤的指征而同时出现出血，淤血不祛，血难以归经，治当化淤止血。常用方剂为桂枝茯苓丸、血府逐淤汤。

收涩止血法适宜于慢性出血症，主要是将止血药炒炭后入煎剂，以增收涩止血之力。常用的药物有藕节、蒲黄、栀子、茜草根、地榆、艾叶。上述药物可配入相应的方剂之中。

在运用上述止血诸法时，由于症情的错综复杂性，常常几法合并用之。比如气阴两虚的出血宜益气滋肾止血；阴虚血热的出血宜滋肾凉血止血。此外，治疗慢性出血不可急于求成，宜守方以图缓功。

为了取得较好的止血疗效，应注意止血药的归经。止血药的归经大体有两类，一类是作用范围广，可通治各个部位的出血；一类是专归某经，针对性较强。在运用止血法时应注意将通用的止血药与专用的止血药相结合。

六、摄精法

摄精法是指中医消除蛋白尿的治法而言的。蛋白质是人体的营养物质，正常情况下不应从尿中流失。由于肾脏疾病使肾小球基底膜受损，致使蛋白质渗入尿液之中。中医学认为尿蛋白属于"精微"的范畴，宜藏而不宜泻。五脏之中具有统摄精微物质功能的主要是脾肾两脏。因"脾升清"、"脾运化水谷精微"、"肾藏精"、

"肾受五脏六腑之精而藏之"、"肾司二便",所以蛋白尿的中医病机主要责之于脾不升清、清气下陷及肾不藏精,即脾肾统摄精微失职所致。

中医学认为:五脏之间、脏腑之间具整体相关性,亦即生理上密切配合,病理上相互影响。脾与胃、肾与膀胱是脏腑的表里关系,脾与肺、肺与肾是母子相生的关系,中医术语为土生金、金生水。临床上常见肾炎、肾病患者因感冒或腭扁桃体炎等而使尿蛋白增多,这种情况现代医学释之为上呼吸道感染是其诱因。而中医学则认为外邪袭肺、肺气不宣、肺胃热毒上攻、湿热内蕴等均可影响脾肾统摄精微的功能。所以,蛋白尿的中医症候主要有虚症与实症两大类。虚症因于脾虚、肾虚、脾肾两虚以致升清藏精失职。实症因于肺胃邪实波及脾肾以致统摄精微无权。"法随症立",因而蛋白尿的中医治法也是丰富多彩的。

益气健脾摄精法适宜于脾气虚的蛋白尿患者。常用方剂为补中益气汤、参苓白术散、香砂六君子汤、保元汤、理中汤加味。在运用本法时要根据患者的具体情况,掌握好补气、升阳、健脾、温中诸药的用量。

补肾摄精法适宜于肾虚的蛋白尿患者。由于肾虚有肾阴虚、肾阳虚、肾阴阳两虚、肾气阴两虚诸症,因而补肾有滋肾、温肾、阴阳双补、气阴双补诸法。滋肾的常用方剂为六味地黄汤;温肾与阴阳双补的常用方剂为肾气丸;气阴双补的常用方剂为参芪地黄汤、大补元煎。

脾肾双补摄精法适宜于脾肾两虚的蛋白尿患者。常见症候是脾肾气阴两虚和脾肾阳虚。脾肾气阴两虚的常用方剂为参芪地黄汤、补中益气汤或参苓白术散合六味地黄汤。脾肾阳虚的常用方剂为保元汤、参芪桂附地黄汤、理中汤合肾气丸。

宣肺摄精法、解毒利咽摄精法适宜于因感冒或腭扁桃体炎而使蛋白尿加重的患者。此时应急治其标以控制蛋白尿。常用方剂可参考发汗解表法与解毒利咽法中的方剂。

固涩摄精法适宜于所有的蛋白尿患者。主要是在上述辨证用方的基础上选用一些固肾涩精的药物以增摄精之力。常用的涩精药物有芡实、金樱子、山萸肉、莲须、桑螵蛸、菟丝子、沙苑子。可选一种或两种入药。

七、通淋法

通淋法是中医的通因通用的治法。主要选用利水通淋的方药使尿路畅通。中医的淋症是指尿频、尿急、尿涩、尿痛而言。尿路感染和尿路结石的患者，常有中医的血淋、热淋、石淋、劳淋的临床表现。

血淋可见于急性膀胱炎的患者，除淋症以外，伴见尿色发赤。常用方剂为小蓟饮子。

热淋是指淋症的同时伴有尿热及一系列内热的表现。急性尿路感染的患者多见此症型。常用方剂为八正散、导赤散、猪苓汤。

石淋是指淋症的同时尿中夹有砂石，多见于尿路结石伴感染者。常用方剂为石苇散。

劳淋的特点是淋症因劳而反复发作，且伴随一系列虚损之象，多见于慢性尿路感染者。若为肾阴虚兼挟湿热者，可选知柏地黄汤加味；若为肾气阴两虚兼挟湿热者，可选参芪地黄汤加味。

八、活血化淤法

现代医学认为继发性凝血障碍是肾小球病变发展与恶化的重要因素。中医学认为肾脏病病程绵长，"久病入络"亦是其重要的病理机转。因而，活血化淤法近年来十分盛行。

运用此法时首先应有淤血的指征，如血液高凝状态及肾内凝血的指标，以及中医的舌、脉、症的淤血依据。然后根据淤血的程度及中医辨证的结果选用相应的方药。若以活血化淤法为主进行治疗，可选桂枝茯苓丸、血府逐淤汤、当归芍药散。若以活血化淤为辅进行治疗，则在方剂中配用少量的活血药，如丹参、益母草等。

对于尿毒症的出血倾向及肾炎血尿患者，应慎用活血化淤法，以免加重出血。若有淤血指征，也只宜配用少量的活血化淤药。

九、补法

补法是针对虚症而言的。肾脏病慢性迁延"久病多虚"，临床常见多种虚损的症候，因而补法极为常用。

运用补法首先应辨清病位，哪虚补哪，同时要考虑五脏的相关性予以相应兼顾，方能进一步提高疗效。通过长期的临床实践体会，脾肾虚损是正虚病位的重心，因而补益脾肾是为常法。补脾应以四君子汤类系列方化裁，补肾应以六味地黄汤类系列方化裁。

针对正虚有气、血、阴、阳虚损之异，当辨清病性而选用相应的补气、补血、补阴、补阳的治法。其中尤以气阴两虚多见，故气阴双补法较为常用。代表方剂为参芪地黄汤。再者，由于气血阴阳的互根关系，前人曾谓："血不自生，须得生阳气之药，血自旺矣。""善补阳者，必于阴中求阳，善补阴者，必于阳中求阴。"因而补益时应从整体考虑方较适宜。

鉴于临床上肾脏病纯虚无邪的情况极为少见，相反地，在正虚的基础上常兼挟湿浊、湿热、痰热、水停、淤血、肠胃燥结等邪实的情况，因而扶助正气的同时应兼顾祛邪，方为双全之策。

补益药有壅中、滋腻碍胃之弊，况且久虚之人脾胃多弱，所以在补益之中酌加健脾和胃理气之品，一方面使"补而勿滞"，充分发挥补益剂的作用；另一方面可保护胃气使化源有继，于虚损有所裨益。

第二节　急性肾炎的中医药方

急性肾炎多属中医水肿病中"风水"或"阳水"的范畴。本病多由于外感风邪，影响了"肺"的正常功能（"肺主肃降"，有"通调水道"的作用），引起浮肿，治以宣肺发汗；如伴有发热、少尿、血尿，治以清热凉退肿。

处方一

【成分】防己15克、地龙9克、僵蚕9克、乌梢蛇15克、浮萍15克、白藓皮9克、蝉衣9克、地肤子9克、荆芥9克。

【加减】"上感"加生麻黄、鸭跖草；扁桃体炎加元参、蒲公英；皮肤感染加紫地丁、野菊花；湿热壅滞加甘露消毒丹、苍术、黄芩。

处方二

【成分】赤芍15克、红花9克、丹参51克、川芎15克、益母草 30 克、白茅根 30 克。

【加减】有表征发热者加双花、蒲公英、连翘等清热解毒药；有浮肿者加用猪苓、茯苓、冬瓜皮、大腹皮、泽泻、车前子等；尿蛋白不易消退者加用芡实、白果、石苇、金樱子、黄芪等，尿少有尿毒症表现者加用大黄、番泻叶等。

【用法】每日一剂，水煎分两次服。

处方三

【成分】茯苓 30 克、生地 30 克、当归 30 克、升麻 15 克、仙鹤草 60 克、鳖甲 60 克，视病情可加大枣、牡蛎、石膏等。

【用法】水煎服，每天一剂。

处方四

【成分】猪苓 21 克、车前子 21 克、泽泻 24 克、白茅根 51 克、大腹皮 15 克、益母草 24 克、半边莲 24 克。

【用法】水煎服，早晚各服一次。

【加减】

（1）风邪侵袭型：上方加麻黄 15 克、苏叶 15 克，水煎服。

（2）水湿浸渍型：上方加木通 21 克、茯苓 24 克、桂枝 15 克，水煎服。

（3）湿热蕴结型：上方加蒲公英 15 克、生地 24 克、竹茹 15 克，水煎服。

若膨胀、便秘或有氮质血症者宜加槟榔、二丑、厚朴、大黄、芒硝。

血压持续不降者重加黄芪（50 克以上）、丹参、川芎；蛋白尿始终不消者加黄芪、石苇、大黄、泽泻。

尿中红细胞不降者加生地榆、生柏叶；有血淤症象者加丹参、川芎。

合并咽喉炎者加双花、蒲公英、生地；伴恶心者加竹茹、半夏。

处方五

【成分】益母草 60 克、大蓟小蓟各 30 克。有感染症状者，加银花、板蓝根各 9～12 克、蛋白尿严重者，加桑螵蛸 30 克。

【用法】水煎服，每日一剂，分次服。一般在蛋白尿消失后，继服 2～3 周停药。

处方六

【成分】商陆、泽泻各 15～30 克，生韭菜 12～24 克。

【用法】用清水浓煎温服。上药为成人一日量，小儿按年龄酌减。

【注意事项】急性肾炎可单用上方；亚急性肾炎于方内加茯苓皮 30 克，五加皮 15 克；慢性肾炎加黄芪 30 克，木瓜 15 克；营养性浮肿加薏米 60 克。

处方七

【成分】滑石 300 克，甘草 54 克。

【制法】均研为末，合为散剂。

【用法】每次 30 克，日服三次。灯芯、竹叶、通草各 15 克。水煎 200 毫升，三次用，送药下。

处方八

【主治】治肾炎蛋白尿。

【成分】黄芪、玉米须、糯稻根 30 克，炒糯米一撮。

【用法】上方煲水代茶饮，分数次服，每天一剂，切勿间断，连服三月。蛋白消失，第四个月开始可隔一至二日服一剂。

【注意事项】忌食盐、油炸物。

处方九

【成分】泽泻20克、赤小豆15克、连翘12克、生石膏30克、茅根15克、麻黄6克。对退肿、消除尿中蛋白与红细胞有较好效果。

【用法】每天一剂，水煎服。

处方十

【主治】治以血尿症状为主。

【成分】木通4.5克、山栀9克、生地12克、竹叶4.5克、蒲黄15克、耦节15克、小蓟15克、生甘草3克。

【加减】肉眼见血尿者加琥珀屑1～1.5克吞服，或草药如大蓟草、小蓟草、乌蔹母、地锦草、剂量干草各15～30克。若有高血压及血尿同时出现，另加小蓟草、荠菜花干草各15～30克。

第三节　慢性肾炎的中医药方

中医学对肾炎的认识和辨证分型虽未统一，气虚、阳虚、血淤及挟湿等是其病机之一。其病变部位，偏在于脾肾。若脾气亏虚，后天失养，气血因而亦亏；肾气失固，精气外泄，肾阴更虚，损及肝阴，肝阴不足，肝阳上亢，或阴阳两虚，虚阳上越。若清阳不升，浊阴不降，冲上犯胃，蒙蔽清窍，则可出现尿毒昏迷的危险。

急性肾炎经过治疗，半年后小便中的蛋白质、红细胞、管型等仍存在，那多数已转变成慢性肾炎了。

根据慢性肾炎在发病时的不同表现，可分成以下几种类型：

水肿型

这类慢性肾炎是最常见的，病人显著浮肿，开始时只是下肢肿和早晨皮肿，以后全身出现水肿。下肢和会阴部的皮肤可因水肿变成透光发亮，最严重时可出现水泡破裂流水。这类病人的水肿，用手指一压，可压出一个凹陷来。胸腹常有大量水分积聚。这类病人的小便中排出大量蛋白和管型。

水肿反复发作，抵抗力降低，容易发生各种感染，而感染又往往使浮肿加剧。这类病人经过治疗，一部分可痊愈，有一部分病人对药物不敏感（药物对这部分病人起不了多大作用），最后肾功能日益减退，出现高血压、尿毒症。这时治疗就比较困难了。

水肿型肾炎病人，常有怕冷、舌质淡、脉沉等表现，因此可用温肾利水的中药治疗。

处方一

【成分】仙灵脾15克、附片9～30克（先熬两小时）、怀牛膝15克、连皮茯苓15克、车前仁9～21克、仙茅15克、泽泻9克、菟丝子9克。

【用法】水煎服，每日一剂。

【注意】水肿型肾炎病人，长期浮肿不退，且有腰痛，尿中蛋白和红血球长久不消失，可用补气利水、活血化淤法治疗。

处方二

【成分】桃仁9克、红花9克、怀牛膝15克、黄芪30克、赤芍 15 克、当归 15 克、益母草 30 克、车前子 15 克、白茅根 30 克。

【用法】水煎服，每日一剂。

【加减】急性发作合并上呼吸道感染、皮肤感染者，本方加紫花地丁 30 克、板蓝根 30 克、银花 30 克。

高血压型

这类病人主要表现是高血压和心脏病变，水肿不明显。血压常在 200/100 毫米汞柱左右，病人常有头痛、头昏、视物模糊等自觉症状，病人心脏扩大，心跳气急，呼吸困难。这类病人最后也可发展成为尿毒症。

由于慢性肾炎高血压的病人，其肾血流量已经有所降低，所以用药最好选择既能降血压又能增加肾血压又能增加肾血流量的药物，而且不要一下子把血压降得过低，不能操之过急（过快地降低血压会使肾血流量骤减）。

处方

【成分】丹参 30 克、丹皮 30 克、泽泻 9 克、黄芪 30 克、赤芍 30 克、怀牛膝 30 克、益母草 30 克、桑寄生 30 克。

【用法】水煎服，每日一剂。

无症状型

这种类型的病人，可毫无症状，或仅仅稍微感到乏力、腿酸，在疲劳或感冒后发生轻度浮肿。病人自己也不知道是否得过急性肾炎，仅在检查小便时才被发现，发现时已经是慢性肾炎了。这种类型的病人经常有蛋白尿或有反复性血尿。

隐匿型肾炎可维持很久，甚至 10 ~ 25 年以上。有一部分病人可在急性咽炎或其他感染后诱发类似急性肾炎的症状，很容易误认为是急性肾炎，但实际上是慢性肾炎的急性发作。经过适当治疗后，已可转入无症状期，也可转化成为慢性肾炎的其他类型。

这类病人无自觉症状，若尿常规变化轻微，无须特殊治疗，但每年应到医院去检查几次，注意水肿、血压、心脏、尿常规及肾功能，如有新的症状出现，须及早治疗。

部分病人尿中红细胞持续存在，可用竹叶9克、木通6克、生地21克、小蓟9克，水煎服，每日一剂。

治疗慢性肾炎单方

处方一

【成分】黄芪15～30克、川芎15克、丹参15～30克、赤芍9克、红花9～15克、郁金9克、小蓟15克、车前子15～30克。

【加减】有热时加茯苓9克；浮肿加猪苓9～15克、云苓15～60克；血压高加钩藤9克、降香9克；贫血加当归9～15克、鹿角胶9～15克；肾虚加枸杞子9～15克；脾虚加白术、麦芽、神曲、藿香各9克。

【用法】每日一剂，水煎，分两次服用。

处方二

【成分】郁金9克、黄芪15～30克、红花9～15克、赤芍9～15克、丹参9～30克、川芎9克、小蓟15克、车前子15～30克。

【加减】有热时加黄芩9克；浮肿加猪苓9～15克、云苓15～60克；血压高加钩藤9克、降香9克；贫血加当归9～15克、鹿角胶9～15克；肾虚加枸杞子9～15克；脾虚加白术、麦芽、神曲、藿香各9克。

处方三

【成分】地龙15克、银花21克、丹参15克、黄芪45克、鱼腥草9克、蝉衣15克，猪腰子1个。

【加减】肺气虚者：黄芪重用至60～90克、党参30克；脾气虚者，加干姜6克；肾阳虚者，加制附子9克（先煎）、鹿角胶9克，肉桂3克；肝肾阴虚者，知柏地黄丸9克，分两次服；浮肿严重者，加赤小豆30克、鹿茸3克；腰部酸疼痛者，加杜仲、补骨脂各15克、续断9克。

【用法】水煎服。

处方四

【成分】实脾饮合真武汤化裁：白术24克、淫羊藿24克、茯苓51克、巴戟肉24克、健中丸9克、九香片9克、姜片15克、巴戟肉24克。九香虫21克、陈皮9克、五谷虫15克、女贞子21克、枸杞果15克、白术24克、白芍9克、川断9克、当归9克、神曲21克、党参9克。

【制法】将健中丸的各种药共为细末，炼蜜为丸（每丸5.1克重）。

【用法】用水煎服，每日二次，早、晚分服。

【加减】湿热者加土茯苓40克、连翘40克；阴虚或阴阳两虚者，合用知柏地黄丸加减；若尿少，加益母草40克、茯苓51克；蛋白尿明显，加黄芪45克、莲肉15克或蝉退15克、金樱子25克、复盆子25克；血尿明显，加白茅根39克、地榆39克；阴虚阳亢，肝风内动眩晕，加钩藤39克、菊花39克；腰痛重者，加狗脊39

克、川断 39 克或牛膝 21 克；失眠加丹参 51 克、夜交藤 51 克；恶心加陈皮 15 克、竹茹 15 克或半夏 21 克；热甚加连翘 51 克、蒲公英 51 克。本组病例均加以具有健脾益气、扶肾养胃作用的健中丸。

【用法】每服二丸，日二次。一般为三个月。

处方五

【成分】赤芍 15 克、川芎 15～21 克、丹参 21～30 克、当归 15～21 克、益母草 30～60 克。

【用法】每日一剂，水煎服。

【加减】脾肾阳虚者加肉桂、巴戟天、制附子；脾气虚者加黄芪、党参、白术；肝肾阴虚者加枸杞子、桑葚子、麦冬、生地；淤血阴络者，加穿山甲、大黄、路路通；伴有感染者加金银花、蒲公英、白花蛇舌草。

第四节　肾盂肾炎的中医药方

处方一

【主治】治疗肾盂肾炎引起的尿频尿急、排尿痛、口渴等。

【成分】泽泻、茯苓、滑石、猪苓各 9 克，或以此四味再加四物汤煎服更具疗效。

【用法】水煎服，每日一剂。

处方二

【主治】肾盂肾炎属于亚急性，而有不断发热、口渴、自汗、脐上动悸亢进、严重尿混浊等现象。

【成分】取白术9克、地黄、知母、当归、芍药、天门冬、麦门冬、黄柏、陈皮各7.5克、甘草、大枣各4.5克。

【用法】：水煎取汁，分两次服用。

处方三

【主治】治肾区有疼痛、压痛、肿胀感，且有便秘等。

【成分】大黄6～12克、牡丹皮、桃仁、芒硝各12克、瓜子18克。

【用法】煎取汁，分两次服用。

处方四

【主治】治疗肾盂肾炎，心脏有压痛，寒热往来，恶心呕吐等。

【成分】黄芩6克、人参6克、半夏12克、芍药6克、柴胡15克、桂枝7.5克、生姜、大枣各6克、甘草4.5克。

【用法】水煎取汁，分两次服用。

处方五

【主治】肾盂肾炎有往来寒热、舌苔白、恶心或呕吐、食欲不振等现象。

【成分】取人参12克、半夏9克、黄芩9克、柴胡12克、炙甘草6克、生姜4片、大枣6枚。

【用法】水煎取汁，分两次温服。

处方六

【主治】症状类似前方，且有腹痛、便秘、舌苔黄等现象者。

【成分】取黄芩9克、枳实6克、芍药9克、柴胡12克、半夏9克、大黄6克、生姜4片、大枣4枚。

【用法】水煎取汁，分两次服用。

处方七

【主治】罹患慢性肾盂肾炎，兼有膀胱炎症状，但无热，不过胃肠虚弱者，有食欲不佳，恶心、下痢等现象。

【成分】取茯苓 12 克、人参 9 克、莲肉 12 克、黄耆 6 克、黄芩 9 克、麦门冬 12 克、地骨皮 6 克、甘草 4.5 克。

【用法】水煎取汁，分两次服用。

处方八

【主治】严重腹痛难忍，并有恶寒、脚冰冷、便秘等现象时。

【成分】取大黄 3 克、附子 1.5~3 克、细辛 6 克。

【用法】水煎取汁，分两次服用。

第五节　肾结石的中医药方

肾结石属于中医的"石淋"、"沙淋"范畴。中医认为湿热蕴结下焦，肾和膀胱气化不利，尿液受其煎熬，从而导致结成砂石。治疗以清热利湿，化石通淋为主。

处方一

【成分】牛膝 9 克、萹蓄 9 克、木通 9 克、滑石 25.5 克、车前子 9 克、金钱草 30 克、海金砂 25.5 克、穿山甲 9 克。

【用法】水煎服，每日一剂。

【加减】小便不利或尿痛者，加黄柏 9 克、瞿麦 9 克。尿血，加丹皮 9 克、生地 9 克、小蓟 15 克、血余炭 9 克。腰胁小腹疼痛较甚者，加续断 21 克、台乌 9 克。剧烈肾绞痛，加五灵脂 9 克、乳香 9 克、没药 9 克、生蒲黄 9 克，必要时可服苏合香丸一粒以止痛。针灸疗法的止痛效果也比较好。取穴肾俞、足三里、关元。肾结石病人久服利尿、排石中药时，可能导致肾虚，影响脾胃功能，最好同时加服六味地黄丸（药店有售）等以扶正。下列处方能够溶解泌尿系的各种结石。

处方二

【成分】滑石 30 克、琥珀 9 克、鳖甲 15 克、石苇 30 克、金钱草 30 克、生苡仁 30 克、海金砂 15 克、鸡内金 15 克、核桃仁 30 克，水煎服。

下列处方能够保护肾功能，结石病人应配合服用。

处方三

【成分】防己 9 克、黄芪 30 克、黄精 15 克、生地 15 克、白茅根 30 克、怀牛膝 12 克、菟丝子 9 克、首乌 12 克。

【用法】水煎服。据近年来报道，冰糖 120 克，香油炸核桃仁 120 克，共研细末，每次服 60 克，每日服四次，开水送下，可以软化结石。这个方剂与排石方剂（石苇 30 克、冬葵子 30 克、金钱草 30 克，水煎服）交替服用，往往能收到排石的良效，而且没有什么副作用。

肾脏病的自疗与家庭护理

☞　重视清洁卫生

☞　加强体育锻炼

☞　合理安排休息

☞　注重饮食起居

第一节　肾脏病家庭护理原则

肾脏病是常见病，许多系统性疾病如糖尿病、高血压、自身免疫性疾病等也会不同程度地累及到肾脏，未能控制的肾脏疾病有导致肾功能衰竭的危险。而肾脏疾病一旦转入慢性，疗程和恢复期又都是很长或比较长的，所以无论是医院治疗还是回家休养，护理工作都是非常重要的。

一、保持清洁

肾脏病治疗期间，一定要重视各方面的清洁。肌体清洁。在肌体卫生方面，如果获得医师许可沐浴，就寝前应轻轻沐浴，不但可保持身体的清洁，还可促进血液循环，容易入眠。未获医师许可沐浴的人，在气温暖和的下午或在室温 18 度以上的室内，可用温水擦拭全身，然后尽快穿上衣服，以防止体热的散发。

此外，也可在就寝前把脚浸泡在热水之中，可兼收清洁和保暖的效果，使人易入睡。尤其是下阴的卫生，特别是于行房、月经、胎产前后期间，更应注意清洁。对于排泄后的清洁尤应注意。当然这是指不能沐浴或必须使用便器、尿器排泄的人而言，此时黏膜的分泌物会积存下来，有时尿、粪便都无法完全拭净。最好每天使用蘸有双氧水的棉花擦拭一次，另外也可用湿热的毛巾擦拭。

当肾脏病患者出现浮肿时，皮肤的状况极为不佳，病人常有瘙痒不适，并影响睡眠，且抓破皮肤后极易感染，此时应经常修剪指甲，勤用温水擦洗，保持皮肤清洁，忌用肥皂和酒精。勤换衣裤、被单。对有严重水肿的病人，更需注意保护皮肤，经常更换卧姿，按摩受压部位，预防褥疮。而且被褥的厚度必须平均，不使某部分加重压力，至于突出的骨头部分，可在下方垫个小垫子，而且最好经常变换身体的卧姿，这样就不容易长褥疮。

要保持口腔的清洁，增强口腔、咽头黏膜的抵抗力。最好早晚都刷牙，不使食物残渣停留在牙缝或牙龈里。外出回来或在公共场合、学校、工作地点饭后，应在洗手间漱漱口，这不但能保持清洁，而且还能增强黏膜。还要善于使用口罩，除可保护气管外，还具有不吸入细菌的作用。不过，为不使细菌透过口罩纱布，纱布必须有八层以上，否则没有任何效果。而且，如果使用口罩时，整天使用一个或一会儿拿掉一会儿戴上反复使用的话，使得纱布潮湿，也都无法达到预期的效果。所以，应保持口罩的干爽及厚度，并经常换用新的，才可以发生作用。

二、注意保暖

无论任何疾病都不能受凉，尤其是肾脏病保暖更为重要。

罹患肾脏病时，若没有一定而且充足的血液流动，肾脏便无法发挥其功能。表面血管的每次收缩，都能使大量的血液流进肾脏中，而导致肾组织的疲劳。过热或过寒都会使血压上升，因此那些和血液循环有关的心脏、血管、肾脏等脏器，都会变得非常的疲劳。由于不慎受凉的机会比受高温刺激的机会多，所以要将注意保暖特意提出来，提醒肾脏病患者高度注意保暖的方法多种多样，一般有以下几种：

1. 衣着方面

（1）寒从脚下起，平时就要养成不打赤脚的习惯，即使是夏天也要注意。

（2）外出时要看天加衣，即使是半夜从被褥中起来上洗手间时，也要另外加一件衣服以保暖。

（3）早晨前往气温寒冷的地方或天气转为寒冷时，都应戴上口罩，不使寒冷的空气进入气管中。

（4）夜晚睡眠时，腹上一定要加盖被单，即使是轻薄的被单也可以。

2. 慎用空调和电风扇

如果没有湿气，在气温方面，最宜人的温度是冬季18℃~22℃，夏季19℃~25℃。

（1）肾脏病患者不要在冷气很强的室内待太久，或整天吹电扇。

（2）在冷气很强的房间进进出出时，留意不要受寒气的突然吹袭，若是自己的住家，最好在室内准备一个温度表。

（3）使用电扇时，考虑室内空气的流通性，作好有效的运用，不使风直接吹在身上。

3. 使用热水袋

热水袋是用以加温的常备物品，在使用时要注意：

（1）装灌热水的温度，一般是60℃~80℃。一般所盛的水量是容量的2/3。

（2）热水袋在上栓以前，需要将热水袋内的空气完全排除，否则热水袋会膨胀而极易使栓崩开，或者水分会从周围溢出，而导致烫伤或使枕头潮湿。

（3）放置热水袋时，尽量不要贴近皮肤。袋套必须选用较厚的棉织品，而且要使用干净的袋套，因为湿的袋套较易热。

4. 不可过饮生冷

一次饮用过多的冷饮对身体不好，因为给予身体内部冰凉的刺激，会使血流情形欠佳及血压上升，最好将冷饮在口中含温以后，再吞下。有人说，早晨喝冰凉的牛奶，对治疗便秘非常有效，不过这只适用于健康人，患有疾病的人切勿贸然尝试。

三、注意身心休息

病后切勿过度劳累，这是肾病后及早康复而使病情不再复发的重要一环。肾脏病患者病久精血已亏，如过度劳累，必然导致体内有关脏腑气血的过度损伤，而使病情复发。要有安静的环境，保持足够的睡眠时间。特别是要顺应自然气候的变化，预防感冒、控制感染；适当的进行体育锻炼，保持人体气血正常流通，有利于肾病患者病后的恢复。

肾脏病患者在下列情况下应该绝对卧床休息：

（1）由于急性感染、高热，以致水、电解质失调。

（2）严重水肿，血浆蛋白低下，特别是白蛋白持续低下。

（3）出现严重并发症。如心力衰竭，高血压脑病等。

（4）尿毒症患者。

在进行家庭自疗的整个过程中，保持安静是相当重要的，日常生活中，应尽量减少外来的物理性刺激，例如灯光、噪声、人声、风声、闷热、严寒等。收音机、电视机、唱片机或说话等音量都不要太大，聊天尽可能不要聊得太晚，对病患能构成焦虑或不安的话题，也都要避免。病人卧床时的照明，最好将灯光挂在头前方，而不直接挂在头上方。

不要让寝室内有蚊子和苍蝇。寝具的整理最重要的是经常保持整洁和干燥，而且弹簧、枕头高度、被褥等都应选择最适合自己的程度。

消遣方面，可做一些不太劳累的娱乐，例如看书，听音乐、玩牌及电动玩具，但切忌太过沉迷。

四、注意体育锻炼

尽管休息对本病的治疗很重要，但亦宜动静结合，应根据病情的好转情况，做一些适当的功能活动及体育锻炼。运动项目以轻慢者为佳，如散步、太极拳、气功中的静功等，运动量的增大一定要循序渐进，切不可贸然增加过大。一般肾炎愈后，1~2 年内，不宜做剧烈运动。

泌尿系统结石的病人，应多做运动以增加肾血流量，促进尿液的排流，防止感染及结石形成；结石已形成者，则有利于结石的排出。除可选择各类运动项目之外，宜选择有跑动或跳跃式的项目。多饮水和运动是预防和治疗泌尿系结石的重要措施。

慢性肾盂肾炎患者坚持体育锻炼，对扶正气，祛邪愈病有好处，运动的项目与量度，随个人爱好与适应而定，若合并有泌尿系统结石的患者，也适宜于跳跃性的运动。

五、防止便秘与下痢

便秘时由于排便必须用力，因此血压会上升，而且将使心脏疲劳、食欲减退。并且，粪便的长期停滞，会产生异常的腐败发酵，成为有毒物，被再度吸收到血液中，导致中毒，而产生头痛、腹痛、失眠、不安、发烧、脉搏变化、注意力减退等症状，以致加强刺激自律神经。而下痢是小肠的消化吸收功能遭受障碍时发生的现象，此时还会致使营养不良、肾机能减低，而且极不易使体液保持平衡，血中电解质亦失调，如此一来，会使即将痊愈的疾病再度恶化。因此，应尽量防止下痢。

1. 导致便秘的原因

粪便是食物消化后的残余物，粪便长期停留在大肠内，所含水分不断被肠壁吸收，以致粪便变得干硬而不易排出，这种现象就称为便秘。导致便秘的原因有：

（1）运动不足、营养不良、贫血、衰老、缺乏维生素 B_1；

（2）缺乏钙、钾、铁等；

（3）自律神经紧张产生不平衡时（精神、心理因素），会致使肠壁发生炎症、溃疡，而且乱用泻剂会使肠黏膜局部遭受刺激而发生过敏。

（4）肠管生癌、肿胞或黏合、肠闭塞等，使得肠管内径变细，以致发生障碍等，都是可能的因素。

2. 防止便秘的方法

（1）养成定时排便的习惯

忙碌的工作、外出开会以及长时间乘车、因寒冷懒得起床等，都很容易抑制排便而导致便秘。因此，应该在一天中找一个最有空的时间尝试上厕所排便，这是养成好习惯的第一步。

（2）合理饮食

在饮食方面，充分摄取水分，以及吃某种程度的固体食物，给肠黏膜适当的刺激，促进蠕动，这类食物如芋类、芹菜、莴苣、牛奶、咖啡、水果、酸奶等，要在医师的指示下适当地摄取。

（3）避免受寒

有些人受寒后会泻肚，相反的，有些人则会遭致便秘，所以应避免受寒。

（4）按摩

可在淋浴时做腹部按摩，或在床上重复做几次腹式呼吸。

（5）适度运动并保持情绪稳定

散步、唱歌、充足的睡眠等，都是很好的方法。

如果采用以上这些方法都无法奏效时，需找医师开泻剂处方或灌肠。但滥用药物和灌肠，容易导致脱水症、血清电解质失调及休克等，因此采用时必须特别留意。

3. 导致下痢的原因

（1）受细菌感染。

（2）受肠内停留物的刺激（食物在肠内腐败发酵）。

（3）肠壁的变化（溃疡、肿瘤）。

（4）自律神经的不均衡（精神、心理上的因素）等，都是造成下痢的原因。

4. 下痢时应如何处理

（1）视粪便的颜色和状况

要及时观察粪便中是否掺有血液、黏液，或呈煤焦油的颜色、五色如洗米水，如有必要立即找医生诊治。如粪便中只是出现不消化物或呈黄褐色泥状，而且一二次后消失的话，便无大碍，不需找医师。

（2）追查原因

看是否因为吃了某些食物或是着了凉，或有紧张、不安、失眠状况，应从一二天前的事物做仔细追查。若经追查结果是吃下感染细菌的食物或食物中毒时，需找医师诊治，较为安全。

（3）及时补充营养接受诊断

为充分补给水分及防止盐、钾的缺乏，需多摄取果汁。此时因盐分一般都受限制，加上泻肚，所以盐分的缺乏会更严重。根据泻肚的次数和日数，应给予何种程度的补给最好请教医师。最重要的是，切勿长时间都不加理睬，应早期接受诊断，让医师为您开最适当的饮食处方。

（4）选择食物

发生下痢时，不妨先绝食一次，再食用无刺激性的流体食物，如米汤、稀饭、五分粥等，然后再食用全粥。接着可吃清汤、未烤过的土司面包、煮软的面条莲藕粉汤、布丁、胶状甜点、味淡的果冻、糖浆、半熟蛋、苹果等食品。

（5）注意保暖

应穿袜子，使用腹带，而且经常沐浴、脚的温浴等。

（6）保持情绪的稳定

轻松自然、充足睡眠、不熬夜等，都是很好的方法。

此外，经常见到有些人一泻肚便立刻服用氮霉素或其他的化学疗法药剂，如果患有肾脏病正接受治疗，如此随便地到药房买这些药来服用，实在是非常危险的事，应该找医师对症下药。

另外，下痢时还会出现目眩、恶心、头痛等症状，有的人甚至在来回洗手间途中会晕倒，所以应将床尽量靠近洗手间。如果洗手间实在距离很远的话，可使用便器较为安全。

六、正确用药

由于肾脏病的治疗较为棘手，最好采取中西医结合的综合治疗措施。无论何种药物，均有程度不同的副作用，且须根据病情调节控制药量与疗程，都必须在医师指导下使用。

（1）坚持治疗

由于肾脏病病程绵长，必须耐心坚持治疗，否则病情反复发作，不断加重肾脏的损害，终至一发不可收拾。故患者患病后必须坚持连贯的系统的治疗，直至痊愈；当肾功能、血脂质、尿常规各种检验指标均恢复正常之后，仍须坚持有规律间歇地服中药半年至一年，如可从每周服4~5天，逐渐递减至每周1~2天。

（2）防止感染复发

要积极防治链球菌的感染，对上呼吸道以及皮肤等链球菌感染患者，应加以彻底治疗。还应彻底治疗局灶性感染，得了急性肾盂肾炎的患者，应耐心治疗，不要吃了几天药症状减轻了就自动停药，这样容易复发。应在症状消失后坚持服药，直至小便培养数次阴性才停药。

肾盂肾炎治愈后一年内不宜妊娠，以免复发。要注意个人卫生，勤洗澡，勤换衣，注意阴部清洁，尤其在月经期、新婚期应注意卫生，防止尿道上行感染。在去除感染病灶方面，如有妇科病、慢性结肠炎、糖尿病等应积极治疗，因为这些病与肾盂肾炎的发病关系密切。

慢性肾盂肾炎反复发作的女病人，如果与性生活有关，可于性生活后，排完小便，再用车前草30克煎水送服穿心莲片8粒，以预防发作。月经期、妊娠期、过度疲劳的时候（都容易诱发肾盂肾炎），都可用车前草煎水当茶喝，并服穿心莲片以预防发作。

由于疼痛、咳嗽、心悸、呼吸困难、频尿等因素无法入眠时，除接受医师治疗外，也可用其他方法去除。

例如，咳嗽时可饮用热的饮料，或使用怀炉、热水袋、温湿布等，有很好的效果。若心悸或呼吸困难时，将上半身稍微垫高休息，往往非常有效。

七、病情及疗效的观察

（1）观察尿液状态变化

肾脏的主要功能是形成和分泌尿，故不难理解肾脏疾病常可在尿液中反映出来。尿常规化验是方便、灵敏、准确的诊断与病情及疗效判断的指标，必须重视。但是，不应把注意力仅局限在这一点上。因为尿蛋白在"－"～"＋＋"之间波动，尿红细胞几个与十几个之差没有任何意义。当尿蛋白明显增多，每日达3克以上时，说明病情在变化。特别是老年人出现血尿，尤其是无痛性血尿时，常为泌尿系肿瘤之早期症状，不可等闲视之，当然也不必因此而如临大敌，应在专科医生的指导下进行必要的检查，以明确病因。

（2）观察血压变化

定期观察血压的变化是非常重要的，因为高血压常是肾脏病恶化的主要因素。如有高血压，应将血压控制在正常范围。定期检查肾功能情况也是必要的，有利于尽早了解肾功能的发展趋势并给予适当的治疗。此外，由于老年人体质多减退，泌尿道退行改变，尤其女性患泌尿系感染的机会也多了，而且往往无典型症状，甚则表现为无症状性菌尿，因此易加重肾功能的衰减。同时，由于老年人患动脉硬化、心脏病、糖尿病、肿瘤的机会大为增多，这些疾病会继发肾脏损害，尤其糖尿病肾病，因为治疗及预后均较差。

（3）对浮肿及慢性肾衰竭患者要准确地记录每日24小时的出入量。浮肿患者应每周测体重一次，对腹水患者应增加每周测体重一次，对腹水患者应增加每周测腹围一次。

（4）合并严重的胸水、腹水、尿毒症性心包炎及心力衰竭的患者，常会出现胸闷、憋气，不能平卧的症状，应及时调整患者的卧位。

（5）输液时应精确计算每小时及每分钟输入量，严格控制滴速，防止心衰和肺水肿。

（6）对使用利尿剂的患者，应密切注意用药后的反应，警惕电解质紊乱的发生。

（7）对浮肿患者做肌肉注射时宜深部注射，拔针后用棉球压迫针孔约 2～3 分钟，以防药液溢出。

（8）具体问题对症处理，观察有无肾功能早期损害表现，并注意采取保护肾功能措施，防止疾病发展、恶化。

八、并发症的预防及护理

（1）预防血压的急骤变化，防止高血压脑病和急性肺水肿、急性肾功能不全等。

（2）预防感染：加强环境和个人卫生防护措施，保持室内清洁和良好通风，每日紫外线消毒等。

（3）预防心脏受损，经常检查病人心率、心律、呼吸情况，发现异常做出相应的护理。

（4）预防肾功能损害。

九、精神护理

由于情志活动是以内脏精气作为物质基础的，故情志失调可引起肾功能障碍，同时也是诱发肾病病情加重的常见原因。而肾脏疾病病程绵长，且易于反复，患者思想包袱较重，因此一定要鼓励病人胸怀开阔，思想放松，

保持乐观的情绪，切忌动怒、发脾气、忧愁苦闷，树立战胜疾病的信心和勇气，使病体早日康复。

十、健康教育

（1）增强自我保健意识，预防感染，避免各种应激因素的发生。

（2）加强体质锻炼，提高机体抵抗力。

（3）按医嘱服药，定期检查尿液，出现症状立即就医。

（4）平时注意饮水及坚持合理饮食。

（5）育龄妇女注意避孕。

（6）定期门诊随访。

十一、控制烟酒

在家庭自疗护理中，烟与酒也应该严格控制。烟会使人体的脉搏加速、微血管缩小、血压上升、神经组织出现慢性症状（头痛、昏眩、失眠、视力减退等）、肌肉迟钝、谐调性减低、食欲减退、体重减轻、肺癌的诱因……全身呈衰竭状态的肾脏病患者，这些反应将更厉害，严重影响健康的恢复。

但问题是，到底抽多少根烟才会导致这些情况呢？

到目前为止还没有明确的答案，不过一般说来，一天在 10 根左右都是无碍的。

对那些一向每天抽 50～60 根烟的人来说，要他们突然戒烟，往往在第三或第四天，在胸部到喉咙一带有烧灼感，而且想吐，所以最好是花一段时间要他们慢慢地戒掉。

以往有人认为，酒能直接使血压上升，现在则认为是酒后的吵闹及熬夜造成过度疲劳，从而导致血压上升。可以确定的是，已有高血压的人，喝酒的确会促使血压增高。

此外，一喝酒，卡路里便跟着过量摄取，若不适时消耗掉，极易导致肥胖。

总之严格控制烟、酒是治疗上的基本原则。

第二节　肾病综合征护理手册

肾病综合征是肾小球疾病的一种常见表现，多发于儿童及青少年。其特征为大量蛋白尿（每日大于 3.5g）；全身严重水肿，低蛋白白血症及高脂血症。如及早正规治疗可以控制病情发展，并且达到治愈。在治疗期间常伴有感染及肾静脉血栓等并发症。为减少并发症的发生，提高治愈率，应密切观察病情变化及做好各项护理。其护理要点如下。

一、耐心·劝慰

要耐心细致地疏导和劝慰，使患者保持良好的情绪，并且树立战胜疾病的信心，积极配合治疗。

二、防止感染

由于高度水肿、蛋白营养不良，自身免疫功能低下，加之经常使用激素，使免疫功能进一步降低。因此极易发生各种感染。

（1）要注意饮食卫生，防止病从口入。甲硝唑液漱口，每日三次；

（2）要注意皮肤清洁，应定期洗澡，更换衣服。

（3）居住环境要通风光照，流行病流行期间，避免与患者接触。

三、正确用药

正确应用肾上腺皮质激素，正确指导用药的减量的方法，停药时间，并定期复查尿常规，血液指标，以便随时调整激素用量的时间。

四、合理的膳食

在发病期间要给予低盐、优质蛋白饮食，病情恢复后可以逐渐改为普通饮食，但应避免过度使用高蛋白饮食，病情恢复后可以逐渐改为普通饮食，但应避免过度食用高蛋白、高脂肪食物。

五、合理的休息

对于水肿严重及合并感染的患者应严格限制活动，绝对卧床休息，时间应不少于2～3周，待水肿消退，感染控制后可在床上或床下活动，总的休息时间不少于3～6个月，病情完全康复；激素疗程完成后可逐渐增加活动量，但应避免过度劳累。

第三节 肾脏病的饮食管理

一、肾脏病人一般饮食须知

肾病综合征的病人，每日从尿里丢失大量蛋白，日久必然引起体内的蛋白质缺乏，这时如果不食入多一些蛋白质补充，就会越来越缺乏。要知道蛋白质是生命的源泉，人体内缺乏蛋白质，不但会水肿，而且会百病丛生，体质羸瘦，危及生命。所以，肾病病人要戒食肉类、蛋类、无鳞鱼类等说法是不科学的，相反地，这些病人倒要多吃这些蛋白质，特别是含有丰富的优质蛋白的食物，如牛奶、鸡蛋、瘦肉、鸡、鱼肉等。很多病人同时看西医和中医两科，两科医生的嘱咐有时不同，不知听哪个的好。其实，中、西医各有所长，"中西医结合"能够取长补短，本来是最上策，但如中、西医不经会诊，而各行其道，则有可能背道而驰、互相抵消作用，这就不是"结合"，而是"中西医混合"了。所以，在肾脏病的治疗上，最理想的还是由一个医生同时开中、西药治疗，如果不能，还是由一个西医或中医治疗较好。

一般的慢性肾脏病，如隐匿性蛋白尿、慢性肾小球肾炎、慢性肾盂肾炎，在进食蛋白质方面，可以不作硬性的规定。但是，这些病人要三个月至半年左右，便要到医生处检查一下，并抽血验一验是否有血肌酐、血尿素氮升高，如果有升高，就叫氮质血症。凡有氮质血症的病人，就表示肾组织已经有 2/3 以上损坏了，应该立即诊治，不然，再进一步发展，就会发生危及生命的尿毒症。在这个关键时刻，饮食上控制蛋白质的摄入，是治疗上颇为重要的一环。

蛋白质吃进体内后，经消化、吸收，会转变为氨基酸，而必要氨基酸是人体新陈代谢必需的物质，是维持生命所不能缺少的。所以，医学家认为：较轻的氮质血症的病人，每日食入的蛋白质约40克左右为宜，应选食优质蛋白，即含有丰富的身体必要氨基酸的蛋白，首选为蛋类和乳类食物，一只鸡蛋约含6克蛋白质，一碗牛奶（约200毫升）约含6克蛋白质，50克瘦肉约含8克蛋白质，鸡肉含蛋白质比瘦肉稍多，而鱼类稍少。按上述，不难计算出一个氮质血症的慢性肾脏病人，每日需摄入的蛋白量。应尽量少进食植物性蛋白。因其所含的必要氨基酸少，故不要食用花生和豆类及其制品。

限制蛋白质的摄入是很必要的，但人体每日需要一定的热能才能活命，蛋白质食少，就一定要多吃一些碳水化合物（如蔗糖、葡萄糖）和脂肪（最好是吃植物牛油）去补充，如病人的胃口不好，可给予中药二陈汤（半夏、茯苓、陈皮、甘草）并加入炒谷芽、神曲等消导药，以促进食欲。此外，在食物中应注意供给富含 B 族维生素和维生素 C 丰富的食物。随着氮质血症的加重，食入的蛋白质也要减少。但是，如每日长期地摄入蛋白质过少（少于20克），病人就难以活命，这时，就要作透析疗法，作透析病人，就不需限制蛋白的摄入了。然而，透析疗法是不得已而为之的，因为它的副作用不少，且费用昂贵。最上策还是严格进行饮食疗法，以延迟需要透析情况的到来。

二、如何掌握盐的食用量

食盐是我们日常生活中所必不可缺的。没有食盐（主要为氯化钠）不仅会感到饮食无味，而且会严重影响人体的生理功能。长期严格限盐，可以出现低钠血症，患者表现出身倦乏力、精神不振等。但过多的钠盐摄入同样也是不符合生理要求的。它是导致高血压的重要因素。对于肾脏病患者来说，适当地掌握盐的摄入量显得更为重要。

钠离子主要存于细胞外液中，是维持细胞外液晶体渗透压的主要成分。这对细胞内外、机体内外的液体平衡非常重要。钠和水是一对孪生姊妹，当体液中钠离子的含量增高时，必然要保留更多的水，同时也会通过生理效应引起排钠排水增加，从而保持体内钠的平衡。肾脏疾病时，肾脏对钠的调节功能受到影响，钠的排泄障碍。由于钠的增多，水也发生潴留，往往表现为水肿及高血压。因此肾脏病患者限盐的主要临床指征就是水肿和高血压。肾脏病患者限盐可分为两种情况：

（1）无盐饮食

患者有明显水肿或血压升高时，应该禁盐。就连含盐的食物（如碱发馒头、咸糕点）、小苏打、酱油等都在禁忌之列。这种情况见于急性肾炎初期、慢性肾炎急性发作期、原发性肾病综合征，慢性肾衰伴有中、重度高血压及水肿患者，也应禁盐。无盐饮食可能影响患者的食欲，可以用无盐酱油，或糖、醋、姜、蒜等调味品以增进食欲。禁盐时间的长短应根据具体情况而定。无盐饮食的标准是明显的水肿和高血压，若患者这两个症状不太明显或基本消失，则可改进低盐饮食。

（2）低盐饮食

适合于轻微水肿、高血压以及水肿、高血压消退后的患者。急性肾炎、慢性肾炎及肾病综合征恢复期，慢性肾衰无水肿、高血压者都可用低盐饮食。低盐饮食要求每日钠盐摄入量在 3～5 克之间。患者也可食用低钠盐。在低盐饮食期间，不要吃咸鸡蛋、咸鸭蛋、咸菜等。

若患者未出现过水肿、高血压，或者水肿及高血压消失，没有反复者，则不必严格限盐，但食盐量也不宜过多，饮食以清淡为宜，多吃蔬菜、瓜果。对于运用利尿剂的患者，要注意查血清钠，血钠低时也不应严格限盐。

三、如何掌握水的摄入量

水肿是肾脏病患者的主要体征之一。一般情况下出现水肿的肾脏病患者，必须严格控制水的摄入，维持液体平衡。正确掌握水的摄入量，是治疗肾脏病重要的一环。

在讨论如何掌握水的摄入量时，首先应明确"显性失水"、"非显性失水"和"内生水"的含义。"显性失水"指尿、粪、呕吐物、胃肠道吸引流物等所失去的水分。"非显性失水"系皮肤、呼吸道散发的水分。"内生水"是指食物氧化和细胞新陈代谢所释放的水分。"显性失水量"容易估计；"非显性失水量"可按 0.5 毫升/公斤体重/小时或 12 毫升/公斤体重/天两个实用常数计算，当然还要根据年龄、体温、气温、湿度等作适当调整；"内生水量"的计算比较复杂。在实际应用上，可以 400～500 毫升为底数，加前一天的尿量、引流液等的排出量。

在急性肾炎、肾病综合征、肾盂肾炎有明显水肿时，应限制水的摄入，如无明显水肿时，则不必限制饮水。无尿或严重少尿的患者，一般仅需要无钠的，并且能够恢复蒸发和小量的尿中丢失的水就够了。医嘱中的水摄入量，应将每日产生的内生水 350 毫升，计入其中。许多慢性进行性肾脏病患者，在疾病的终末阶段发生少尿或无尿时，它们很可能在这种情况之前的数年保留盐和水的能力已经受损。这时如果盲目地限制水的摄入，就会促使已经受损的肾功能进一步恶化，医生必须经常对这类情况加以警惕，并立即补充其丢失量。慢性肾病患者心力衰竭时，水的排泄是减少的，故水的摄入量应严格控制。有的肾病患者，没有明显水肿症状，但怕出现水肿，故盲目地限制饮水，是没有必要的。

在估计水的摄入量时，要观察患者有无口渴感、眼球弹性、口舌黏膜及皮肤充实度，还需观察尿量多少、血压变化及胶体渗透压作为参考依据。不过在临床实践中，还以每天观察患者的体重变化作为估计水的摄入量，比较方便和实用。

四、对急性肾炎患者的饮食管理

（1）给予低盐、低蛋白饮食。

① 低盐　一般应给予低盐饮食，可根据具体情况，决定每日限制食盐摄入量在3克左右。若血压很高，浮肿明显，可给予无盐饮食。

② 低蛋白　当血浆蛋白低于正常时，可适当选食高蛋白食物，如鲫鱼、鲤鱼、黑鱼、豆腐、豆浆、乳类、鸡蛋等；如血中非蛋白氮增高，有尿毒症倾向时，应吃低蛋白食物，但可喝鱼汤，不吃鱼肉，因鱼蛋白质70%在肉里，且鱼汤也有利尿作用；血中尿素氮不高亦无浮肿者，可用普通饮食。

限制蛋白质的摄入，是为了减轻肾脏负担。发病初期及氮滞留时，在4~7日内须严格限制蛋白质的摄入，每日供给量在20~30克，并选用生理价值较高的动物性食物，如牛奶、鸡蛋。在病情严重的情况下，可只给葡萄糖或糖 2~3 日，每日 150~200 克，不需再给任何其他食物和饮料。当病情好转后，可逐渐增加摄入蛋白质量，每日供给蛋白质 30~40 克左右即可。

（2）当出现有少尿或尿闭时，含钾多的水果和蔬菜应加限制，因为钾主要是随小便排出体外，在少尿或尿闭时，钾的排出发生障碍，可使血钾增高，故要限制钾的摄入。

（3）供给足够的碳水化合物，主食可采用米、面等。

（4）入液量的多少，需视水肿及排尿量来决定，发病初期，应限制水分。若浮肿显著，每日入液量限制在 1000 毫升以内。如有发热及呕吐时，应酌情增加入液量。

（5）给予丰富的维生素 A、B 及 C 的食物，可食新鲜的蔬菜及水果。

（6）本病忌生冷、油腻及发物如虾蟹等。

（7）浮肿期间鸡肉与水牛肉应绝对禁止。

五、对慢性肾炎患者的饮食管理

（1）应视患者有无高血压及浮肿情况，分别给予低盐、无盐饮食。

（2）蛋白质的供应量，一般应按正常需要量供给，成人每日每公斤体重 0.8~1.0 克。并选用生理价值高的蛋白质，如蛋类、乳类、肉类等，以补偿排泄损失，避免和治疗浮肿及贫血。

（3）宜选用富含维生素 A、B_2 及 C 的食物。

（4）水分无须限制，可饮用橘汁、西瓜汁、橙汁、果子水和菜汁等，以利尿消肿。

（5）若伴有高血压或高脂蛋白血症者，须限制膳食中的饱和脂肪酸与胆固醇的含量。对有贫血的病例，应选用富含蛋白质和铁的食物，如肝、腰子、牛肉、蛋黄及绿叶蔬菜等。

（6）本病忌生冷、油腻及发物如虾蟹等。

（7）浮肿期间鸡肉与水牛肉应绝对禁止。

六、急慢性肾盂肾炎病人的饮食管理

宜多饮水，急性期每日饮水量宜在 2000 毫升以上，慢性期宜每日早起空腹饮水 500 毫升，夏秋季还需增加饮水量。急性期患者属热属实，饮食宜偏清淡、清凉，忌辛辣燥热助火及肥厚腻滞助湿之品；慢性者多属虚，饮食宜偏滋补，忌寒凉生冷。

七、肾结石病人的饮食管理

养成多饮水的习惯：多饮水有利尿液的引流，防止结石形成以及减轻症状，每天除饮食中的水分外，宜饮水 1500～2000 毫升为好，除开水外，可包括果汁、淡茶及其他饮料。注意饮食调节：饮食应多样化，富含营养和维生素，忌辛辣及酸醋。属于尿酸盐结石的患者，饮食应清淡，低蛋白，低脂肪；忌动物肝、脑、肾、海虾、蛤蟹，豆角、花生、菠菜应少吃。属于酸盐结石的患者，应以低草酸、低钙饮食为主，多吃水果、蔬菜、鸡蛋、牛奶类食品，尽量少吃菠菜、油菜、雪里红、香菇、榨菜、海带、芦笋、核桃、甜菜、巧克力、各种豆类、代乳粉、芝麻酱、腌带鱼、猪脑等，少饮浓茶。这样则有利于防止结石的形成与复发。

八、尿毒症病人的饮食管理

尿毒症患者必须在医师指导下或住院治疗。在饮食上则应注意：

(1) 饮水量：尿量多、无浮肿时，应鼓励多饮水，以利于排出有害代谢产物；而尿少浮肿时，则应按每日排出量加500毫升计算进水量，以免增加水肿及肾负担。

(2) 低蛋白高热量饮食：应仅限制蛋白质的进食量，而给予高质量的蛋白质食物，如牛奶、鸡蛋等，对质量较差的蛋白质食物，如米、面应减少，同时给予足够的热量（主要是糖和脂肪），以保证人体生理活动及合成代谢的需要。

(3) 增加必需的氨基酸，提高食物质量，可在低蛋白质高热量饮食的基础上，加上服用必需氨基酸，每日服用必需氨基酸200毫升或颗粒12克，这样有利于氨基酸代谢的改善，增加了对尿素的再利用，达到正氮平衡，血尿素氮降低和血浆蛋白上升。

(4) 在尿少或血钾高时，不能进食含钾高的食物，如大蒜、西瓜、赤小豆等，以免引起高血钾症。如果已进行腹膜透析、血透析（人工肾），则蛋白质摄入量逐渐不受限制，各种含蛋白质食品均可选用，尤其滋补之品有利于体质恢复。

肾脏病人的家庭保健

☞ 劳逸结合是关键

☞ 适当运动为良方

☞ 气功疗法有奇效

第一节 肾脏病患者的保健注意事项

肾脏病容易造成肾功能不正常，在日常生活中需遵照专科医师的指导，准时服药，适当地运动、休息和正确地饮食，可以改进肾脏病患者的生活质量。

（1）养成正确的医疗观念

① 有病勿乱投医，要找固定的专科医师治疗。若有任何不适，即应与专科医师联系，千万不要迷信偏方延误治疗。

② 按时服药，遵照医师指导，不可自动停药或加药，以致使病情恶化或产生副作用。

（2）定期测量体重及血压，以防水肿或血压增高。自觉记录尿量，对水肿的发生做到心中有数。

（3）适当的运动和休息避免劳累和紧张。

（4）正确地饮食摄取，肾脏病患者的饮食随疾病之不同而异，须遵照医师和营养医师的指导，不要随便忌嘴。

（5）预防感染，避免细菌感染，容易使肾脏病恶化的疾病，例如：呼吸道感染、发烧等，此时应找医师诊治，不可疏忽。

（6）妇女欲计划怀孕应当与专科医师咨商，在怀孕期间需常追踪检查，以便早期发现肾功能变化以免危害母体及胎儿。

（7）特殊医疗由医师诊治后决定，如特殊药物，透析治疗或换肾。

（8）肾脏病患者的追踪检查，定期地追踪检查可以评估肾功能是否稳定或继续恶化，以便早期及时做进一步的治疗。

第二节　起居保健

生活是丰富多彩的，影响生活质量、有碍于健康的弊端也是多种多样的。起居疗法也就是起居养生，是要寓健康长寿于日常生活起居之中，在生活起居中探索健康长寿的真谛，通过自然的方法来达到防病、治病的目的。肾脏病患者起居调养尤需注意慎衣被，防风寒，避免感冒和过度劳累。肾脏病患者要顺应四时气候的变化。春夏之季，天气由寒变暖而热，故除在衣物的增减上有相应变化外，更应早睡早起，做户外活动，如气功、散步等，以疏通血脉，振奋肾阳，但应注意保证充分的休息，不可过劳。据统计，在肾脏病的发病中，过度劳累占半数以上。因此，充分的休息具有重要意义，在活动中有节有度，以自己不感疲劳为度。秋冬之季，天气转冷，万物收藏，此时更应注意患者的保暖。以免感冒，应及时调整生活节律，使阴精藏之于内，早睡晚起。应开展宣教工作，普及肾科疾病常识，定期普查普治，争取早发现、早治疗、早确诊，避免向终末期肾病发展。

1. 衣 着

肾脏病患者的卫生，当然要注意，如勤洗澡、勤换衣服等，有利于预防感染。避免穿着潮湿衣物。

2. 睡 眠

生活起居宜根据病情减少活动或卧床、绝对卧床休息，并做到护理有计划、有秩序，减少不必要干扰。

3. 居室环境

病室宜清洁、通风、向阳，冷暖适宜。避免居住潮湿环境。

4. 洗 漱

口腔护理对慢性肾衰病人尤其重要，每日可以用10%金银花水或板蓝根水漱口。有口腔溃疡者及时对症处理。昏迷者吸湿润空气，有抽搐者用牙垫。皮肤要用温清水洗澡或擦浴，预防褥疮发生。夏季常以爽身粉搽涂，预防疮疖发生。

5. 运 动

加强体育锻炼，增加机体的抵抗力。注意劳逸结合，如脑力劳动者注意户外活动，体力劳动者注意适时休息。对于肾脏病水肿、高血压症状突出的病人，应适当休息，甚至卧床休息；而对于肾脏病稳定期症状不明显者，则不必过于强调卧床休息。反而应鼓励其适当活动，加强锻炼。每天可坚持散步，以自我不感觉疲劳为度，也可进行气功锻炼，打太极拳，做健身操，以增强体质，提高机体抵抗力，预防感冒，防止因呼吸道感染等诱因使病情加重。当然，干什么都有一个度的问题。劳累过度，常是诱发肾炎病情反复的因素。所以，病人又不可运动过度。锻炼关键应把握好"适度"两个字。气候剧变时尽量减少剧烈活动，如发现异常感觉要及时卧床休息，必要时赴医院进一步检查治疗。

6. 保持小便通畅

小便通畅，说明肾脏的排泄功能正常。如果发生尿道阻塞，小便不通畅，就会增加肾盂和肾实质发炎的机会，加重肾脏负担，甚至发生尿中毒。常见的小便不畅的原因有尿路结石、前列腺肥大、肿瘤、结核等。

7. 注意饮食

注意进食清淡易消化食物，忌违禁恣食。让病人了解正确饮食的重要性和必要性，忌食生硬冷物、暴饮暴食、过食肥甘之品。保护肾脏需要食用蛋白质和糖类，不宜吃含脂肪过高的食物。膳食中脂肪过多，容易发生肾动脉硬化，使肾脏萎缩变性，引起动脉硬化性肾脏病。碱性食物对肾脏有利，可以防治尿路结石。还可以适当吃些冬瓜、白茅根、赤小豆、绿豆等，对利尿清热，保护肾脏都有益处。

肾脏病急性发作，水肿或高血压者应限制食盐摄入量，每日以2～4克为宜。高度水肿者应控制在每日2克以下，咸鱼、各种咸菜均应忌用，待水肿消退后钠盐量再逐步增加。除有显著水肿外饮水量不应受到限制。血浆蛋白低而无氮质血症者应进高蛋白饮食，蛋白质每日70～90克，脂肪每日60～70克，碳水化合物每日300～

600 克。多吃含钠低的食物，如薏苡仁、大米、面粉、西葫芦、茄子、黄瓜等，同时多吃含钙丰富食物，如小虾米、绿叶蔬菜及块根类如土豆、胡萝卜、莴苣等，避免吃含草酸多或影响钙吸收的菠菜、竹笋、芹菜、豆类，也应忌吃芥菜、辣椒、香料、胡椒、咖啡等。少吃含嘌呤类食物，以免尿酸生成多而加重肾脏损害。不主张多吃鸡蛋，每日 1 个即可。

认为肾脏病病人不能吃含蛋白质的食物的观点是错误的、片面的，即使对肾脏病发展到晚期尿毒症期的病人，也应摄食高质量的低蛋白饮食。每天蛋白质摄入量应控制在 0.8 克/千克体重的范围内。尿毒症病人，在透析治疗期间，尤其是进行腹膜透析时，每日进食蛋白质的量应增加，约 1.5 克/千克体重。肾病综合征患者，尿中丢失大量蛋白质，如肾功能正常者，主张进食高蛋白质饮食，以纠正低蛋白血症，减轻水肿及改善或增强机体抵抗力。如果肾炎患者出现氮质血症或早期肾功能不全时，则应限制蛋白质的摄入量。否则，可加速肾功能的恶化。总之，不同的病情应采用不同的饮食食谱，每日进食蛋白质的多少，最好由医生决定。

8. 对症护理

水肿严重者，会阴部易发生溃破、湿疮，除及时清洗外，可于洗净揩干后用龙骨粉、滑石粉局部涂搽，避免注射及针刺，控制进水量。腹水者注意多平卧，每日测量记录腹围及体重。呕吐者可指掐或针刺内关穴。服药因呕吐而难以咽下者，可选用生姜汁或姜汁米汤、竹沥姜汁少量呷服，或以伏龙肝煎水后取汁代水煎药。

酸中毒、电解质紊乱在尿毒症患者中尤多，应注意观察呼吸频率、大小、深浅，一旦发生立即吸氧并请医生采取相应措施。

出现昏迷者尤应注意安全防护措施，预防其跌落床下；应定期剪指甲，以防自伤或伤人。

9. 休闲娱乐和工作

尽量少参加社交活动。患者一旦确诊为肾脏病，在开始阶段，应以休息为主，积极治疗，观察病情变化。如果病情好转，水肿消退，血压恢复正常或接近正常，尿蛋白、红细胞及各种管型微量，肾功能稳定，则3个月后可开始从事轻工作，避免较强体力劳动，预防呼吸道及尿路感染的发生。活动量应缓慢地逐渐增加，以促进体力的恢复，凡存在血尿、大量蛋白尿、明显水肿或高血压者，或有进行性肾功能减退患者，均应卧床休息和积极治疗。肾脏病急性发作期应住院治疗。除日常必需的生活需自理外，以卧床休息为主，停止工作和学习，一段时间禁止看电视、电影，不参加娱乐活动，直到缓解期即浮肿消退、尿红细胞及尿蛋白"＋＋"～"＋＋"、血尿素氮正常或略偏高，则允许每天散步10～15分钟，仍禁止一切娱乐活动。到基本缓解期可每天散步20～30分钟，做一套广播体操，每周在家中看电视1～2次。当尿蛋白"＋"～"－"、红细胞"＋"～"±"时则可以上学或做半天轻微工作。总的休息时间大约3～6个月。肾脏病除大量蛋白尿外，不主张过多卧床，可做一些力所能及的轻工作，但以不觉疲倦为度。

10. 生育和性生活

对于肾脏病患者的性生活问题，中医历来主张节欲。性欲是人类正常的生理现象和生理要求，正常的性生活不仅能协调夫妻感情，而且对健康也是有益的。但性生活不能过度，过度则有害于健康。中医认为"藏精"是肾的重要生理功能之一。先天生殖之精与后天水谷精微化生之精均内藏于肾，主持着人体的生长发育和生殖机能。中医把过度的性生活叫"房劳"，认为"房劳耗精伤肾"，就是说对于健康人，房劳不利于长寿，故应适度。从临床角度来看，许多患者亦有思想顾虑，认为患该病之后，不可过性生活，否则容易损伤"肾气"。更有部分青年患者，怕由此而引起不育或不孕，更是战战兢兢。诸多的因素，常常人为地导致阳痿或性欲淡漠，从而影响到整个家庭的气氛和谐。事实上，对于肾脏病患者的性生活要视具体情况而定，原则上不主张禁止。适当的恢复性生活，有助于扭转患者神经系统不全和精神抑郁的情绪，尤其是肾脏病患者，因病程较长，适当的性生活有助于疾病的治疗。当然，因性生活消耗一定体力，肾脏病患者毕竟还不同于正常人，在病情未完全恢复之前，一定要以不引起疾病加重为度，不可过度，否则，得不偿失。如果临床表现比较严重，患者有大量蛋白尿、水肿、高血压，甚至肾功能也受到影响的情况下，则应当尽量节制；若临床表现轻微，病情处于稳定或恢复期，尿检和其他有关化验指标均正常，则掌握在比正常人性生活次数适度减少的情况下即可。此外，肾病患者在过性生活时应特别注意清洁卫生，以防发生感染，加重肾脏损害。

肾脏病患者能不能结婚？人患病后，经适当治疗就会痊愈，所谓痊愈有两种概念：一种是临床治愈，另一种叫完全治愈。内科不少病只能临床治愈而不能完全治愈，病人要终身带病，比如器质性心脏病、糖尿病、高血压病等都要终身治疗（器质性心脏病、肾动脉狭窄如能经手术治疗痊愈者例外）。肾脏病和其他很多肾脏病也是这种情况。所谓临床治愈就是指病人的症状、体征全部消失，以肾脏病来讲，还包括尿常规检查尿蛋白、红细胞、白细胞、管型也全部消失，肾功能完全正常，而且要在停药后两年内没有复发的现象。肾炎病人只有在达到临床治愈后才能结婚，没有达到临床治愈前不应该结婚。因为如果是在病情刚刚稳定或尚未稳定时就结婚，容易导致旧病复燃，症状反复发作，从而使病情恶化，而且如果是女病人，怀孕后一旦发生妊娠中毒症，会使病情更加复杂，使肾功能减退，同时也会影响到胎儿的健康。

一般认为，妊娠能使已有的肾脏病加重，而且容易并发妊娠高血压综合征，如果原已有较严重的肾脏病，则孕期往往病情恶化。肾脏病病情较轻者对胎儿影响不大，但病情重或病程长者，流产、早产、胎儿宫内生长迟缓、死胎及新生儿并发症等机会增加。肾脏病患者是否能妊娠，要根据病情决定。患者病情稳定、血压正常、肾功能正常，另外肾脏病理类型属于微小病变，早期膜性肾病或轻度系膜增殖，没有明显的小管间质病变，妊娠一般经过良好，对原病无不良影响。如病人渴望要一个孩子，并能理解妊娠后可能发生的问题，且能主动配合医生监护病情，可以妊娠。患有高血压的肾脏病患者在妊娠过程中易发生合并症，肾功能中度受损者预后较差，肾功能严重受损者病情随时可能恶化，这些病人要想正常妊娠和分娩几乎是不可能的。

肾脏病患者终止妊娠的指征是：

（1）妊娠前或妊娠期尿蛋白（＋＋），伴有浮肿，血压在20.0/13.3 千帕以上者。

（2）肾小球滤过率在 50 毫升/分钟以下者。

（3）酚红排泄试验 15 分钟排出小于 15% 者。

（4）血清尿素氮大于 7.14 毫摩尔/升或肌酐大于 176.8 微摩尔/升者。

（5）狼疮活动未控制者。

肾脏病患者允许妊娠的指征是：

（1）急性肾炎痊愈后一年以上无复发者。

（2）隐匿性肾炎病情稳定，至少观察两年无复发者。

（3）肾小球滤过率在 70 毫升/分钟以上者。

（4）肾功能检查均在正常范围内者。

（5）狼疮性肾炎临床与病理均无活动病变达 1 年以上，强的松维持量在每日 10~15 毫克以下者。

也有人认为：慢性肾小球肾炎患者允许妊娠的条件应为：

（1）血压正常。

（2）肾功能正常。

（3）病情稳定。

（4）肾活检病理类型属于微小病变、早期膜性肾病或轻度系膜增生性肾炎，没有明显的小管间质病变和血管病变。患者具备以上各条件的条目越多，妊娠后母亲和胎儿的安全性、成功妊娠的可能性也就越大。

应该强调的是，即使上述条件都具备，妊娠后慢性肾小球肾炎仍可加重。故妊娠后应每隔 2 周诊病 1 次，32 周后每周 1 次，监护内容包括：尿常规（蛋白及沉渣镜检）、血压、肾功能和胎儿情况，如有蛋白尿的出现或增加、血压升高，都应卧床休息。单纯蛋白尿增加伴或不伴有血压升高和肾功能损害，不是终止妊娠的指征。如发现有肾功能下降，首先要注意有无可逆因素，如尿路感染、隐蔽的脱水和电解质紊乱（可能由于不适当的利尿）、不可逆的肾功能下降才是终止妊娠的指征。

肾脏病合并妊娠的自我保健措施主要有：

（1）孕前应先专科咨询是否宜于生育。一般而言，有蛋白尿而无高血压、肾功能（肌酐、尿素氮）无显著不全的，可以妊娠；肾病已有高血压和肾功能显著不全者不宜妊娠，特别是肌酐大于 3 毫克/100 毫升或尿素氮大于 30 毫克/100 毫升者，若已妊娠宜在怀孕 3 月内及时作人工流产术终止妊娠。

（2）肾脏病病人妊娠期，应力争病情稳定、避免发生妊高症，并严密监测血压和肾功能变化。若肾功能不断恶化，应终止妊娠。对胎儿的预后，高血压的水平是关键，血压越高，胎儿死亡率越大。

（3）肾脏病合并妊娠者，须注意加强营养，以高蛋白低脂肪食谱为宜；但若肾功能（尿素氮、肌酐）相当差，则应控制蛋白摄入量；若有水肿应限制纳盐和水的摄入。

（4）肾脏病的孕妇在妊娠后半期应住院治疗（病情严重者随时住院），以便密切观察肾功能的改变和胎儿生长发育情况，及时处理，力争能保住婴儿和保障母亲的安全。

（5）如果孕期内发展到尿毒症或肾功能衰竭，则以挽救母亲生命为主，病人要配合医生的治疗，注意限制每天食盐和水的摄入量，食谱不要配有高蛋白、高脂肪，注意纠正贫血、预防感染以及及时终止妊娠。

（6）肾脏病妊娠在产后要加强随访（血压、肾功能指标等），认真治疗疾病。

（7）产后哺乳问题。一般可以喂哺。病情严重（如肾功能中度以上损害者，血压大于 21.3/14.6 千帕）的母亲不宜自己哺乳。

11. 烟 酒

肾脏病患者应做到不饮酒、不吸烟。因为烟酒易于化燥伤阴，耗损正气，影响疾病的康复。

12. 旅 游

尽量少做长途旅行，以免过劳。

13. 预防感染

细菌和其他病原微生物可以直接由尿道逆行上升，进入肾脏，使肾脏感染发病。为了防止细菌逆行使尿道感染，要保持会阴部及尿道口的清洁卫生。另外，微生物通过血液循环和淋巴液循环的途径也可以感染肾脏。因此，当身体其他部位有感染性病灶存在时，例如扁桃体炎、龋齿、疖肿、结核等，都应及时治疗处理。

14. 预防感冒和流感

感冒和流感是最常见的呼吸道传染病，前者由感冒病毒引起，后者由流感病毒引起。对一个正常人来说，如果感冒和流感不发生其他并发症，经过适当的对症处理，很快就会痊愈，对健康不会有太大的影响。但对一个肾炎患者来讲，感冒和流感对肾脏却是非常不利的。虽然病毒本身可以直接侵犯肾组织，引起病毒性肾炎，但最重要的却不是病毒本身对肾脏的损伤，而是由于病人患感冒、流感后，降低了身体的抵抗力，致使上呼吸道的其他细菌乘虚而入，引起继发性细菌感染，也就是既有病毒又有细菌的混合感染。细菌感染进一步削弱了病人的抵抗力，通过抗原—抗体反应（细菌和病毒都可以作为抗原）而引起免疫复合物性肾炎，使病情加重，患者原有的血尿、蛋白尿、高血压、水肿等症状进一步加剧，以致病情难以控制；对肾功能不全患者，甚至有可能导致肾功能衰竭和心衰。因此肾炎患者预防感冒和流感，对肾小球疾病的发病、发展和预后都有极为重要的意义。

肾炎患者预防感冒和流感也和正常人一样，主要应做到以下几点：

(1) 注意环境和个人卫生，避免发病诱因，住室应注意通风。

(2) 积极锻炼身体，增强抗病能力。

(3) 平时要注意衣着，气候变化时，注意随时增减衣被，防止受寒感冒。

(4) 应尽量避免接触感冒或流感病人。在流感或感冒流行期，应注意隔离，避免到公共场所去，如一定要去，患者要戴口罩，以防止交叉感染。

(5) 室内可用食醋熏蒸，进行空气消毒，杀灭病毒。每立方米空间用食醋 5~10 毫升，加水 1~2 倍稀释后加热，紧闭门窗，每次熏蒸 2 小时，隔日熏蒸 1 次。有条件者可用紫外线照射消毒。

(6) 感冒或流感流行期间应服药预防，如板蓝根冲剂、抗病毒冲剂、感冒冲剂等，每次 1 包，每日 3 次。或大青叶、板蓝根、贯众各 20 克，水煎代茶饮。

(7) 10% 大蒜液滴鼻，每次 1 滴，每天 2~3 次；也可用色甘酸钠滴鼻。

(8) 用 WS-周林频谱治疗仪照射两足底涌泉穴及两侧腰部肾俞穴，可增强机体抵抗力。

第三节 沐浴保健

沐浴不但可清洁身体，还可促进全身细胞的新陈代谢，肾脏病患者每天可以入浴 1~2 次。

1. 矿泉浴

有条件者可进行矿泉水浴，以选单纯泉、碳酸泉、重碳酸钠泉、硫酸盐泉、食盐泉等地热泉水为好。

2. 砂浴

砂浴疗法是以河砂、海砂、田野砂作为介体，通过太阳光照晒，或人工加热，使砂保持一定温度，敷于患处，或全身埋入砂中以达到治疗目的的方法。砂浴疗法始载见唐代。《千金要方》中记载，以砂敷面，"上下有砂，但出鼻、口、耳，砂冷湿即易。"陈藏器的《本草拾遗》中亦记载有："六月河中诸热砂，主风温顽痹不仁，筋骨挛缩，风瘅瘫痪，血脉断绝。取干砂日暴令极热，伏坐其中，冷则更易之。"陈氏将砂浴疗法的适应症扩大至类风湿性关节炎之类疾病。《本草纲目》中载录用砂浴疗法治疗关节疼痛等疾病。我国黄河下游满滩金色河土，当地居民经常赤脚在河滩上行走，因此很少患脚癣。说明砂浴疗法已愈来愈显出它的天然价值。砂浴疗法主要是利用热砂的温热作用和机械压迫作用来治疗疾病。由于热砂的温热作用，砂浴后局部气血运行加快，经络通畅，驱邪外出，因此对寒性湿性疾病尤宜，另外，热砂加强局部甚至全身汗腺分泌，常可见到局部大量出汗，这些热作用又有利于血肿的吸收，加速水肿的消散，促使新陈代谢加快，故有消炎作用。热砂压在局部或全身，产生柔和的机械压迫作用，防止淋巴液和血液渗出，促进了渗出液的吸收。

（1）准备

砂的选择以河砂、海砂、田野砂为好，颗粒大小宜以细为佳，并先晒干备用。砂土的加温以人体耐受为度，一般加热至46℃左右，初次砂浴者温度不宜过高，以后可慢慢升高。在家里砂浴时，也可采用铁锅加热。

（2）砂浴

肾脏病可采用腰部砂浴法，在床单上均匀铺上 10 厘米厚的热砂，然后将腰或腹贴卧其上，再加床单裹好以保温，每次 30 分钟，每日 1 次，砂浴后用温水冲洗，16 次为一疗程。患者如见下肢浮肿，用四肢砂浴疗法，将患肢埋入热砂中，并加盖热砂和床单以保温，治疗后用温水冲洗，每日 1 次，每次 1 小时，80 次为一疗程。病情控制后可采用 60℃ 左右砂袋热敷双侧肾区，每日 1 次，每次 20 分钟，15 次为一疗程。

3. 药浴

药浴疗法是在我国传统医学理论指导下，选用天然草药加工制成浴液，熏蒸洗浴人体外表，以达到养生治病的目的。药浴疗法的作用机理包括了刺激作用和药效作用两个方面：一是指洗浴时浴水对体表和穴位的温热刺激或冷刺激、化学刺激和机械物理刺激等。水的温度的刺激、静水压力等物理作用，以及水中（水蒸气中）含有微量的无机盐的化学刺激作用，可以通过经络、腧穴将刺激信息传入内脏或至病所，发挥调节或治疗作用，从而达到治病养生的目的。二是人们在药浴后，浴液中的天然药物可以通过透皮吸收，使局部或全身的血药浓度提高，从而产生治疗作用。药浴可以使药物透过皮肤、穴位等，而直接进入经络血脉，分布全身，再发挥其药理作用。药浴方是根据不同的病症来选择相应的药物配伍，因而可以产生不同的治疗作用。

【方法1】

取黄芪、防风、川断、桂枝、苍术、白术各 60 克，浮萍 100

克，忍冬藤、冬瓜皮各 120 克，泽泻 45 克，水煎，加入盛温水的浴池或浴盆内，沐浴 30～40 分钟，药浴完毕用温清水冲洗，干毛巾擦干，穿衣后稍休息。每日或隔日 1 次。适用于各型肾脏病患者。

【方法 2】

取麻黄、羌活、苍术、柴胡、荆芥、防风、紫苏梗、柳枝、葱白各 10～15 克，煎汤热浴，令汗出。沐浴法同上。适用于肾脏病有水肿者。

第四节　按摩保健

在我国，按摩已有几千年的历史。古时称之为"按跷"、"推拿"。按摩是从经络、穴位人手，由医生为病人按摩，也可在家人之间互相按摩或自行按摩。按摩简便易行、安全可靠、行之有效，是一种通过用不同手法刺激身体的局部，而达到舒筋活血，松弛肌肉，调节人体新陈代谢作用的保健养生方法。

一、按摩的作用

按摩是在中医经络脑穴学说等理论的指导下，通过在人体体表一定的部位施以各种手法，或配合某些特定的肢体活动来防治疾病的一种方法。具有疏通经络气血，调整脏腑功能，增强人体抗病能力等综合效应，又有不干扰或影响人体正常的生理活动，方便实用，简单易行，不受设备等外界条件限制等特点。疾病的发生主要是因为人体脏器的功能发生紊乱，而人体又失去了平衡和调节的能力。按摩是通过各种被动性的手法刺激，引起局部和全身反应，从而调整机体功能，消除致病因素，以达到祛病养生的目的。按摩具有平衡和调节的作用。按摩可扶正祛邪、增强体质。按摩时局部皮肤往往发红，测量皮肤温度则明显增高，这是血管扩张、局部充血和血液循环改善的结果。按摩作为一种无创伤、非介入性的自然疗法，在药源性疾病日益增多、药物毒副反应难以克服的今天，其所具备的各方面优势引起了人们的高度重视，被广泛应用于临床各科疾病。按摩疗法包括患者自我按摩和他人被动按摩，后者又可分为家庭按摩与医生按摩。按摩用于肾脏病之水肿、腰痛等症的治疗及整体康复具有悠久历史，其疗效平稳、安全易行，是一个不容忽视的辅助措施。

二、常用的按摩手法

我国的按摩手法十分丰富，比较常用的有：

1. 推 法

是用手指或手掌在一个部位或一个穴位上向前推动。用大拇指平面推的称平推，用大拇指侧面推的称侧推。还有用指尖或掌或掌根部推的，推法作用力较深。指推作用范围较小而掌推作用范围较大。

2. 滚 法

是用手背部着力滚动，一滚一回。可单手操作，也可两手操作。作用力较深，作用范围较广。常用在肩、背、腰、大腿等处。另外，可用木料做成滚轴，自我进行滚动按摩。

3. 揉 法

是用指面或掌在某些部位做揉动。揉动时手指或掌要紧贴按摩处的皮肤，与皮肤间无移动，而皮下组织被揉动。所以揉法作用可深达皮下或肌肉等软组织。

4. 摩 法

是用指或掌在皮肤上摩动，摩法不紧贴皮肤，仅在皮肤上摩动，所以作用力很表浅。摩动一般做顺时针方向转动，可单手或双手操作。

5. 擦 法

是用手在身体某部或经络上做急速的擦动。要擦到皮肤发红为度。

6. 按 法

是用指或掌在身体某部或穴位上用力向下按压。可用一手按或两手加在一起按，按法作用较深。

7. 拿 法

是用两指或数指拿住肌肉和软组织，并稍用力提拿。常用于肌肉较多处或穴位上。又有从拿法衍化的一些方法，如弹筋法，是拿住某条肌肉或肌腱，向一侧拉开，然后使在两指间滑脱，如弹牛皮筋样，使产生强烈的酸胀反应。又如扯法，用拇食二指拿住一块皮肤和皮下组织，轻轻提起，并拉向一侧，然后在两指间滑脱，也造成较强的刺激，扯到皮肤发红为度。

8. 掐 法

是用拇指、中指或食指在穴位上做深入的下掐，使有强烈的酸胀反应。这是用指头代替针灸的针,所以又叫指针法。另有一种掐法是用一手或两手的拇指端作一排排轻巧而密集的排压,称指切法,对受损伤肿胀的软组织,能起消肿止痛作用。

9. 拨 法

是用拇指端嵌入某软组织或肌腱的隙缝中,然后做横向的拨动,有轻度酸胀反应,起松解组织粘连的作用。

10. 捏 法

是用手指相对用力捏挤软组织。捏法深达肌肉,一般沿一群肌肉行走方向,边捏边向前推进。有的捏法只捏挤皮肤和皮下组织。

11. 振 法

用手指或掌按紧一个部位或穴位,然后将施术手的肌肉都紧张起来,发生振动。手掌振用来放松肌肉紧张程度,指振(在穴位上)用来增强刺激。做振法时施术者比较累,可采用电振器来代替。

12. 捶拍法

是用空心拳或掌侧捶击,用指面或指背拍打。捶法较重,作用较深,拍法较轻,作用较表浅。捶拍都要用轻巧灵活的腕力,有节律地一手捶拍或两手交替捶拍。

另外,还有一些摇、抖、牵伸等被动手法。各种手法都要根据病种、部位、程度等实际情况和需要灵活运用。

三、肾脏病患者如何进行按摩

按摩疗法,也是肾炎病的一种辅助治疗措施。以按摩部位来分,可分为头面颈部按摩、胸腹部按摩、腰背部按摩、肢体按摩、足部按摩等，长期坚持，也有一定作用。当然，肾脏病患者进行按摩治疗，仅是一种辅助措施，对此患者应有所认识，应该全面理解肾脏病的综合治疗。适用于肾脏病患者的常用保健按摩方法较多，患者可根据病情选择运用，对所用穴位不明者，应在医生指导下选准穴位，方可进行。

（一）腰部自我按摩

1. 推 法

用两手掌根部紧按腰部，用力上下推动，动作要快速有劲，直至发热为止，每日早晚各进行 1 次。具有补肾通络、行气活血的功效。

2. 摩 法

用两手掌擦热，按摩两侧腰部，每侧 50 次，每日早晚各做 1 次。有补肾壮腰的功效。

3. 捶 法

用两手握空拳，前后来回捶击双侧肾区，或结合捶击与其对应的腹部，每次 20 下。具有通经活络、行气化淤止痛的功效（伴有血尿者，不宜用此法）。

本法重在腰部，通过自我按摩，对肾脏病患者具有补肾壮腰、舒筋活络、祛风除湿、调节脏腑功能的作用，可增强身体抵抗力。

（二）自我穴位按摩

1. 浴 面

两手搓热，手指并拢，手掌摊开，紧贴面部，以双手中指的指

腹部为先导，分别从鼻翼两旁的迎香穴开始，沿鼻柱两侧缘向上推
搽，经目内眦、眉头等处到达前额部，然后两手左右分开，横推至
两鬓，两掌心也随之掩眼而过，由两鬓再向下，经过颞部的太阳穴
及耳前、面颊等部，返回到鼻翼两旁之起点，再重新开始，按上述
路线循环进行。浴面具有畅通气血、祛散风寒、明目通窍、醒脑提
神及美容等功效，适用于感冒、头痛、神经衰弱等。对肾脏病之体
虚易感冒者甚宜。

2. 擦 鼻

用两手中指指腹擦鼻的两侧，由攒竹至迎香。具有通鼻开窍的
功效，适用于防治肾脏病引起的体虚感冒。

3. 运 顶

五指略为张开，按于额上，由前向后，顺手运顶摩发，宛如梳
头之状。因五指分开，正好作用于分布在头顶部的五条经脉，头领
两侧又是胆经的分野，故运顶具有疏通气血、散风行湿、清泄肝胆
之火的功效，适用于防治肾脏病之高血压、失眠、头痛、神经衰弱
等症。

4. 抹 项

两手手指相互交叉，手掌合拢，抱于脑后项枕部，掌根部分别
安置于后枕骨下项后大筋（斜方肌）外两侧凹陷处的风池穴，后沿
着脊柱，由上往下按抹数次。风池穴为体表的"感风之处，停风之
所，治风之穴"，用力按抹，可祛头面之风，散巅顶之寒，宣肝胆
之火、清耳目之热。适用于防治感冒、头痛、高血压、神经衰弱等
症。对肾脏病高血压型及体虚易感冒者均宜。

5. 推胸胁

用一手的手掌平放在同侧胸部的乳头上方，斜行向下推抹，途经前胸正中两乳头之间（膻中穴），推向对侧的胁肋部。推胸胁法有宽胸利气、止咳化痰、平喘降逆、疏肝利胆、和胃消食、散淤除积等作用。经常练习，可产生增强呼吸机能、促进血液循环，宣散郁滞之气血等综合效应。对肾脏病引起的水肿、高血压、纳差等均有效。

6. 揉中脘

以一手掌大鱼际部紧贴中脘穴，另一手叠于掌背之上以助其力，两手协调作顺时针方向揉动。有健脾和胃助消化之功，适用于肾脏病及慢性肾功能衰竭而见胃脘痞满、胀痛、食欲不振、恶心呕吐等症。

7. 摩腹

用一手手掌心掩于脐部，另一手手掌重叠其上，从脐下两横指处的气海穴开始，手掌紧贴腹壁，作以脐为中心的顺时针方向、直径由小到大、呈螺旋状的揉摩运动，一直扩展到整个腹部，如此反复数次。摩腹可健脾和胃、消食导滞、化湿散淤、利水通淋、补气生血、温养下元。因六腑以通降下行为顺，脐下气海穴为"元气蓄藏之海"，故摩腹不仅能理气通腑，而且能激发振奋元气而起强壮作用，是较常用的自我保健法之一。适用于防治肾脏病所致之消化不良、腹胀、泄泻及下元虚冷、夜尿频多等症。

8. 擦少腹

两手掌分别紧贴两侧胁部，由外上向内下方斜擦。具有温补脾肾的功效，适用于肾脏病之脾肾阳虚症。

9. 搓　腰

两手掌根紧按腰部脊柱两侧，稍用力上下擦动、动作要快速有劲，配合腰部活动，以腰部发热为度。搓腰活腰有壮腰健肾作用。如同时按摩两侧胁肋部，谓之"运动水土法"。"水"指肾、"土"指脾，具有加强脾肾两脏功能的作用，适用于肾脏病之脾肾两虚症。

10. 揉腰眼

两手握拳，以食指掌指关节突起部（拳尖）按揉腰眼穴。具有健腰益肾作用，适用于防治肾脏病的腰酸腰痛。

11. 捶　骶

手握空拳，敲打骶部，两拳交替，一起一落。用劲轻重适当，灵巧而有节奏。因骶部正中一线为督脉的起始段，捶之可振奋督脉的阳气，上病下取而用于肾脏病之高血压，若将捶打范围扩大至两臀部，对防治腰腿痛也有较好效果。

12. 拿　肩

以一手的四指指端与拇掌部相对合，用力攀拿对侧肩胛骨上的斜方肌肌腱，食指、中指指端着力于肩井穴处。然后，一捏一放，一紧一松，逐渐向肩胛、肘臂处挪移，可直拿至腕掌。拿肩法可通行气血：拿曲池穴（臂弯纹头外侧）能疏风解表、清热降压，适用于肾脏病之高血压或伴有风热感冒者；拿内关穴（掌侧腕上约两横指处）能和胃宽胸、养心安神，适用于肾脏病及尿毒症而见恶心、呕吐、胃病、纳差、心慌、胸闷等症。

13. 运肩育

两手自然下垂，转摇两侧肩关节。带动肩胛骨。以作用于背部的膏肓穴。适用于肾脏病体虚日久或伴有肩背酸痛者。

14. 揉 膝

膝关节屈曲,将两手掌近拇指根的大鱼际肌部,分别同时紧按在膝关节髌韧带两侧的凹陷处(膝眼穴)。随后带动该处皮肉做轻柔缓和的回旋揉动。一膝揉毕,再揉另一膝。揉膝有和气血、活筋络的作用。揉完膝眼后,膝内侧手掌上行至大腿内侧距髌骨上缘二横指处的血海穴按揉,可活血通经,清血分之热,适用于治疗肾脏病之血淤有热者;同时膝外侧手下行至外膝眼下四横指处的足二里穴按揉,可健脾扶正、和胃降浊。是肾脏病以脾虚为主者的必选穴。也是常用的强壮穴之一。

15. 擦 足

屈膝盘腿,用一手靠小指一侧的手掌部,反复摩擦对侧一足的内侧面或底部。一般从内踝的后方开始,经内踝向下,斜行至脚掌心,来回摩擦。因"湿从足入、寒从脚起",上述按摩部位是足少阴肾经的一部分,常行擦足之法,可促进肾气流动,精气充溢,既能温肾壮阳,祛除寒湿之邪,又能引热下行、导火泄降,此即所谓"引火归原"法。适宜于肾脏病患者长期习用。

(三) 五步按摩法

1. 头面颈部按摩

包括揉按双侧风池穴,面部双侧迎香穴,推揉鼻梁两侧及颈旁诸穴位,指压双侧太阳穴,有疏风散邪之功,可预防感冒,减轻鼻塞、咽痛、头痛等症状。

2. 胸腹部按摩

可用双手大鱼际，轻轻叩打胸前膻中穴，推揉水分、中脘、下脘诸穴，而后顺时针绕脐按摩腹部36周，逆时针绕脐按摩腹部36周。有宽胸理气、和胃消胀的作用。大便不畅者，点按左天枢穴；大便不通者，双手掌相叠，由右上腹到左上腹再到左下腹，推揉36次，以产生便意为佳，有利于保持大便通畅。

3. 肢体按摩

取双手合谷穴，腕上外关穴，下肢足三里穴，三阴交俞穴，腿后侧承山穴，以手按捏穴位，有疏通经络、调理气血的作用。足三里穴则应作为重点点揉捏按，以益气培元，增加机体抵抗力。

4. 腰背部俞穴

脊柱双侧华伦夹脊穴及肾俞、脾俞、志室、腰阳关诸穴，由家属用手掌自上而下推揉。患者也可自我拍打腰部诸穴。有补肾强腰、疏通经络的功效，可减轻腰痛症状。

5. 足部按摩

取照海、太溪诸穴，指压点按。并于每天晚上温水泡脚30分钟，搓涌泉穴100次，有引火下行、补肾归元的作用，对治疗肾炎、高血压等有一定益处，可改善头晕、口舌生疮等症状。

（四）手足按摩法

（1）连续按揉手部反应区、肾区、输尿管、膀胱区、胃区、肠区；摩擦掌心。

（2）点揉足部肾区、输尿管、膀胱区、胃区、肠区、淋巴腺；推擦足心，推足内外踝部。

（五）摩肾堂按摩法

摩肾堂按摩法是以闭息配合按摩双肾区，促进肾区气血流注的一种疗法。每日早晨起床和晚上临睡前，坐于床上，双足下垂，宽衣松带，舌舐上腭，闭目内视头顶，双手掌心置肾俞穴处。以鼻慢慢吸气，同时提肛，吸满后闭气不息，同时两手上下摩擦肾区各120次以上，多多益善。闭气至极则慢慢放气，同时放松全身。临睡前做毕，即可卧睡；早起时作毕，则可小憩片刻后起床。

本法适用于肾脏病之肾气不足、肾精不固而见腰酸腰痛、尿频、蛋白尿等，对伴有高血压者不宜。练习本法须坚持数月方能显效，初练者可能于一次闭气中按摩肾区不到120次，则不可强忍，须逐渐增加闭气持续时间。本法不宜于食后即练，至少应在进食半小时之后进行。

第五节　运动保健

运动疗法是以医学和体育科学为理论依据，根据疾病的特点和病人的功能情况，选用合适的动静结合的运动方法，采取适当的运动量，以治疗疾病和康复身体为目的的方法。运动疗法需要病人积极主动地参与，并认真坚持才能取得相应的效果。采用运动疗法，既有积极锻炼的效果，又有强烈的精神因素的影响。这种治疗方法可以明显改善病人对疾病悲观失望的情绪，这是其他治疗方法无可比拟的。运动疗法是一种全身治疗，通过肌肉运动对局部组织器官起到锻炼作用，同时也对全身脏器产生积极的影响，促进疾病的痊愈。

一、适度运动对肾脏病病人有益

现在认为，适当的运动锻炼有利于提高机体免疫力，增进食欲，改善体质，减少常成为肾炎病诱发加重因素的感冒病。同时运动有利于气血流通，可减轻络脉淤阻，改善全身血液循环状况，间接地可起到保护肾功能的作用。但是，体力运动过度，可使人疲劳，反可降低人体抵抗力，诱发感冒发生，或肾炎病情加重。因此，对于肾炎患者来说，掌握好运动的度非常重要。肾脏病患者在病情稳定期可参加一些轻松的体育锻炼，要选择适合自己的锻炼方式。时间的长短应根据自己的情况而定，一般以不觉疲劳为准。但在病变活动期，如血尿、蛋白尿明显，血沉增快，浮肿明显，血压增高，因感冒而有发烧，肾功能有损害时，应暂停锻炼，待病变消除、身体恢复后再开始锻炼。

二、肾脏病病人的运动方式

运动锻炼的方式多种多样，包括床上运动、室内运动、户外散步、步行、跑步、骑自行车、做广播操及各类健身操、太极拳、八段锦、五禽戏等，患者可根据具体病情，按循序渐进、逐步增加运动量的原则，酌情安排。步行30分钟约耗能418.4焦耳，快步和骑自行车每小时耗能1255.2焦耳，跳舞每小时耗能1387.21焦耳，球类运动每小时耗能1673.6～2092焦耳，可见不同运动方式的耗能量差别是很大的。肾脏病患者应以耗能较小，对环境条件要求较低的运动方式为宜。至于球类运动、游泳、滑雪、划船等运动方式，对环境条件要求高、运动量大则容易引起周身大汗，招致风寒之邪外袭，诱发感冒，所以，肾脏病患者应尽量避免。

1. 散 步

散步这种运动非常适合于肾炎病体力较弱或年龄较大的患者。散步宜缓不宜急，缓步而行，全身放松，手臂自然摆动，手脚合拍，呼吸和谐，心怡神悦。散步不拘形式，宜以个人体力而定速度快慢，时间之长短，随其自然，不宜强为。应以劳而不倦，见微汗为度。散步应选择无污染无毒的场地，不要到阴冷偏僻之地去散步，此地常有腐秽不洁之物释放出有毒之气，吸入体内，会引起中毒，损害健康。选择空气清新之地散步，对人体才有好处。

散步作为一种休闲与运动的方式，就该随步而行，轻松而行，放松形体，神态悠然，心平气和，以怡情畅怀，活动肢体为宗旨。工余之后散步，微垂双目（只限平坦之路、无车辆驰过之地），宁心养神，什么事都不想，优哉游哉，缓缓而行，并且放松全身肌肉，尤其上半身要放松，呼吸要自然而均匀。这样散步，能使大脑得到休息，消除疲劳，恢复体力，也使人心旷神怡。临睡前在室内行千步，主要是消除杂念，使心平静，使气和畅，增加睡意，促进睡眠。此即是以动转静之法。此时散步，一定要缓慢，不要考虑问题。

散步时背要直，肩要平，精神饱满，抬头挺胸，目视前方，步履轻松，犹如闲庭信步，精神从容和缓，在不知不觉中，起到舒筋活络，行气活血，安神宁心，增强体质，延年益寿之效。散步速度一般分为缓步、快步、逍遥步三种。老年人以缓步为好，步履缓慢，行步稳健，每分钟约行 60～70 步，可使人稳定情绪，消除疲劳，亦有健胃助消化之功效。快步每分钟约行走 120 步左右，这种散步轻松愉快，久久行之，可振奋精神，兴奋大脑，使下肢矫健有力，适合于中老年体质较好者。散步时且走且停，时快时慢，行走一段，稍事休息，继而再走，或快走一程，再缓步一段。这种走走停停，快慢相间的逍遥步，则适合于病后恢复期内的患者及体弱者。

总之，散步需要循序渐进，坚持下去。一般宜选择空气清新、环境安静的场所进行步行锻炼，每日早晚各 1 次，每次 1 小时左右。冬春季节则不要在风口和高层楼房下步行，以免感受风寒，发生上呼吸道感染，诱发肾炎病加重。边散步边做弯腰舒展操，每次 30 分钟，7 次为一疗程，本法可用作辅助疗法。

2. 简化太极拳

太极拳作为我国传统的健身运动项目，具有轻松、自然、舒展、柔和的特点，内功与外功相结合，练拳时要求意念锻炼、呼吸锻炼和肢体活动三者紧密结合，对肾脏病患者较为适宜。常练太极拳可改善肾炎患者症状，增强机体抵抗力，减少感冒次数，保护肾功能，并可减少肾病患者发生骨质疏松的机会。太极拳根据拳式特点和风格分为杨式太极拳、陈式太极拳、吴式太极拳、武式太极拳、孙式太极拳和简化太极拳 6 类，由于流派不同，其架式、风格和特点各有不同。太极拳具有动静交融、上下相随、内外协调、神形相济、连绵不断、身步自然运转的特点。动为阳，静为阴，动静交融，能使体内阴阳协调，相互增长。上下相随，内外协调，能使人体各种脏器，各种组织协调，不会出现偏盛或偏衰的情况，有益于身心健康。体力较好者可打全套简化太极拳，体力较差者可分节练习。自己可以选用个别动作，反复练习，效果也会很好。

第一组

（1）起势

① 身体自然直立，两脚开立，与肩同宽，脚尖向前，两臂自然下垂，两手放在大腿外侧，眼平视前方。

② 两臂慢慢向前平举，两手高与肩平，与肩同宽，手心向下。

③ 上体保持正直，两腿屈膝下蹲，同时两掌轻轻下按，两肘下垂与两膝相对，眼平视前方。

（2）左右野马分鬃

① 上体微向右转，身体重心移至右腿上，同时右臂收在胸前平屈，手心向下，左手经体前向右下划弧放在右手下，手心向上，两手心相对呈抱球状。左脚随即收到右脚内侧，脚尖点地，眼看右手。

② 上体微向左转，左脚向左前方迈出，右脚跟后蹬，右腿自然伸直，成左弓步，同时上体继续向左转，左右手随转体慢慢分别向左上右下分开，左手高与眼平，手心斜向上，肘微屈，右手落在右胯旁，肘也微屈，手心向下，指尖向前，眼看左手。

③ 上体慢慢后坐，身体重心移至右腿，左脚尖翘起，微向外转（大约 45～60 度），随后脚掌慢慢踏实，左腿慢慢前弓，身体左转，身体重心再移至左腿，同时左手翻转向下，左臂收在胸前平屈，右手向左上划弧放在左手下，两手心相对呈抱球状，右脚随即收到左脚内侧，脚尖点地，眼看左手。

④ 右腿向右前方迈出，左腿自然伸直，成右弓步，同时上体右转，左右手随转体分别慢慢向左下右上分开，右手高与眼平，手心斜向上，肘微屈，左手落在左胯旁，肘也微屈，手心向下，指尖向前，眼看右手。

⑤ 与③相同，但左右相反。

⑥与④相同，但左右相反。

（3）白鹤亮翅

①上体微向左转，左手翻掌向下，左臂平，屈胸，右手向左上划弧，手心转向上，与左手呈抱球状，眼看左手。

②右脚跟进半步，上体后坐，身体重心移至右腿，上体先向右转，面向右前方，眼看右手；然后左脚稍向前移，脚尖点地，成为左虚步，同时上体微向左转，面向前方，两手随转体慢慢向右上左下分开，右手上提停于右额前，手心向左后方，左手落于左胯前，手心向下，指尖向前，眼平看前方。

第二组

（4）左右搂膝拗步

①右手从体前下落，由下向后上方划弧至右肩外侧，肘微屈，手与耳同高，手心斜向上，左手由左下向上、向右下方划弧至右胸前，手心斜向下；同时上体先微向左再向右转，左脚收至右脚内侧，脚尖点地，眼看右手。

②上体左转，左脚向前（偏左）迈出成左弓步；同时右手屈回由身侧向前推出，高与鼻平，左手向下由左膝前搂过落于左胯旁，指尖向前，眼看右手手指。

③右腿慢慢屈膝，上体后坐，身体重心移至右腿，左脚尖翘起微向外转，随后脚掌慢慢踏实，左腿前弓，身体左转，身体重心移至左腿，右脚收到左脚内测，脚尖点地，同时左手向外翻掌由左后向上划弧至左肩外侧，肘微屈，手与耳同高，手心斜向上；右手随转体向上，向左下划弧落在左胸前，手心斜向下，眼看左手。

④与②同，但左右相反。

⑤与③同，但左右相反。

⑥与②同，但左右相反。

（5）手挥琵琶

右脚跟进半步，上体后坐，身体重心移至右腿上，上体半面向右转，左脚略提起稍向前移，变成左虚步，脚跟着地，脚尖翘起，膝部微屈，同时左手由左下向上挑举，高与鼻平，掌心向右，臂微屈；右手收回放在左臂肘部里侧，掌心向上，眼看左手食指。

（6）左右倒卷肱

① 上体右转，右手翻掌（手心向上）经腹前由下向后上方划弧平举，臂微屈，左手随即翻掌向上；眼的视线随着向右转体先向右看，再转向前方看左手。

② 右臂屈肘折向前，右手由身侧向前推出，手心向前，左臂屈肘后撤，手心向上，撤至左肋外侧；同时左腿轻轻提起向后（偏左）退一步，脚掌先着地，然后全脚慢慢踏实，身体重心移到左腿上，成右虚步，右脚随转体以脚掌为轴扭正，眼看右手。

③ 上体微向左转，同时左手随转体向后上方划弧平举，手心向上，右手随即翻掌，掌心向上，眼随转体先向左看，再转向前方看右手。

④与②同，但左右相反。

⑤与③同，但左右相反。

⑥与②同，但左右相反。

⑦与③同，但左右相反。

⑧与②同，但左右相反。

第三组

（7）左揽雀尾

① 上体微向右转，同时右手随转体向后上方划弧平举，手心

向上，左手放松，手心向下，眼看左手。身体继续向右转，左手自然下落逐渐翻掌经腹前划弧至右肋前，手心向上；右臂屈肘，手心转向下，收至右胸前，两手相对呈抱球状，同时身体重心落在右腿上，左脚收到右脚内侧，脚尖点地，眼看右手。

②上体微向左转，左脚向左前方迈出，上体继续向左转，右腿自然蹬直，左腿屈膝，成左弓步，同时左臂向左前方挪出（即左臂平屈成弓形，用前臂外侧和手背向前方推出），高与肩平，手心向后，右手向右下落放于右胯旁，手心向下，指尖向前，眼看左前臂。

③身体微向左转，左手随即前伸翻掌向下，右手翻掌向上，经腹前向上、向前伸至左前臂下方，然后两手下捋，即上体向右转，两手经腹前向右后上方划弧，直至右手手心向上，高与肩齐，左臂平屈于胸前，手心向后，同时身体重心移至右腿，眼看右手。

④上体微向左转，右臂屈肘折回，右手附于左手腕里侧（相距约5厘米），上体继续向左转，双手同时向前慢慢挤出，左手心向后，右手心向前，左前臂要保持半圆，同时身体重心逐渐前移变成左弓步，眼看左手腕部。

⑤左手翻掌，手心向下，右手经左腕上方向前、向右伸出，高与左手齐，手心向下，两手左右分开，宽与肩同；然后右腿屈膝，上体慢慢后坐，身体重心移至右腿上，左脚尖翘起，同时两手屈肘回收至腹前，手心均向前下方，眼向前平视。

⑥上式不停，身体重心慢慢前移，同时两手向前、向上按出，掌心向前；左腿前弓步，眼平看前方。

（8）右揽雀尾

①上体后坐并向右转，身体重心移至右腿，左脚尖内扣；右

手向右平行划弧至右侧，然后由右下经腹前向左上划弧至左肋前，手心向上；左臂平屈胸前，左手掌向下与右手呈抱球状；同时身体重心再移至左腿上，右脚收至脚内侧，脚尖点地，眼看左手。

②~⑥同"左揽雀尾"②~⑥节，但左右相反。

第四组

（9）单鞭

① 上体后坐，身体重心逐渐移至左腿上，右脚尖内扣；同时上体左转，两手（左高右低）向左弧形运转，直至左臂平举，伸于身体左侧，手心向左，右手经腹前运至左肋前，手心向后上方，眼看左手。

② 身体重心再渐渐移至右腿上，上体右转，左脚向右脚靠拢，脚尖点地，同时右手向右上方划弧（手心由里转向外），至右侧方时变勾手，臂与肩平；左手由下经腹前向右上划弧停于右肩前，手心向里，眼看左手。

③ 上体微向左转，左脚向左前侧方迈出，右脚跟后蹬，成左弓步；在身体重心移向左腿的同时，左掌随上体的继续左转慢慢翻转向前推出，手心向前，手指与眼齐平，臂微屈，眼看左手。

（10）云手

① 身体重心移至右腿上，身体渐向右转，左脚尖内扣，左手经腹前向右上划弧至右肩前，手心斜向右，同时右手变掌，手心向右前，眼看左手。

② 上体慢慢左转，身体重心随之逐渐左移；左手由脸前向左侧运转，手心渐渐向左方；右手由右下经腹前向左上划弧，至左肩前，手心斜向后；同时右脚靠近左脚，成小开立步（两脚距离约10~20厘米），眼看右手。

③上体再向右转，同时左手经腹前向右上划弧至右肩前，手心斜向后；右手向右侧运转，手心翻转向右；随之左腿向左横跨一步，眼看左手。

④同②。

⑤同③。

⑥同②。

（11）单鞭

①上体向右转，右手随之向右运转，右手继续向右运转，至右侧方向时变成勾手；左手经腹前向右划弧至右肩前，手心向内，身体重心落在右腿上，左脚尖点地，眼看左手。

②上体微向左转，左脚向左前侧方迈出，右脚跟后蹬，成左弓步；在身体重心移向左腿的同时，上体继续左转，左掌慢慢翻转向前推出成"单鞭"式。

第五组

（12）高探马

①右脚跟进半步，身体重心逐渐后移至右腿上；右勾手变成掌，两手心翻转向上，两肘微屈，同时身体微向右转，左脚跟渐渐离地，眼看左前方。

②上体微向左转，面向前方；右掌经右身旁向前推出，手心向前，手指与眼同高；左手收至左侧腰前，手心向上；同时左脚微向前移，脚尖点地，成左虚步，眼看右手。

（13）右蹬脚

①左手手心向上，前伸至右手腕背面，两手相互交叉，随即向两侧分开并向下划弧，手心斜向下，同时左脚提起向左前方进步（脚尖略外转）；身体重心前移，右腿自然蹬直，成左弓步，眼看前

方。

② 两手由外圈向里划弧，两手交叉合抱于胸前，右手在外，手心均向后；同时右脚向左脚靠拢，脚尖点地，眼平看右前方。

③ 两臂左右分开平举，肘部微屈，手心均向外，同时右腿屈膝提起，右脚向右前方慢慢蹬出，眼看右手。

（14）双峰贯耳

① 右腿收回，屈膝平举，左手由后向上、向前下落至体前，两手心均翻转向上，两手同时向下划弧分落于右膝盖两侧，眼看前方。

② 右脚向右前方落下，身体重心渐渐前移，成右弓步，面向右前方；同时两手下落，慢慢变拳，分别从两侧向上、向前划弧至面部前方，呈钳形状，两拳相对，高与耳齐，拳眼都斜向内下（两拳中间距离约 10~30 厘米），眼看右拳。

（15）左蹬脚

① 左腿屈膝后坐，身体重心移至左腿，上体左转，右脚尖里扣；同时两拳变掌，由上向左右划弧分开平举，手心向前，眼看左手。

② 身体重心再移至右腿，左脚收到右脚内侧，脚尖点地；同时两手由外圈向里圈划弧合抱于胸前，左手在外，手心均向后，眼平看左方。

③ 两臂左右划弧分开平举，肘部微屈，手心均向外；同时左腿屈膝提起，左脚向左前方慢慢蹬出，眼看左手。

第六组

（16）左下势独立

① 左腿收回平屈，上体右转；右掌变成勾手，左掌向上、向

右划弧下落，立于右肩前，掌心斜向后，眼看右手。

②右腿慢慢屈膝下蹲，左腿由内向左侧（偏后）伸出，左手下落（掌心向外），向左下顺左腿外侧向前穿出，眼看左手。

③身体重心前移，左脚跟为轴，脚尖尽量向外拗，左腿前弓，右腿后蹬，右脚尖内扣，上体微向左转并向前起身；同时左臂继续向前伸出（立掌），掌心向右，右勾手下落，勾尖向后，眼看左手。

④右腿慢慢提起平屈，成左独立式，同时右勾手变掌，并由后下方顺右腿外侧向前弧形摆出，屈臂立于右腿上方，肘与膝相对，手心向左；左手落于左胯旁，手心向下，指尖向前，眼看右手。

(17) 右下势独立

①右脚下落于左脚前，脚掌着地，然后左脚前掌为轴脚跟转动，身体随之左转；同时左手向后平举变成勾手，右掌随着转体向左侧划弧，立于左肩前，掌心斜向后，眼看左手。

②~④同"左下势独立"②~④节，但左右相反。

第七组

(18) 左右穿梭

①身体微向左转，左脚向前落地，脚尖外转，右脚跟离地，两腿屈膝成半坐盘式；同时两手在左胸前呈抱球状（左上右下）；然后右脚收到左脚的内侧，脚尖点地，眼看左前臂。

②身体右转，右脚向右前方迈出，屈膝弓腿，成右弓步；同时右手由脸前向上举并翻掌停在右额前，手心斜向上；左手先向左下再经体前向前推出，高与鼻平，手心向前，眼看左手。

③身体重心略向后移，右脚尖稍向外转，随即身体重心再移至右腿，左脚跟进，停于右脚内侧，脚尖点地；同时两手在右胸前

呈抱球状（右上左下），眼看右前臂。

④同②，但左右相反。

（19）海底针

右脚向前跟进半步，身体重心移至右腿，左脚稍向前移，脚尖点地，成左虚步；同时身体稍向右转，右手下落经体前向后、向上提抽至肩上耳旁，再随身体左转，由右耳旁斜向前下方插出，掌心向左，指尖斜向下；与此同时，左手向前、向下划弧落于左胯旁，手心向下指尖向前，眼看前下方。

（20）闪通臂

上体稍右转，左脚向前迈出，屈膝弓腿成左弓步；同时右手由体前上提，屈臂上举，停于右额前上方掌心翻转斜向上，拇指朝下；左手上起经胸前向前推出，高与鼻尖平，手心向前，眼看左手。

第八组

（21）转身搬拦捶

① 上体后坐，身体重心移至右腿上，左脚尖内扣，身体向右后转，然后身体重心再移至左腿上；与此同时，右手随着转体向右、向下（变拳）经腹前划弧至左肋旁，拳心向下；左掌上举于头前，掌心斜向上，眼看前方。

② 向右转体，右拳经胸前向前翻转撇出，拳心向上；左手落于左胯旁，掌心向下，指尖向前；同时右脚收回后（不要停顿或脚尖点地）即向前迈出，脚尖外转，眼看右拳。

③ 身体重心移至右腿上，左脚向前迈一步；左手上起经左侧向前上划弧拦出，掌心向前下方；同时右拳向右划弧收到右胯旁，拳心向上，眼看左手。

④ 左腿前弓成左弓步，同时右拳向前打出，拳眼向上，高于胸平，左手附于右前臂里侧，眼看右拳。

（22）如封似闭

① 左手由右腕下向前伸出，右拳变掌，两手手心逐渐翻转向上并慢慢分开回收；同时身体后坐，左脚尖翘起，身体重心移至右腿，眼看前方。

② 两手在胸前翻掌，向下经腹前再向上、向前推出，腕部与肩平，手心向前，同时左腿前弓成左弓步，眼看前方。

（23）十字手

① 屈膝后坐，身体重心移向右腿，左脚尖内扣，向右转体；右手随着转体动作向右平摆划弧，与左手呈两臂侧平举，掌心向前，肘部微屈；同时右脚尖随着转体稍向外转，成右侧弓步，眼看右手。

② 身体重心慢慢移至左腿，右脚尖内扣，随即向左收回，两脚距离与肩同宽，两腿逐渐蹬直，成开立步，同时两手向下经腹前向上划弧交叉合抱于胸前，两臂撑圆，腕高与肩平，右手在外，成十字手，手心均向后，眼看前方。

（24）收势

两手向外翻掌，手心向下，两臂慢慢下落，停于身体两侧，眼看前方。

（25）特别提醒

① 动作柔和，呼吸自然。初练太极拳时，呼吸要特别任其自然，不要憋气，也不要喘气。动作熟练以后，就要注意呼吸与动作节律一致，起吸落呼，开吸合呼。做腹式呼吸时要求匀细深长，开豁自然。

② 体态舒松，动静协调。练太极拳切忌用蛮劲和强劲，一定要放松全身，尤其要放松腰部和腹部。胸部肌肉也要放松，不可僵硬地挺胸。

③ 形意相合，劲力内蓄。形，指动作；意，指意念。所谓形意相合就是要用意念引导动作，自始至终默想动作的形象，使想的和做的合为一体，形成自然节奏。在整个练习过程中，劲力含蓄在内，不露形于表，绝不要鼓劲用力。

④ 打太极拳的最佳时间。每天早晨是打太极拳的最佳时间，且持续打上1小时左右最为适宜。因为每天早晨空气清新，来往车辆少、噪声低，环境相对幽静，符合太极拳运动的节律和所需要的氛围。另外，人在休息一夜之后，人体各器官机能尚未充分调动起来，不适于做剧烈运动，而太极拳不像长拳等运动那样速度快，运动量大，它的动作舒缓，体能消耗有限，正符合早晨人体状况。如果一个身体健康的成年人，能在此时打上1小时左右的太极拳，可以使身体腰、背、胸、腿等部位充分活动开，有助于减少和推迟骨质与韧带等的硬化、钙化，防止或延缓驼背、关节不灵活等衰老现象的出现，同时可以改善新陈代谢，使血压、血糖、血脂得到很好的调节。

⑤ 每次打太极拳持续的时间也不能太长，因为太极拳运动要求上、下肢关节都在一定的弯曲度下做慢动作，这就延长了身体有关部位的运动时间，如果打得时间超过1小时，往往过多消耗体能，使身体疲劳，抵抗力下降，不仅不能提高身体素质，还容易患病，影响正常的学习、工作和生活。如果打得时间过短，同样达不到锻炼身体、增强体质的目的。初学者和体弱者，更应该量力而行。

3. 八段锦

八段锦是我国传统的健身运动项目，起源于宋代，距今有800多年历史，用各种颜色的丝编织成的十分完好美丽的丝织品称为锦，古人常把优美的事物比作漂亮的织锦，八段锦是指八节编排得十分完好的锻炼动作。这套体操是由经过精心选编的八节不同动作组成，故称"八段锦"。"八段锦"之名始于北宋，但具体方法已无从考证。南宋曾辑在《道枢》中，始有八段锦要诀的记述。明代书籍中记载的八段锦，多强调"静思"，集神及行气等要术。由于八段锦术式简短而效果较好，不受时间地点限制，随时可做，所以流传甚广，流派较多，有南派、北派之分。南派有立式、骑马式、坐式等，动作简易；北派多为骑马式，动作较为繁难。

八段锦以上肢运动为主，同时有少量躯干运动和头颈运动，特点是能加强四肢力量，使胸部肌肉发达，有助于防治脊柱后凸和圆背等，很适合老年人。八段锦的优点是能加强臂力和下肢肌力，增强胸部肌肉，调理内脏，并有助于矫正两肩内收、圆背和脊柱后凸等不良姿态。八段锦是一套全身运动锻炼方法，和其他运动锻炼一样，有增进血液循环，提高抗病能力，调节内脏器官功能等良好作用；八段锦用力的练法，运动量比简化太极拳稍大；不用力的练法则比简化太极拳运动量稍小，适宜于体力中等和体弱的中老年人练习，也适合于肾炎等慢性病患者练习。八段锦的每一动作，都有一定的针对性，练习时可以根据练习者自己的情况各取所需。练八段锦取坐位或站位两种姿势，可根据自己的体力条件来选择，但尽量采用站式为好。八节动作近似现代的徒手体操，易学、易练，但需掌握要领。八段锦也是从导引发展而来的，所以不是简单的肢体活动，也必须结合意念和呼吸活动来锻炼。八段锦的意念活动除做动作时要集中思想，排除杂念外，还要想着动作的要领。例如，左右开弓似射雕，就要似技弓一样暗暗用力，射雕时眼必须跟着所射的方向，左右转动而全神贯注。又如攒拳怒目增气力，两手握拳用力向前方或侧方打出，同时两眼要怒视两拳打出的方向。其他各节也都类似，都必须贯穿一个"意"字。呼吸也要求做到气沉丹田，一般伸展、用力时吸气；收回、放松时呼气。总之，配合动作，一呼一吸。八段锦共有8节动作，动作简单，易学，坚持每天练习，既可强身健体，延年益寿，又可防治慢性疾病。八段锦近似徒手体操，所以一般以完成每节动作的次数多少来调节。八段锦每天可练1~2次，一般练到出汗为度。

（1）两手托天理三焦

① 预备：直立，两足自然分开与肩同宽，双臂自然下垂，双目平视。全身放松，手指伸直。呼吸调匀，舌尖轻舐上腭，用鼻呼吸。同时足趾抓地，足心上提。

② 两手掌心向上，两臂自左右两侧徐徐上举，至头顶上方时，两手十指交叉，翻掌，掌心向上做举托动作，头后仰，眼看手背；同时，两足跟尽量上提，并吸气，站立片刻。

③ 两手十指分开，两臂从两侧徐徐放下，两足跟也随之落地，并呼气，还原至预备姿势。

④ 如上反复多遍。

（2）左右开弓似射雕

① 预备：双腿分开成马步，两手半握拳，平放胸前，拳眼向上，左手在内，右手在外。

② 左手食指与拇指撑开，呈八字形，目视左手食指，左手缓缓拉向左外方并伸直，吸气，头随手转至左侧；同时，右手向右平

拉至右胸如拉弓状。还原成预备姿势，呼气。

③动作同②，方向相反。

④如上反复多遍。

（3）调理脾胃需单举

①预备：自然直立，双臂在胸前平屈，十指自然并拢，两掌心向上，指尖相对。

②翻掌，左掌心向上托，右掌心向下按，并吸气。

③复原。再右臂上托，左臂下按。

④如上反复数遍。

（4）五劳七伤向后瞧

①预备：直立势同第一段，两手叉腰。

②慢慢向右转头，眼看后方。复原。

③慢慢向左转头，眼看后方。复原。

④如上反复数遍。

（5）摇头摆尾去心火

①预备：马步，双手自然放于两膝上，虎口对着身体，上体正直。

②头及上体前俯、深屈，随即向左侧做弧形摆动，同时臀向右摆。复原成预备姿势。

③头及上体前俯、深屈，随即向右侧做弧形摆动，同时臀向左摆。复原成预备姿势。

④如上转换数次。

（6）两手攀足健肾腰

①预备：两足并立，双臂平屈于上腹部，掌心向上。

②身体缓缓前屈，两臂垂下，膝部挺直，双手触摸脚尖，头

稍抬。复原成直立状。

③ 两手放于背后，以手掌抵住腰骶部，身体缓缓后仰。复原。

④ 如上反复多遍。

（7）攒拳怒目增力气

① 预备：马步，双手握拳放腰间，拳心向上，两目圆睁。

② 右拳缓缓向前击出，臂伸直，拳心向下。两手用力握拳，两眼睁大，向前虎视。右拳收回，复原成预备姿势。

③ 左拳缓缓向前出击，动作同②。复原。

④ 如上重复数次。

（8）背后七颠百病消

① 预备：直立，呈立正姿势。

② 两足跟渐离地，前脚掌支撑身体，依然保持直立姿势，头用力上顶。

③ 足跟落地，复原为立正姿势。

④ 如此反复颠 7 次。

4. 五禽戏

五禽戏是汉代名医华佗模仿虎、鹿、熊、猿、鸟五种禽兽的动作，组编而成的一套锻炼身体的方法，经常练习可增强体质，防治疾病。华佗不但是个专长做手术的外科专家，而且是个善于应用运动来防治疾病的名医。他曾对弟子吴普说："人体欲得劳动，但不当使其极耳。动摇则谷气得消，血脉流通，百病不生，譬如户枢，终不朽也。为导引之事午熊经鸱顾，引挽腰体，动诸关节，以求难老。我有一术，名五禽之戏，一曰虎、二曰鹿、三曰熊、四曰猿、五曰鸟，亦以除疾，兼利蹄足，以当导引。体有不快，起作一禽之戏，怡而汗出，因以著粉，身体轻便而欲食。"这一段话很清楚的说明了五禽戏的内容和防病治病的作用原理。

五禽戏是一套很适合老年人强身治病的保健运动。华佗认为人体必须经常运动，使食物容易消化，血脉流畅，才能健康无病。他创编五禽戏后，不但身体力行，坚持练习，而且广为传授。因行之有效，故备受后世养生家推崇。随着时间推移，辗转传授，形成了各种流派的五禽戏，流传至今。五禽戏中的虎形可益肺气，有补肾健腰、增长体力的功效；熊形能舒肝气，有健脾胃、助消化、活关节等功效；鹿形健胃气，有疏通气血、健壮腰肾的功效；猿形固肾气，可增长臂力、健壮脾胃；鸟形调心气，有助于增强心肺功能、健壮肾腰。可见，五禽戏对五脏均有良好的作用，四季均可锻炼。高血压、冠心病、肺气肿等慢性疾病患者，练习五禽戏，可收到一定的强身健体效果。如果为了提高某一种运动素质或针对某种疾病，可选练一禽之戏，如肌肉无力可多练熊戏，动作迟钝可多练猿戏，平衡失调可多练鸟戏等。

五禽戏是从古代导引术发展而来的，所以练五禽戏也必须掌握导引术的基本要领。就是要有意念活动锻炼，配合呼吸和肢体活动。锻炼时三者要密切结合，融为一体。其二，练五禽戏必须像形取义。就是说练虎戏要像虎，而且要取虎的活动对健身有意义的方面。

(1) 锻炼立法

1) 熊形

此势有健脾养胃、帮助消化、活动关节等功效。

① 预备，两脚平行自然站立，距离与肩等宽，两臂自然下垂，做 3~5 次深呼吸。

② 屈左膝，右肩向前下晃动，手臂亦随之下沉，左肩则稍向

后外舒展，左臂稍抬高。

③ 屈右膝，左肩向前下晃动，手臂亦随之下沉，右肩则稍向后外舒展，右臂稍抬高。

④ 如此反复晃动，次数不拘。

2）虎形

练虎戏时，手足动作与呼吸要协调一致。两手翻掌向外按出时，两脚同时向前进步，此时宜稍用力，速度稍快，以显示虎扑时的敏捷、勇猛。动作左右交替，次数不限。

① 预备：两臂自然下垂，颈自然竖直，面部自然，眼向前平视，口要合闭，舌尖轻舐上腭，不要挺胸或拱背，脚跟靠拢成立正姿势，全身放松，任何部位都不可紧张，如此站立片刻，然后做动作。

② 左式：两腿屈膝半蹲，重心移至右腿，左脚虚步，脚尖点地，靠在右脚踝关节旁，同时两手握拳提至腰两侧，掌心向上，眼看左前方。缓缓吸气，两拳沿胸上举，拳心向里。举至口前面时，呼气，拳外翻变掌向前推出，高于胸齐，掌心向前；同时，左脚向左前方斜跨一步，右脚随之跟进半步，两脚跟前后相对，相距约一尺左右，身体重心坐于右腿，左脚尖点地，眼看左手食指尖。

③ 右式：动作与左式相同，唯左右方向相反。

3）猿形

① 预备：两臂自然下垂，颈自然竖直，面部自然，眼向前平视，口要合闭，舌尖轻舐上腭，不要挺胸或拱背，脚跟靠拢成立正姿势，全身放松，任何部位都不可紧张，如此站立片刻，然后做动作。

② 两腿慢慢向下弯屈，左脚向前轻灵迈出，同时左手沿胸前

至口平时，向前如取物样探出，将达终点时掌变爪形手，手腕随之自然下屈。

③ 右脚向前轻灵迈出，左脚随之稍跟，脚跟抬起，脚掌虚点地，同时右手沿胸前至口平时，变掌向前如取物样探出，将达终点时掌变爪形手，随之自然下屈，同时左手亦收回左肋下。

④ 左脚往后稍退踏实，身体后坐，右脚随之亦收退，脚尖点地，同时左手沿胸前至口平时向前如取物样探出，将达终点时掌变爪形手，腕随之自然下屈，同时右手亦收回至左肋下。

⑤ 右脚向前轻轻迈出，同时右手沿胸前至口平时向前如取物样探出，将达终点时掌变爪形手，腕随之自然下屈。

⑥ 左脚向前轻轻迈出，右脚随之稍跟，脚跟抬起，脚掌虚点地，同时左手沿胸前至口平时向前如取物样探出，将达终点时掌变爪形手，腕随之自然下屈，同时左手亦收回右肋下。

⑦ 右脚往后稍退踏实，身体后坐，左脚随之亦稍退，脚尖点地，同时右手沿胸前至口平时向前如取物样探出，将达终点时掌变爪形手，腕随之自然下屈，同时左手亦收回至左肋下。

4）鹿形

① 预备：两脚相并站立，两臂自然下垂，眼向前平视，平心静气，站立片刻，然后做动作。

② 右腿屈曲，上体后坐，左腿前伸，膝稍弯，左脚虚踏，成左虚步势。

③ 左手前伸，肘微屈，右手置于左肘内侧，两掌心前后遥遥相对。

④ 两臂在身前逆时针方向同时旋转，左手绕环较右手大些，关键在于两臂绕环不是肩关节为主的活动，而是在腰胯旋转带动下

完成。手臂绕大环，尾闾绕小环，这也就是所谓"鹿运尾闾"，主要是活动腰胯，借以强腰肾，活跃骨盆腔内的血液循环，并锻炼腿力。

⑤ 如此运转若干次，右腿前迈，上体坐于左腿上，右手前伸，左手护右肘，顺时针方向绕环若干次，如此左右互换。

5）鹤形

此势有助于增强心肺功能，健壮肾腰。长久坚持练习，也可治疗腰痛疾病。

① 预备：两脚相并站立，两臂自然下垂，眼向前平视，平心静气，站立片刻，然后做动作。

② 左脚向前迈出一步，右脚随即跟进半步，脚尖虚点地，同时两臂自身前抬起向左右侧方举起，并随之深吸气。

③ 右脚前进与左脚相并，两臂自侧方下落，在膝下相抱，同时深呼气。

④ 右脚向前迈进一步，左脚随跟进半步，脚尖虚点地，同时两臂自身前抬起向左右侧方举起，并随之深吸气。

⑤ 左脚前进与右脚相并，两臂自侧方下落，在膝下相抱，同时深呼气。

（2）提醒

练虎戏时，要表现出威猛的神态，要目光炯炯，摇头摆尾，扑按转斗等。但用劲要柔中有刚，刚中有柔，不可用僵劲。练虎戏时动作刚猛，有助于增强体力。练鹿戏时，要仿效鹿那样的心静体松，姿势舒展，要把鹿的探身、仰脖、缩脖、奔跑、回首等神态表现出来。鹿戏有助于舒展筋骨。练猿戏时，要仿效猿那样敏捷好动，要表现出纵山跳涧、攀树登枝、摘桃献果的神态。猿戏有助于发展灵活性。练熊戏时，要像熊那样浑厚沉稳，要表现出撼动、坚实的步行神态。熊外似笨重，走路软塌塌，实际上在沉稳之中又寓有轻灵。熊戏有助于做到上虚下实，克服头重脚轻，并能增强内脏器官功能。练鹤戏时，要仿效鹤那样昂然挺拔，悠然自得，要表现出亮翅、轻翔、落雁、独立等动作的神态。鹤戏有助于增强肺呼吸功能，调动气血，疏通经络。

练五禽戏的动作要领：

① 全身放松。练习时，首先要全身放松，情绪要轻松乐观。乐观轻松的情绪可使气血通畅；全身放松可使动作不致过分僵硬紧张。

② 呼吸调匀。呼吸要平静自然，用腹式呼吸，均匀和缓。呼吸时，口要合闭，舌尖轻舐上腭，吸气用鼻，呼气用嘴。

③ 专注意守。要排除杂念，精神专注，根据各戏意守要求，将意念集中于意守部位，以保证意、气相随。

④ 动作自然。五禽戏动作各有不同，如：熊之沉缓，猿之轻灵，虎之刚健，鹿之温驯，鸟之活泼，等等。练习时，应据其动作特点而进行，动作宜自然舒展，不要拘谨。

⑤ 出汗为度。五禽戏的运动量比较大，应以练到心旷神怡，微微出汗为度。练五禽戏如为了提高某一种运动素质或针对治疗某种疾病，可选练一禽之戏。如肌肉无力可多练熊戏。动作迟钝可多练猿戏。平衡失调可多练鸟戏等。练五禽戏可每日 1～2 次。

（3）一般要求

休息和运动是一对矛盾的统一体，适当的身体锻炼，可以增强体质，使机体的功能加强，疲劳得以消除。有时要求卧床休息，有时要求一般休息。如出现以下情况则需要卧床休息，不宜再进行运动。

1）水肿的严重程度

水肿仅局限于眼睑或踝部为轻度；水肿扩展到下肢为中度；水肿蔓延到全身甚至出现胸、腹水，则为重度。中度以上水肿就应当卧床休息。

2）有无头痛、头晕、呕吐症状

如出现这些症状可能有高血压，应及时测量血压。如血压确实高，则应卧床休息；如血压急骤升高，可能出现脑水肿，使头痛、呕吐进一步加剧，还会出现抽搐或惊厥，此时应住院治疗。

3）有无尿量减少或肉眼血尿

若尿量明显减少，每日尿量在 500 克左右，或出现肉眼血尿如洗肉水样，往往表示病情加重，应卧床休息。

4）有无心慌、气短、咳嗽症状

出现这些症状，表示肺部有淤血、感染或心力衰竭等严重情况存在，这时不但应卧床休息，而且要及时住院治疗。

5）有无其他检验异常

如尿蛋白（＋＋）以上、血沉增快、血尿素氮、肌酸、肌酐明显升高，肌酐清除率明显降低，表明肾功能不良，也应卧床休息。

当以上症状体征减退或消失，可以适当活动。

当水肿减退，高血压下降，肉眼血尿消失，血沉正常，可适当增加活动量。慢性肾衰的早期患者，也可进行一些轻松的活动。但是，慢性肾功能衰竭中晚期则不宜进行运动。

第六节   心理保健

肾脏病或慢性肾衰病程缠绵见长，病人易出现急躁情绪或悲观失望，应注意加强宣传教育及心理疏导，使病人了解情志与疾病的关系，从而保持乐观，正确认识和对待疾病，应鼓励病人树立战胜疾病的信心，密切配合治疗，战胜疾病。随着社会的进步，心理学亦逐渐受到重视，医学心理学提示我们，人体的健康与疾病不仅与他们的遗传因素和各种理化因素有关，而且与他们的人格特征、情绪状态、心理活动、社会文化背景等因素亦有密切的关系，大量的临床事实告诉我们，不仅药物对肾脏病有较好的疗效，而良好的心理护理更有利于疾病的治疗和身体的康复，对此应引起每位医生和患者家属的注意。

一、肾脏病对心理健康的危害

肾脏病因为心情郁闷，精神紧张，或情绪激动，皆可直接影响到血压，从而加重肾脏负担，引起肾脏病病情加重。因此，患者应学会自我进行心理调理，使自己情绪放松，常常保持心情舒畅和情绪稳定。不良的情绪，会伤肝损肾。这就要求人们乐观开朗，情绪稳定，心平气和，遇事不慌、不惊、不乱，可以避免肾脏精气受损。

肾脏病患者的精神状态对疾病的治疗及预后有很大的影响。在临床工作中，以下几种情况值得注意：

（1）有的患者得了肾病，情绪波动很大，特别是患了肾脏病、慢性肾功能不全后，精神不振，思想负担很大，整天愁眉苦脸，不能积极配合治疗。这对治疗效果颇有影响。从中医学理论分析，当一个人情志失调时，容易伤肝，肝的特性是喜条达而恶抑郁，若忧郁过度，则肝气郁结，疏泄不利，甚者横逆犯胃，致气机阻滞；或肝气久郁化火，损及肾阴，肝火郁于下焦，影响膀胱气化功能，使病症缠绵难愈，增加治疗的难度。

（2）有的患者得了肾炎后，毫不在乎，思想麻痹大意，没有按照医生的吩咐按时服药，不认真复查，不注意休息，这对疾病的康复也很有影响。

（3）还有的肾病患者得病后，思想上能正确对待，情绪稳定，积极主动配合治疗，遇到病情波动，能很快求得心理平衡，使机体内环境迅速得到调整，增强了抗病能力，起到"正气存内，邪不可干"的生理作用。可见心情开朗和意志消沉两种心态，在疗效和预后方面有明显的差别。因此，肾脏病患者应该胸怀开阔，思想放松，遇到难题，充满信心，避免消极悲观，要学会调养情志，使病体早日康复。

二、肾脏病患者的消极心理类型

肾脏病患者临床常见的消极心理、性格异常，归纳为悲观型、恚怒型、忧思型、抑郁型、盲目乐观型、轻信型六个类型，以便于患者进行有针对性的心理调整。

1. 悲观型

病人的性格内向，性情孤僻，悲观哀伤。看到疾病久治不愈，或遇到病情加重，则易悲观失望，不愿与医生合作，对治疗缺乏信心，有的甚至产生轻生的念头。临床可表现为心悸失眠、多梦易惊、呆滞无神、食欲减退、悲伤易哭等。针对性心理调理措施，当加强与医生的联系，振奋精神，树立起战胜疾病的信心。要多与疗效好的病友交谈，学习肾炎病自我调治的知识，使自己真正认识到系统治疗、科学调养的意义，努力减轻心理负担，走出悲观绝望的误区。

2. 悲怒型

病人的性情急躁，自制力差，遇事不冷静，容易激动，治疗上缺乏耐心，常常不能很好地配合医护人员治疗。临床可表现为急躁易怒，失眠多梦，头晕头胀，胸闷胁痛，咽干口苦、血压升高。针对性心理调理措施，是加强自我修养，了解郁怒可使血压升高，增加肾脏负担，加速肾衰进程的道理。并真正认识到肾炎病是病因复杂、治疗不易、不断进展的疾病，治疗是一个长期艰苦的过程，努力去克服急躁情绪，坚持科学治疗。

3. 忧思型

病人平时谨小慎微，多愁善感，经不起不良情绪的刺激。一旦疗效较好，则高兴万分，一旦病情反复，则忧心忡忡。有的患者每天都在盯着化验单上尿蛋白是几个"＋"号，红细胞是 3~5 个还是 5~8 个。临床特征为忧愁焦虑，愁容满面，失眠多梦，纳食不香。这类患者，应多参加一些有益身心的活动，与友人多谈心，多与家人一起做一些户外活动。培养对琴棋书画，栽花养鸟的兴趣，充分认识化验是存在误差的，一次化验与另一次化验蛋白有所增减，红细胞从 3~5 个到 6~8 个，并不说明病情加重，应努力学会自我放松，分散和转移对疾病痛苦的注意力。

4. 抑郁型

病人胆小多疑，遇事不愿向别人诉说，心情郁闷，不能排解。临床特征为：情绪不宁，胸脯满闷，胸胁胀痛，嗳气不舒，纳食不香。具有与悲观型、忧思型相类似的症状。患者应培养多种兴趣，扩大交际面，焦虑而情绪不宁者，可通过练习气功，调神调息，使情绪安定。家属则应多关心病人的健康和生活，务必使病人感受到社会和家庭的温暖，敞开关闭的心扉。

5. 盲目乐观型

这种类型的病人多见于年龄偏小、知识层次低的病人。他们对尿蛋白、镜下血尿等认识不足，更不知肾炎病如果失治，病情进展可造成肾衰尿毒症的残酷现实，对病情满不在乎，对治疗麻痹大意，不遵医嘱，用药时断时续，药量时增时减，饮食不遵禁忌，生活随意安排，这些都非常不利于肾脏康复。这种类型的肾脏病病人要多学习，加深对肾脏病严重危害的认识，并从不认真对待治疗，终致肾衰尿毒症的病友身上吸取教训，努力接受系统治疗。

6. 轻信型

这类病人习惯按广告宣传上的要求去行动，不听专科医生的话，不进行系统地治疗，却迷信谎言，渴望肾脏病忽然而愈。这种类型的肾脏病病人要加强学习，加深认识，充分了解肾炎治疗的艰巨性，主动积极地配合医生，进行有规律的治疗。

三、肾脏病病人的心理治疗

肾炎特别是肾脏病等顽固性病例，由于治疗效果较差，病情常反复加重，患者难免产生一些不良情绪，对肾脏病康复十分不利。

因此，应该进行科学的心理调理，努力克服各种有害健康的不良情绪。

情志因素对疾病的关系，早有所载，并成为中医学主要致病因素之一，历来被高度重视。事实证明，此项理论具有科学性和实用性，已发展成为独立的学科。祖国传统医学认为，人的情志活动与内脏功能活动有密切关系。良好的情绪，有利于人体气机调畅，各脏腑功能活动的正常进行；反之，不良的情绪，可使气机升降失调，气血运行紊乱，而易使脏腑机能失常，加重病情。因此，应充分重视情志护理。

首先，医护人员要加强对肾脏病病人的心理呵护

肾脏病病人因经常出入医院，接触医生较多，对各种化验检查结果和药物疗效比较熟悉，容易产生揣测心理。这些病人对周围环境特别敏感，常常根据医护人员的细微表情变化来猜测自己的病情，因此，护士在接待病人时，态度要真诚，回答问题语气要肯定。在日常护理过程中，要处处关心体贴病人，经常和病人谈心，及时了解病人的思想动态变化，并向病人介绍肾脏病的医护常识，以及一些治疗效果较好的病例，帮助病人正确对待疾病，使病人能够认识到肾脏病虽无特效药，但只要在日常生活中注意锻炼身体，避免受凉感冒，避免过度劳累，定时足量服用降压药物，保持血压稳定，同时服用一些保护肾功能的药物，有很多病人虽然没有彻底治愈，但仍能维持一定的健康水平。帮助病人树立信心，努力调动病人的积极性，使其能自觉地服从医嘱，坚持治疗。另外，护士还应做好病人家属的思想工作，使其不要冷落病人，共同为病人营造一个温暖、和谐的休养环境，使病人充分体会到家庭和社会的温暖，树立战胜疾病的信心。

其次，要消除不良因素对病人的影响

肾脏病病人长期受疾病折磨，病情时好时坏，对治疗常缺乏信心，特别是看到同病室病友病情恶化时，容易产生悲观失望和沮丧心理。同时，由于反复多次住院，住院时间长，难以胜任本职工作，或由于经济或其他原因与家人关系紧张，容易产生焦虑烦躁心理。因此，家人要对患者表示同情、热情，相互理解，尽量宽慰，不可产生厌烦情绪。肾脏病病程较长，且无特效疗法，中医药治疗亦需长期不间断。因此患者在物力、财力、精力等方面承受的压力很大，思想负担重，往往表现出情绪低落，不善言语，脾气暴躁，故而容易产生急躁情绪和孤独感。同时，患者病后对自己的疾病转归及预后非常关心，而且在整个治疗过程中心理紧张，加之部分患者的家庭责任感，更容易产生悲观失望和对家庭的内疚感。家庭成员要充分理解，树立同情心，以爱心来感化、鼓励患者，使其思想放松，情绪乐观，以增强战胜疾病的信心。同时还应学习有关知识，提高对疾病的认识。要注意与患者倾心交谈，引导他们倾诉和抒发心中的情感，从而保持良好的精神状态，避免增加患者的思想压力，在做好其他护理的同时，消除不良因素对病人的影响。

第三，培养患者的兴趣，创立良好的治疗环境

家庭成员应经常关心病人，主动了解病人的病情和需求，积极帮助病人解决困难。同时，要注意培养患者的兴趣，提高修养。如可根据患者的不同性格特征，选择养花、养鸟、书法等情调高雅而又不甚劳累的活动作为爱好；可根据患者的不同年龄和文化层次，购买音乐设备，如歌曲、古典音乐、戏曲等音带，以供患者欣赏等，从而创造良好的治疗环境，借以消除患者紧张、焦虑、悲观、抑郁的情绪，调动其主观能动性，使病人树立战胜疾病的信心。

第四，病人亦应积极配合

病人应主动学习肾脏病的有关知识，可在养病的同时，选择较为适合自己的某种功法配合治疗，并从思想上认识到该病是完全可以治愈的，从而消除紧张心情，并积极与医生联系，配合医生的治疗，保证各种治疗措施顺利实施。

第七节　气功保健

气功是我国传统医学的一个组成部分，是中华民族的宝贵遗产之一。它通过自身意念、呼吸和姿势的调整，发挥人的主观能动性，调动人体的潜力，调整身体内部的功能，增强体质，提高抵抗疾病的能力，从而起到防病、治病、强身的目的。气功是一独特的身心锻炼方法，在意识主导下，通过体态调整呼吸锻炼和意念集中，协调、增强机体内部机能，调动和发挥机体内在潜力，从而达到防治疾病之功效。因此，有些专家认为，气功是具有中国传统的心理治疗方法，气功强调自我锻炼，而且要持续数月、数年。练习气功强调"调心"、"调息"、"调身"这三要素，这些均与心理活动有关，"调心"在其中起主导作用，即通过自我意念达到松静，"调息"、"调身"旨在全身放松，由松入静，相辅相成。如果将气功的全过程与现代心理治疗相比较，不难看出两者有很多类同，并且是一种包括支持疗法、调动潜能、暗示、发泄、行为治疗等在内的整合性心理治疗。当肾脏病病情趋于稳定时，即可考虑气功疗法。宜选择益气健脾、养精固肾的功种。

一、气功对肾脏病的作用

气功在我国具有悠久的历史，在数千年的练功实践中，积累了丰富的经验，对人们的健康长寿、祛病延年作出了很大的贡献。其起源可追溯至先秦时期，后世不断有所阐发，推陈出新，尤在近代得到了较大的发展，迄今已形成了许多流派和方法。气功疗法作为中医学的重要组成部分和治疗疾病的主要措施之一，其为中华民族的繁衍生息作出了极大的贡献，丰富和发展了祖国医学，日益受到国内外医学界人士的重视。气功疗法的基本方法有放松、入静、调息、意守、存想、意导等静功，或配合导引、按摩、闭气、咽气、咽津、叩齿、运目、掩耳等有一定姿势和动作的动功。功法不同，其适应范围各有侧重。但其总的作用机理都是通过炼津化精，炼精化气，以调动人体元气，强肾固本，平秘阴阳，疏通经络，扶正抗邪。是康复强身的最为积极有效的整体疗法，对多种疾病皆有较好疗效。

肾脏病的临床表现相当于"水肿"、"腰痛"、"虚劳"等中医病症范畴。其病因在于脾肾两亏，挟有湿热、淤血等，而呈本虚标实之症。其病势缠绵，反复难愈，日久多致体质虚弱，每因外感、劳累、情志等因素而诱发加重。实践证明，肾脏病的治疗在中医药辨证论治的基础上，若能配合气功疗法，对于改善患者体质状况，增强抵抗力，减少或消除诱因，防止复发，逆转病势，提高疗效，促进康复均有重要意义。肾脏病患者练气功应根据病情的轻重和身体的状况选择合适的功种来练，应以练静功为主，且以卧势或坐势为佳；病情较轻、较稳定时及肾脏病恢复期病人则也可选择其他功种，如大雁功等都可以练。而保健按摩功则适用于任何肾病患者。

练功时的效应感有：

（1）丹田及意守部位发热或有热气流游走绕腹或循经络运行。

（2）皮肤或肢体或胸脊部出现蚁走感，痒感，气流感，冷水流注感等，这都是练功中出现的气感现象。

（3）口中唾液分泌增多，甚至出现满口唾液，练功家称其为"金津"、"玉液"，此时不要急于吞咽，更不能吐掉，应分数次频频以意送入丹田。

（4）胃肠功能增强，练功时由于呼吸运动的调整，对腹腔内脏器的机械按摩作用所致。

（5）功后出现饥饿感，同时食量增加，这也是练功早期出现的生理效应。

（6）功中微汗，由于练功过程中毛细血管扩张，血流加快，新陈代谢的增强，练功的初期可以出现全身微微汗出，皮肤潮润的现象。

二、肾脏病的气功疗法

1. 吹字功

松静站立，足趾抓地，两脚与肩平行，两臂上举，两手如抱球状，位置在脐上至心窝部之间，微微下蹲，同时开始呼气，并读"吹"字音，发音时两唇微张，微向外努，嘴角向里合，舌向里微上翘，声音由口内喷出，而两嘴角向后用力，足跟着力，足心涌泉穴随上行之脉气提起，足心空如行泥地。口中吐出之气，是由涌泉升起，受到小腹内收压迫吐出，顺之而提肛，缩肾，收缩，有意地向上提，头顶尽力上顶，则肾气提得起来。呼气尽，身体徐徐起立，同时吸气，如此反复做 9~18 次。

2. 闭气入静功

夜间 3~4 时起床，喝 300 毫升或 400 毫升温开水，排除小便。然后到室外开阔的地方，面向南方站立，双手半握拳，拳心向内，全身放松，排除杂念，做到视而不见，听而不闻。行逆腹式呼吸，用鼻吸气，吸气时收腹扩胸，提肛门，提外肾，舌尖轻舐上腭，用意念引至百会穴。吸完气后，闭气，这时，口中会产生许多津液。闭气结束，舌尖缓慢放下，把口中津液用力分 3 次咽下腹中，用意念送到丹田。这时全身放松，口鼻同时呼气，微微鼓腹，意守丹田。如此反复练 7 遍为一段。休息片刻后，又按上法重新练一段。每天练 1~2 小时。练功时不能硬吸猛呼，特别是闭气时不能硬闭很长时间，避免憋气。

3. 下元功

下元功能改善肛门、直肠、泌尿生殖系统的功能，对痔疮、肛裂、肾脏病、前列腺炎等疾病有较好疗效，对健身延年也不无裨益，此法简单易学，无任何偏差。

（1）姿势

仰卧、平坐、站立均可，以站式功效最好。仰卧式：枕头较平日睡眠时略高，平卧于木板床上，两腿自然伸开，足跟并齐相靠，两臂自然置于体侧，掌心向内。平坐式：正身坐于木椅上，两足平行分与肩同宽，屈膝 90 度，直腰松肩，含胸拔背，头微前倾，下颏微收，两臂自然置于体侧，掌心向内，两足平行分开，自然站立，膝微屈，髋放松，其他要求同坐式。

（2）呼吸

鼻吸口呼，吸气均匀而深长，收腹，吸至最大量，呼气缓慢细长，呼尽为止，吸气呼气均不出声。

（3）做法

或卧、或坐、或站，姿势端正自然，全身放松，口唇轻闭，双目微闭，下视意念所到部位，自然呼吸，静心宁神，意守两足心（涌泉穴）5～10分钟，待足心有气感时，深长呼气，以意引气沿两腿上升到会阴（在前后阴之间），同时收腹握拳，足趾抓地，提肛咬牙，舌舐上腭，吸气满，闭气在呼不吸，停至略感憋气时以口缓缓吸气，引气沿原路回到足心。同时松腹、松逆、舒趾、放肛、松牙、落舌，如此做3息（一呼一吸为一息），同法，吸气时引气沿两腿上升，过尾闾（在肛门之后尾骨处）3息，继续沿脊柱上升到命门（在第二、三腰椎之间），闭气停息，于呼气时引气沿原路回到足心，共做6息，最后引气沿上述路线到命门后不停，向前穿过腹部到达肚脐，闭气停息，呼气时引气下降，经会阴沿双腿回到足心，共做9息，收功时，两手重迭，掌心向里，置于肚脐，意守此处5～10分钟，然后两手轻轻搓面，搓耳，慢慢睁目，缓缓散步收功。

（4）特别提醒

每次练功停息，所需时间随功效渐进，并逐渐延长，初练时只需10分钟左右，日久可延长到30分钟左右，但不要盲目追求延长吸气、停息、呼气的时间，每日练功的次数为2次，早晚各1次，练功中出现反应，毋需惊慌，只要专心意守内气之运行，反应自然会消失。

4. 侧卧睡功

侧卧睡功是一种采用侧卧位的静功自我疗法。就其基本方法来看，应属于调息类胎息疗法范畴。通过意守入静与调息的方法，以达到"静神减息"，诱发循经感传，即一般所称的"内丹术"功法。此功法仿效胎儿之呼吸状态，激活和积聚体内的元气，从而产生强身健体、延年增寿效应。古代养生家认为胎儿生机蓬勃，外无思欲之患，内无精气之耗，是养生所追求的佳境。侧卧睡功以适用于体弱而不能久站、久坐者。其修习的基本点主要有二：一是入静，应"澄神定息"，"心神湛寂，其息自减"；二是随时注意意守丹田，"患气纳于丹田"亦可延缓呼吸频率。

练功日久，可导人深度入静状态，呼吸极度缓慢，并可自发出现沿任督脉循行的特殊感觉传导现象，即进入"内气不出，外气不入"的胎患意境。不过此种现象不可强求，不可用意念引导，功到自然成。

练功时，不拘昼夜，当一阳来复之时，先端身正坐，叩齿36次。然后宽衣松带而侧卧，一腿自然伸直，另一腿微屈，置直腿上，两膝相并。两手十指如钩，一手掐子诀（拇指尖掐无名指第一节横纹）而掩脐；另一手握剑诀（食指、中指伸直相并，无名指、小指屈于掌心、拇指压住无名指指甲）而曲肘枕头下。眼对鼻，鼻对脐，唇齿轻合，舌舐上腭，闭目内视丹田。如鹤之内养胎息、龟之绵绵呼吸、鹿之运转任督，虚静自心，毫无杂念。如此静卧，一般可练功数小时。睡功毕，起身前可两手互搓致热，然后按摩头面心胸及腰肾区。

本功法适用于肾脏病之体虚症及虚实夹杂症者。但对伴严重心脑血管病及性格内向、偏执者不宜。近期内有严重精神刺激及饱食、饮酒后，不宜马上修习本功法。初习者以入静调息为主，随着入静的深化和调息有了一定的基础之后，才可逐渐配合意守和气贯丹田、以意纳气之法。否则，由于意念过紧，有可能导致偏差。练功过程中，应始终注意意守丹田。否则容易转成自然睡眠，凡困倦思睡而睡意颇浓时，不可练习本法。睡功毕，不可立即起身，从静卧至起身活动，须有一段过渡时间。下功时须舒放手足，按摩身体各部，也是必不可少的。

5. 强肾功

（1）站式，两脚分开与肩同宽，两膝微屈，膝头不超过脚尖；松腰收腹；含胸拔背；提肛，悬顶；舌舐上腭，两目微闭。双手重叠（男左手在下，右手在上；女右手在下，左手在上），大拇指下方的鱼际穴放在肚脐上，手心的劳宫穴正对脐下 1.5 寸的丹田（气海穴）。使自己尽量放松，然后进行长呼气并微张口发"嘘"音，同时双手轻按腹部并屈膝下蹲，至膝头略超过脚尖的程度。嘘气后勿起，双手抬起，舌舐上腭，用鼻吸气，吸气后，从下蹲式站立，并进行自由呼吸。如此反复做 3 次，称为"三嘘吸"。

（2）接上式，双手在丹田处由重叠改为手背相对，手指向前，手掌在丹田水平线外开，升至离胯半尺处停止。翻掌呈手心相对，向中心线内合，合到两掌相接后停止。如此开合 3 次，不配合呼吸。此为"三开合"。

（3）先出右脚，脚跟着地时用鼻一吸，脚掌落平时再一吸；再出左脚，脚跟着地时用鼻一呼，脚掌落地时不吸不呼。出右脚的同时，左手从体前划一立弧，手心向体内，手掌中的劳宫穴对准膻中穴，左手靠近身体，在右脚落平的同时，沿任脉向下导引至丹田，划平弧至环跳穴；同时头腰向左转动。出左脚的同时，右手从体前划一立弧，动作正好与出右脚相反，头腰同时自左向右转。

（4）两吸一呼要短促稍用力，步速每分钟 50 至 60 步，共行走

20 分钟。

（5）松静站立，重复做"三开合"及"三嘘吸"结束收功。

（6）特别提醒：

① 动作中要以头带腰转，腰带臂摆。

② 行进中全身要松静自然。脚尖跷起，脚跟里侧先着地，以调动阴跷脉的肾气。转腰动作要大些。

③ 两手划弧为立8字、胸前划弧为立圆，从丹田到环跳穴为平圆。立圆大，平圆小。两手手指伸开，似曲非直，指间似夹豆。

④ 行进中头不要向上下摆动，不要两肩下溜，不要胯转腰不转，不要撅臀。

⑤ 脑子要静，以一念代万念，即用耳听呼吸来排除杂念。

⑥ 此法适用于肾脏病、肾积水、多囊肾、心血管病、糖尿病等。

6. 8字运气法

8字运气法是一种以意念导引内气的静功自我疗法。本功法不用定点意守，不用存想，主要通过意念引导内气沿经脉运行，以培植真气，贯通经络，调理阴阳气血，而达防病治病、延年益寿之效。8字运气法之意导线路是以肾为中心点，头、足为两端点的一个状如8字的封闭循环。该功法是在传统的"周天功法"的基础上推衍而成，意导线路更广泛。其作用重点是肾，兼及调理全身，故对肾脏病的康复保健尤宜。该功法操练简易，且没有严格时间限制，随时可以练习，每日费时不多，但须持之以恒，方能显效。无病者亦可以此强肾保精，养生保健。

练功时，取卧式、站式均可，手足自然放置，以舒适为度，呼吸任其自然，口目轻闭，排除一切杂念，尽可能达心静体松。以意念引气由头前部下至胸，再下行至腹部丹田和肾，向体后，经腰骶至下肢后侧，然后至足底涌泉。再由足底经足趾稍转行至足背，经下肢前侧上行入腹，交于丹田和肾，再向后，经体后背脊，上行至头顶百会，转行头前部，与起点相接，是为一周，状如8字，可如此循环反复进行，至肾部暖热、舒服后可收功。一般每日练2～3次，长期坚持。

本功法适用于肾脏病之身体虚弱但病情相对较稳定者，对其急性发作期或危重症者不宜。初练本功者，宜先练心静体松，此时不必急于求成，可于平时无事时随时练习，日久自然能逐渐进入深度的入静状态。操练本法时，宜择环境安静、空气清新之处，免除其他干扰。应用本功法须持之以恒，日久方能见效。

7. 守一功法

守一功法是一种静功自我疗法，即以意念守体内某一部位为主，达到培植元气、祛邪防病之目的；或通过意守某一病处而使元气汇集，并以之驱邪而愈病。守一即"我守其一，以处其和"之义。后世以意守为主要内容的气功疗法，或多或少地含有"守一"的方法，此即所谓"置心一处，无病不治"。本功法修习简便，久练纯熟后，则不需任何条件，在日常生活或工作间隙中随时随地均可进行。方法是：卧、坐、站姿均可，身体虚弱者以卧姿为好。只须身心尽量放松，排除一切杂念，把意念集中并意守在体内某一部位。最常见的是分别意守下、中、上丹田，尤以意守脐下小腹中为多，此处为元气之海，只要经常意守该处，元气即可日渐充盛，元气强盛即能防病治病。

在元气渐充、功有小成的基础上，还可采取意守病处的方法以祛疾，即何处患病，就意守何处病灶。肾脏病病人宜意守两肾之间。若该病后期，以全身症状为主者，还应兼练意守丹田。练习纯熟后，则不但卧、坐、站姿可进行，即使在散步时或做某些不需十分集中注意力之事时，皆可操练本功法。

肾脏病患者一般均可修练本法，宜先意守腹中，再意守两肾之间；伴有精神焦虑抑郁、神经衰弱、贫血等全身症状者，还应辅以意守腹中丹田为好；伴有高血压及慢性肾衰出现胃气上逆者，根据中医"上病下治，下病上治"的整体观，可采用间接意守法，即辅以意守涌泉穴、会阴穴、腹中等部位。长期久练，对肾脏病有较好的辅助治疗作用。初练本法者，宜择环境安静处，以避免外界干扰；又须保持心情舒畅，一切任其自然。意守之部位要绵绵若存，不可用意过重，要做到意守部位朦朦胧胧，若有若无。女性患者月经期间或平时月经量多、先期者，不宜意守下丹田，宜改守膻中穴或印堂穴等处。

第八节　敷贴保健

敷贴疗法又称为"外敷法"，是最常用的天然药物外治方法之一。它是将鲜药捣烂，或将干药研成细末后以水、酒、醋、蜜、植物油、鸡蛋清、葱汁、姜汁、蒜汁、菜汁、凡士林等调匀，直接涂敷于患处或穴位。由于经络有"内属脏腑、外络肢节、沟通表里、贯穿上下"的作用，不但可以治疗局部病变，并且也能达到治疗全身性疾病的目的。使用时可根据"上病下取、下病上取、中病旁取"的原则，按照经络循行走向选择穴位，然后敷药，可以收到较好的疗效。外敷天然药物有时会引起水肿、过敏，导致皮肤破损、细菌感染，并使病情加重。因此，慢性肾炎患者如果需要采用天然药物外敷疗法，应在医生指导下治疗。

【方法1】

取巴豆霜4克，轻粉6克，生硫磺3克，葱白适量。将3味药共研细粉末，瓶贮密封备用。临用时取粉3~5克与葱白共捣烂如泥，制成圆形药饼，将饼贴在患者脐孔上，外以布覆盖，再用纱布固定之。约3~5小时后揭去药饼，吃温粥以补之。隔日敷药1次，至病愈停药，禁忌食盐。治水肿。

【方法2】

取大活田螺1个，生大蒜1片，鲜车前草1棵。将田螺去壳，用大蒜瓣和鲜车前草一齐捣烂成膏状，备用。用时取药膏1团填敷入患者脐孔中，外加纱布覆盖，胶布固定。待小便增多，水肿消失时，即去掉药膏。如1次未痊愈，可待脐孔不痒时，再敷1~2次，直至肿消为止。治水肿。

【方法3】

取甘遂、大戟、芫花各等量，将药共碾成极细末，备用。临用时先用75%酒精消毒脐窝皮肤，趁湿取药末10克填满患者脐孔，外加纱布敷盖，胶布固定，每日换药1次，10次为1疗程。治水肿。

【方法4】

取甘遂100克，甘草10克，取药末适量（约10~15克）加入米汤适量调和成稠糊状，将药糊涂敷患者脐孔处，外以蜡纸或纱布盖至肿消为止。治水肿。

【方法5】

取田螺1个，甘遂5克，雄黄3克，麝香0.3克。先将前3味药混合捣烂，制成小圆形饼5枚，略大而稍厚，另将麝香研为极细末，取麝香0.1克先放神阙穴内，然后用药饼盖在上面覆以纱布，胶布固定，每日换药1次，根据小便通利及水肿消失情况停药。一般2～3次见效。

【方法6】

取商陆100克，粉末过筛，每次取药末3～5克，葱白1茎，捣烂成膏，再加适量的凉开水，调如糊状，并将麝香研细备用。先取麝香0.1克，放入神阙穴内，再将调好的药糊敷在上面，盖以纱布，胶布固定。每天换药1次，一般贴药后24小时，尿量即可明显增加，3～5天见效，7天为1疗程。

【方法7】

取滑石研为极细末外涂，治尿毒症阴囊湿疹及皮肤溃烂瘙痒。

【方法8】

取煅龙骨研为极细末外搽，治肾炎或尿毒症湿疮痒疹及疮疡溃后不愈合。

【方法9】

荔枝草（鲜草）60克，洗净捣烂，加少许盐，敷脐部，每日1次。可治疗急性肾炎水肿、小便不利。

【方法10】

取葱白250克，切碎、白酒喷、炒热，装入布袋，敷脐上，再以热水袋熨其上，反复熨引。适用于慢性肾炎之水肿、小便不利者。

【方法11】

取葱白500克，麝香1.5克，捣烂拌匀后，分装两药袋。先以一包置脐，热水袋熨30～60分钟，如尿仍不利，继以另一包药袋置脐用冷水袋熨之，再另换热袋热熨，直至尿利为止。适用于水肿较甚，尿少或尿闭者。

【方法12】

取紫皮独头大蒜1枚，蓖麻籽30~40粒（去其皮及外壳），一起捣成糊状（不宜放置过久）。将药分成两等份，分别涂敷涌泉穴，外用玻璃纸覆盖并用绷带扎好，涂敷1周，如疗效不好，可继用1周（严禁口服）。对慢性肾炎水肿有较好疗效。合并尿毒症者则无效。

肾脏病的预防

☞ 增强体质
☞ 有病早治
☞ 精神乐观

第一节 肾脏病预防原则

肾脏病尤其高血压型患者预后较差，病情常不断进展，缓慢进入肾功能衰竭尿毒症期，因此，积极治疗肾脏病，控制高血压等，对防止慢性肾功能损害进展，具有重要意义。具体的预防措施可概括为以下几个方面：

1. 增强体质

预防肾脏病的最主要措施，是加强身体锻炼，增强机体抗病的能力。锻炼身体的方式有多种，散步、长跑、跳舞、登山、划船、武术、气功、太极拳等，皆有利于增强体质，提高机体抵抗力，防止感染病毒细菌后免疫反应性损害的发生。

2. 预防感染

肾炎病的发生常与上呼吸道感染等有关，常以外受风寒、风热、风湿、湿热、热毒之邪为始因，因此，要预防肾炎的发病，就应注意天气寒暖的变化，应避免阴雨天外出，避免汗出当风，涉水冒雨，穿潮湿衣服，时刻警惕外邪的侵袭。

3. 起居有常

养成良好的生活习惯，对身体健康非常重要。因为生活不规律，睡眠不充足，暴饮暴食，酒色过度，劳逸无度，均可降低人体对外邪的抵抗力，增加患病的机会。所以，日常生活中，应劳逸结合，定时作息，以维持人体阴阳平衡、气血调畅。

4. 有病早治

皮肤的疮疖痒疹，上呼吸道感染，扁桃体炎反复发作，都有发生肾炎的可能，因此有病早治非常必要。保持下阴的清洁，勤换衣裤，可防止泌尿系感染；保持大便的通畅，定时排便，有利于代谢废物的排除。

5. 精神乐观

有肾炎病先天素质的人，应警惕肾炎发生，但也不能悲观，而应该消除对疾病的恐怖心理，从父母亲人的病情发展中汲取教训，积极预防。除平时应加强体育锻炼外，肾阴不足者可常服六味地黄丸，卫气不足者可常服玉屏风散，以补肾培元、固护卫表，防止外邪袭击诱发肾炎病的发生。

6. 慎用肾毒药物

氨基糖甙类抗生素如庆大霉素、卡那霉素、链霉素以及丁胺卡那霉素、多黏菌素、四环素、万古霉素、二性霉素 B、先素 2 号等抗生素，均有一定肾毒性，或容易引起肾损害，所以尽量不用。非甾体类抗炎药物如阿司匹林、布洛芬、保泰松、消炎痛、炎痛喜康等，也较常出现肾损害，对肾脏病患者也不适宜。其他如磺胺药、利福平及造影剂、抗肿瘤药也产生肾毒性，具体应用时应适当注意，或避开不用，或减少剂量应用。

第二节　肾脏病日常预防措施

（1）喉部、扁桃腺等发炎链球菌感染时，需立即治疗

用药治疗要彻底，不可中途而废，否则链球菌容易感染肾脏发炎。（尤其小朋友更要注意）

（2）止痛剂残害肾脏，未经医师处方严禁使用

一般市售之止痛剂如止痛片、头痛散等如要长期使用时请与肾脏专科医师讨论，因止痛药长期使用，对肾脏有严重伤害。

（3）暴饮暴食有害肾脏健康

人体吃下大量的食物尤其是动物及植物蛋白质，最后的代谢废物尿酸及尿素氮等都需要由肾脏负担排除，故食物过量将增加肾脏的负担。

（4）未经医师处方、乱服成药，有碍肾脏功能

有很多人有病时经常自作主张购买成药服用，不恰当地使用药物，会防碍肾脏的功能。

（5）妇女怀孕前作肾脏功能检查，可避免尿毒症之发生

妇女怀胎时，肾脏负担会明显加重，所以怀孕前最好检查有无肾脏病，如果有相当程度的肾脏病时，请速向肾脏专科医师咨询

可否怀孕，否则盲目怀孕，肾脏病可能马上恶化演变成尿毒症。

（6）肾脏病请看专科医师

乱投医只会加速病情恶化。不幸患肾病，请马上看肾脏专科医师，做最适当之处理，否则乱找江湖医师吃药，误了治疗时机，会产生更多的并发症，甚至于短期内会变成尿毒症。

（7）适量（充分）喝水不憋尿

尿在膀胱里太久很容易繁殖细菌，细菌很可能经由输尿管感染到肾脏，每天充分喝水随时排尿，肾脏亦不易结石。

（8）控制高血压

如有高血压，请马上找医师吃药将血液控制在安全范围内，因长期的高血压将不停地破坏肾脏的微小血管，从而导致肾功能损害。

（9）经常做肾功能检查

每半年就应做一次尿液、血压的检测。因为相当多的肾脏病人肾脏损坏过程是在不知不觉中进行的，所以等到身体感觉到不适时很可能已到了肾脏病的晚期。

第三节　肾脏病常见的症状

肾脏病的常见症状有水肿、高血压、尿少或无尿、多尿、尿频、血尿、尿中泡沫增多、腰酸痛及其他一些全身性症状。

1. 水　肿

常出现于眼睑、足踝及背臀部。严重时可伴有胸水、腹水及会阴（阴囊、阴唇）水肿。若皮肤破损，水肿液可溢流不止。水肿位置可随着体位的变化而移动，如平卧时以眼眶周围的软组织最明显，站立或久坐之后可以在内踝处出现凹陷性水肿。水肿发生时均伴有尿少及体重增加，严重患者全身水肿液可高达 20 ~ 30 升，所以要识别有无水肿，宜每日起床排空大、小便之后，空腹测体重，观察逐日的变化。

2. 高血压

肾脏病人就医时应注意检查血压，若血压升高，常是病情加重的表现。另一方面，高血压病人亦应注意检查尿常规，观察血压变化与尿蛋白增减的关系，以便医师鉴别是肾脏病引起的高血压，还是高血压导致的肾脏损害。

3. 尿少或无尿

成人24小时尿量少于400毫升（或每小时少于15 ~ 20毫升）叫少尿，少于100毫升叫无尿。此时肾脏已不能从尿液中排出人体的代谢废物和毒素，无法调节水、电解质和内环境的稳定与平衡，应紧急找医生诊治。

4. 多尿及夜尿

每昼夜尿量超过2500毫升称多尿。如果没有饮水过多、没有使用利尿药物、没有患糖尿病、没有垂体系尿崩症等肾脏以外的因素，则多尿是肾小管浓缩功能不全的表现。正常人日夜排尿量有一定规律，日间尿量应多于夜间，其比例为2.3 : 1，夜尿不应多于750毫升。若夜尿增多，日夜尿量之比发生改变，亦是肾小管浓缩功能减退的表现。若进行检查可发现尿比重及尿渗透浓度降低，中医认为这种现象的产生是肾气虚弱、下元不固、摄纳无权所致。

5. 尿 频

尿频是指小便次数多,但每次的尿量却很少,尿急是指憋不住尿;尿痛指排尿时尿道口及小腹胀痛,多见于膀胱炎。

6. 血 尿

是血液经损伤的肾小球、肾小管或混入尿液造成。如出血量多,不需辅助工具,肉眼便可察觉者称肉眼血尿;出血量少,肉眼看不见,需离心沉淀之后取沉渣涂片,经用显微镜观察才能发现的称镜下血尿。一般认为肉眼血尿多见于结石、肿瘤等泌尿外科疾病,而镜下血尿多数为肾小球疾病引起。

7. 尿中泡沫增多

是尿中出现大量蛋白的表现,此时应做尿常规及 24 小时尿蛋白定量检查。

8. 腰 痛

阵发性的剧烈腰痛,甚至沿侧腹部向会阴大腿内侧放射,或伴呕吐,称为"肾绞痛",多见于肾盂结石或输尿管结石,此时要观察有无血尿,肾盂肾炎时,腰痛常伴发烧,肾区(背部二侧肋脊角处,即背腰处)有叩击痛,尿检可发现白细胞增多,尿培养有细菌生长。肾小球疾病时多数只有腰部不适、隐痛、或仅感腰酸。

9. 其 他

如出现精神委靡、食欲不振、肢软乏力,面色苍白、贫血等,应考虑慢性肾功能衰竭的可能,宜及时做血、尿的有关检查。

第四节　肾脏病的征兆及自我检查

对照肾脏病的症状，可以从以下几方面进行自我检查，做到心中有数，防患于未然。

1. 有没有浮肿

浮肿是内脏异常的一种警告。

（1）有可能是急性肾炎

得了感冒之后，两周内要注意：脸上的小皱纹不见了，眼部周围细小皱纹是否因浮肿而不见了；小腿骨的部分用手指去压，手指压凹陷处，很久才会恢复。

（2）可能是肾硬化综合症或肾功能不全

脸和脚、腹部、肋膜等水分积留，造成全身浮肿；胸水积存、腹水滞留。

（3）可能是妊娠中毒

2. 排尿有没有异常

排尿异常应早做检查，可为肾脏病早期发现。一日的排尿量（1000~1500毫升），次数（4~8回）正常。

（1）频尿　常有频尿的尿意，但排尿量很少。可能是膀胱炎或肾炎、前列腺或尿道有问题。

（2）乏尿　一日400毫升。急性肾炎、肾硬化症候群或急性肾功能不全等。

（3）多尿　一日2500毫升以上，可能是慢性肾脏炎、糖尿病等现象。

(4) 夜间多尿　夜间要上好几次厕所，有可能是慢性肾脏炎或前列腺肥大等。

(5) 尿崩症　排尿量一日在 5000～10000 毫升的话，大约每 30 分钟就要上一次厕所。

(6) 蛋白尿　和肾脏病的关系很密切，但是蛋白尿严重的程度不能作为判断疾病轻重的指针。生理性的蛋白尿和疾病无关，剧烈的运动之后、酷寒之时或情绪激动之后，有此现象，并非肾脏病的症状。

(7) 血尿　是非常重要的肾脏病的症状。

（肉眼可见的血尿）可以直接目测的血尿，（显微镜的血尿）在显微镜下才可看得见尿里含有血，是肾炎、肾癌、膀胱炎、结石等症状。

扁桃腺每次发炎就出现血尿，这种是年轻人的一种免疫球蛋白 A 型肾炎，或是一种目前原因不明的特发性肾出血。

(8) 尿的颜色　正常尿液是淡啤酒色而且是透明的，如果尿液是混浊的颜色，那么就有几种可能：

① 混了细菌。

② 混了红血球或白血球。

③ 有大量结晶。

(9) 浓尿　白血球增多，尿液混浊，有可能是膀胱炎或急性肾盂肾炎。

3. 腰或背疼痛吗

要注意腰或背部、下腹部的疼痛感！

(1) 腰部有沉重感　水肾症或囊胞肾等，肾脏会慢慢肿大。

（2）腰部、背部疼痛　肾结石在尿道中通过时，肾盂肾炎或急性肾脏炎时，肾脏忽然急肿涨，就会出现剧痛。

（3）排尿时剧痛　可能是尿道炎。

4. 有疲倦或头疼的现象吗

疲倦和浮肿是肾脏病的征兆。

（1）在感冒或扁桃腺炎的1~2周之后，全身无力，开始头痛，可能是得了急性肾炎。

（2）浑身无力又浮肿，脸色也不好，小心可能是慢性肾脏炎。

（3）突如其来的头痛，可能是肾脏病造成的高血压。若头痛、眼花、心悸、失眠要赶快去看医生。

（4）浮肿或脸色不好看，也可能是慢性肾炎。

5. 脸色是否不好看

脸色不好、印堂发黑就得注意了！

（1）脸色青白，皮肤没光泽，可能是浮肿和贫血造成的，可能是急性肾脏炎及肾硬化症候群。

（2）皮肤发黑、浮肿，可能是肾脏病正在发病，肾功能降到正常的10%以下，肾量减少，体内毒物排不出去，造成积留。

6. 看近物吃力吗

连看报上的字都觉得吃力，就得去检查！

（1）平常要注意视力的变化。

（2）肾脏病发病中会造成视力障碍。

（3）视力障碍的形成是肾脏病造成血压上升，影响到视网膜，以致眼底发生变化。

第五节　肾脏病寻医问药常识

一、水肿是否都是肾脏病

　　肾脏病人可以出现水肿，但肾脏病人也可没有水肿。水肿是肾脏病的症状，但也是一些肾外疾病的常见症状。引起水肿的疾病除肾脏病外，还有心脏病、肝硬化、重度营养不良，所以要进行相应的检查才能最后确定。肾脏病中又以肾病综合征、部分慢性肾炎综合征及急性肾小管坏死的少尿期易于发生水肿，而慢性肾小管疾病、慢性肾间质疾病、肾盂肾炎等一般不肿。肾功能衰竭时，如果肾小球损害为主，也常发生水肿，但当肾小管对原尿中水分的重吸收能力降低，出现多尿，夜尿增多，也可不发生水肿。所以水肿不能作为肾脏病病情轻重的标志。

二、水肿越重，是否肾脏病越重

　　引起肾性水肿的原因较为复杂。可为：

　　（1）肾小球滤过率下降，但球－管失衡，即肾小管重吸收功能相对正常；

　　（2）肾素－血管紧张素－醛固酮系统激活致水钠潴留；

　　（3）大量蛋白质丢失致血浆胶体渗透压降低，水分从血管内选出。总之，水钠潴留和水分跑进组织间隙是造成肾性水肿的基础。

　　有些慢性肾脏损害，尽管肾组织破坏很重，但肾小管重吸收水分的能力降低更明显，此时，即使肾小球滤过率已降得很低，由于肾小管重吸收能力比肾小球滤过率更差，没有水钠潴留，所以病人可以没有水肿或水肿很轻。在某些肾脏损害并不太重的肾病综合征病人，此时肾脏的病理改变仅为微小病变，基底膜损害的电荷屏障为主，但由于大量白蛋白丢失，使病人血浆胶体渗透压下降，水分移向组织间隙。同时由于水分外移，血容量下降，激活肾素－血管紧张素系统，致水钠潴留。这种病人水肿严重，可出现胸水、腹水或心包积液，像个大"水袋"。但经激素等药物治疗，可以很快恢复。

由此可见，虽然肾性水肿的基础都是水钠潴留和水分移向组织间隙，但由于其产生水肿的侧重点不同，水肿的程度也不完全一致。而这种程度的不同与肾脏病变的程度没有必然的相关性。也就是说水肿的程度与肾脏损害的程度之间没有直接关系。

三、腰痛是否肾脏有病

"腰为肾之府"，意思说腰部是肾脏的府宅，所以腰痛必然会很自然地想到是否肾脏有病。肾脏位于腰部后腹膜中，所以当肾盂或输尿管梗阻、肾动脉栓塞、肾体积急性增大或有化脓性炎症时，均可出现剧烈的腰痛。但在慢性肾炎、肾病综合征等内科肾脏病人，往往只有腰酸不适，很少出现剧烈腰痛。值得注意的是，其他疾病亦有出现腰痛的，如腰椎骨疾病、腰肌疾病及妇女盆腔疾病等。前者腰痛多与活动、持重及体位有关，后者则伴有妇女病的其他症状。

四、肾脏病患者定期做尿液检查的好处

在肾脏疾病中，有的表现出明显水肿、高血压、肉眼血尿等症状；有的却无明显症状表现，仅有蛋白尿和镜下血尿。前者容易引起患者的注意，得到了及时的治疗，后者只有做尿液检查才能被发现，往往被患者所忽视，耽误了治疗时机。也有的患者曾有过肾炎病史，经治疗休息后，尿检为阴性，以后再没做尿检。在门诊上有不少患者来就诊时，已发展成慢性肾功能衰竭，到了肾脏疾病的晚期，治疗颇为困难，而自述发病病史不清楚，这些都是没有做定期尿液检查所造成的不良后果。因此无论是正常人还是曾经有肾脏病的患者，定期做尿检都是非常必要的。

（1）对于一般人来说，通过尿常规检查，看看有没有蛋白尿、红细胞、白细胞等，可及时地发现肾炎和肾盂肾炎等。

（2）对于曾经有过肾脏疾病的患者，尿检次数更要勤些，看看是否有反复。

（3）对于正患有肾脏疾病的患者，定期尿检则更为重要，血尿和蛋白尿的增减可以反映肾小球的修复或破损情况。持续性的血尿说明肾小球基底膜的破损一直存在。一般要求患者每周做 1~2 次尿常规检查，1 次 24 小时尿蛋白定量，并定期做尿比重、尿渗透压等多项检查，以监测肾功能情况。

（4）对于一些高血压病、糖尿病患者经常做尿检也非常重要，可以了解这些疾病是否已累及肾脏。总之每个人都要懂得一定卫生知识，定期做一些身体检查，争取有病早发现早治疗。

五、肾脏病病人的尿化验应做哪些项目

肾脏的重要生理功能是生成尿液，因此尿液中的变化，对于反映肾脏的生理与病理具有很大的作用，是诊断肾脏病的重要指标。一般来说，肾脏疾病大都有尿液的改变。肾脏病人进行尿液检查的项目，除尿蛋白、尿量、尿红细胞等化验外，还必须做以下一些化验，有助于诊断和鉴别诊断。

（1）尿比重　采用尿比重计进行测定。正常尿比重波动在1.015～1.025之间。早晨尿比较浓缩，因此比重较高，常在1.020以上。尿比重与尿中所含溶质的量成正比，当尿中含有过多的蛋白质、尿糖时，测出的比重值较实际尿比重高，因此必须进行校正。校正方法是，尿蛋白每增加1克/分升，所测的尿比重应减去0.003；尿糖每增加1克/分升，所测的尿比重应减去0.004。尿比重还受尿量、气温、测时室温的影响。当大量饮水，尿量增多时，尿比重减低；当高温，汗出较多时，尿量减少，尿比重增高。测尿比重时，因新鲜尿温度常高于室温，故一般在30分钟后测定。如果室温与比重计上的标准温度不一致时，测出的尿比重亦应当校正，即室温每高于标准温度3℃时，将所测得的尿比重加0.001；当温度每低于标准温度3℃时，将所测得的尿比重减0.001。尿比重可以反应肾脏的浓缩功能，当尿比重固定在1.010±0.003时，称为等强尿或等渗尿，说明肾小管浓缩功能严重受损或丧失。凡是可以影响尿中溶质的变化，或导致尿量改变的疾病，其尿比重都会出现相应的变化。

（2）尿酸碱度（pH）　常用pH试纸或pH计来测定。正常尿一般为弱酸性，pH为6.5左右，由于饮食等的影响，有时可是中性或弱碱性。在疾病或用药时，可出现酸性尿或碱性尿。当肾小管酸中毒时，尽管酸中毒很严重，但尿 pH 并不相应地降低，这对诊断具有重要的意义。

（3）尿沉渣检查　所谓尿沉渣是指尿液进行离心后，弃其上清液而留下的沉渣。尿沉渣除了检查红细胞之外，还应进行以下几项检查：

① 管型：管型是蛋白质在肾小管中凝固而形成的柱状物，其大小及粗细程度，取决于形成的部位。尿中有大量管型时，说明肾实质有病理性改变。在剧烈运动、心功能不全，高烧、使用麻醉药时，尿中可出现少量透明管型。管型多在远端小管中形成，若在集合管中形成，其管型较一般管型大几倍，多在慢性肾功能不全时见到，故又称为肾衰管型。透明管型是由肾小管上皮细胞分泌的 Tamm－Horsfall 蛋白凝固而成，在肾脏病人的晨起浓缩尿中多见。当管型中嵌入细胞成分时，称为细胞管型。主要有红细胞管型、白细胞管型、上皮细胞管型。红细胞管型中的红细胞若已崩解，呈红褐色的均质性的管型，又称为血液或血色素管型。凡尿中出现红细胞管型，说明肾内有出血病变，在各种原发性或继发性肾炎中均可常见，白细胞管型多见于急性肾盂肾炎、间质性肾炎。上皮细胞管型是嵌入肾小管上皮细胞而形成的，肾脏病损害及肾小管时，可以见到。有时在管型中可以见到多种细胞成分，称之为"混合细胞管型"。当细胞崩解形成颗粒而嵌入管型中形成的管型，叫做颗粒管型，说明肾内有淤滞，常见于急性肾小球肾炎、肾盂肾炎等。当慢性肾小球肾炎晚期、肾功能不全或肾淀粉样变性时，细胞管型在肾小管内长期留滞，或淀粉样变性的肾小管上皮细胞溶解，可出现蜡样管型，提示肾小管严重受损。在脂性肾病时，脂肪滴进入管型基

质中，可见到含有大量脂肪滴的"脂肪管型"。

② 细胞成分：尿沉渣检查时的细胞成分除红细胞外，还有白细胞、上皮细胞。正常离心尿每高倍视野白细胞不超过 5 个，当尿呈碱性时，白细胞易被破坏，这在检查时应当注意。当白细胞形态发生改变且细胞内含有许多颗粒，内部结构不清时，称为"脓细胞"。当尿中出现大量白细胞时，提示泌尿系感染如肾盂肾炎、尿道炎、膀胱炎等，肾小球肾炎、肾间质炎症、肿瘤以及尿路邻近组织炎症，或妇女白带等污染尿液时，尿中亦可见异常数量的白细胞。正常尿中亦可有少量上皮细胞，当泌尿系统有病变时可以出现大量上皮细胞，根据其形态不同，可以判断病变的部位。如小圆上皮细胞在肾小管病变时多见；尾状上皮细胞在肾盂、输尿管、膀胱、颈病变时见之；扁平上皮细胞（鳞状上皮细胞）在膀胱、尿道病变时可以增加。为了更准确地进行尿沉渣中细胞成分的定量检查，目前方法比较多，如每立方毫米尿内细胞计数、1 小时白细胞排泄率计数等检查方法。而最常用的是爱迪氏计数（12 小时尿细胞计数），测定夜间 12 小时浓缩尿中细胞成分、管型等。正常时爱迪氏计数红细胞为 0~50 万；白细胞应少于 100 万；透明管型少于 5000。

③ 结晶：尿中结晶与尿的 pH 有关，检查尿中是否有结晶及其性质，主要对泌尿系结石的诊断有一定意义。

（4）尿糖　正常尿中仅有微量的葡萄糖，定性试验呈阴性，24 小时尿糖定量在 100~900 毫克之间。尿糖增高在肾脏病中，主要因为肾小管受损，对糖的重吸收功能减退，肾糖阈值下降而引起。

六、肾脏病人应注意哪些方面的检查

对肾脏病患者来讲，尿常规检查固然重要，但重要的检查却不只是尿常规。事实上，尿蛋白量的轻微波动（"＋"～"＋＋"之间）或细胞几个至十几个的差别并无任何意义。肾脏病人除尿常规检查外，更应定期检查肾功能，才能了解病情的现状和发展趋势，以利制订治疗对策。很多全身性疾病可以引起继发性肾脏损害，肾脏病时（特别是尿毒症晚期）又常有心、肺等其他器官的严重损伤，因此，肾脏病人就医时还应重视全身各器官的检查。高血压常是肾脏病病情恶化的主要因素之一，故应定期检测血压。若血压增高，宜将其控制在正常范围。

七、肾脏病患者为什么要预防流感

流感是由流感病毒引起的。一般认为流感对肾脏有一定影响，可导致肾病变。一方面流感病毒可直接侵犯肾组织，另一方面亦可以病毒为抗原而引起免疫复合体性肾炎。在流感大流行时节，临床上可以发现部分患者有血尿和蛋白尿。由于肾小球中有免疫复合体沉着，引起小血管及毛细血管损害，导致通透性增加。

流感不仅能引起肾脏病变，而且对于已患肾脏病的患者，又能使病情加重，以致病情难以控制，如使蛋白尿、水肿加剧，对肾功能不全患者可以导致肾衰、心衰。因此肾脏病患者预防流感，对肾小球疾病的发病和预后都有着极为重要的意义。

八、为什么肾脏病患者要重视高血压

高血压可以出现在急、慢性肾炎，肾病综合征，慢性肾衰等多种肾脏疾病过程中，其比例相当高。随着病情的发展，在肾脏疾病中后期，伴有高血压的比例会更多。慢性肾衰大约80%的患者出现程度不等的高血压。要重视高血压还不仅仅是由于它的发生率很高，更主要的是由于高血压对肾脏的不良影响，突然或持续性的血压升高，很容易导致血肌酐和血尿素氮的升高。高血压时，肾动脉血压升高，肾灌流量增加，肾小球滤过率增高，肾小动脉痉挛，加速了肾小动脉和肾小球的硬化及肾功能损害，因此通常把高血压作为肾功能恶化的重要诱因。

近年来，对高血压认识的深入和治疗手段、方法的改进，肾性高血压的治疗已不是一个十分棘手的难题。只要我们对它慎重对待，必将对肾脏疾病治疗和康复起到积极作用。此外在治疗肾性高血压时要注意保持血压的稳定，血压忽高忽低对肾脏功能更为不利。慢性肾功不全患者的血压最好维持在18. 7/12千帕（140/90毫米汞柱）。

九、肾脏病妇女能否怀孕

原发性急性肾炎经过治疗已痊愈，妊娠一般没有什么危险。但是最好在急性肾炎临床表现消失3年后才妊娠，这时就会更安全了。肾病综合征如果无高血压，肾功能正常时可以妊娠。当然妊娠时会有蛋白尿增多，但肾脏病本身一般不会恶化。如果血中的白蛋白明显降低，有可能引起胎儿体重不足或早产。此外，有些肾病综合征的病人，妊娠容易发生血栓形成，从而引起其他部位的病变。慢性肾小球肾炎的病人当发生高血压或轻度氮质血症的时候，如果妊娠，容易发生妊高征，也容易引起胎儿死亡。因此决定是否能怀孕要慎重。如果在妊娠的早期就出现妊高征症状。应该中止妊娠，因为即使继续妊娠，胎儿多难存活，而且会使原来的肾脏病恶化。IgA 肾病临床上主要表现为血尿者，在妊娠时容易发生高血压。如果怀孕，应该十分注意监护，定期到医院检查。一些全身性疾病引起的肾脏损害，如糖尿病性肾病，在妊娠时一般不会引起肾病恶化。但是容易发生高血压和妊高征，也容易引起胎儿死亡。因此糖尿病肾病的病人对怀孕要慎重考虑。患狼疮性肾炎病人可以怀孕和生儿育女，但应该很慎重，要在病情完全缓解后一年，经医生的同意才能怀孕，在整个妊娠期，应有肾科医生严密监护和给予适当治疗。

总的来讲，肾脏病人如有下面几种情况时怀孕要慎重：

（1）血压增高的病人，妊娠时容易产生某一些合并症，例如心力衰竭等，病人一般不能承受妊娠。

（2）肾功能中度的损害，血肌酐为 123~265 毫摩尔/升，此时妊娠，原有的肾脏病和肾功能会恶化；如肾功能严重的损害，血肌酐超过 265 毫摩尔/升，血尿素氮超过 11 毫摩尔/升时，禁止怀孕。

那么，有些妇女患了肾脏病又想怀孕时该怎么办呢？首先要了解自己的病情是否能耐受怀孕，如果你的病情是稳定的，血压和肾功能也正常，而且你渴望生一个孩子，你可以到肾科医生那里，征询是否可以妊娠，而且怀孕后应定期去医院检查，到怀孕 32 周后，应每周去医院检查一次。主要检查尿常规、血压、肾功能和胎儿情况。如有血压增高，要卧床休息，如果肾功能下降，则要中止妊娠。

十、肾脏病人的用药应注意哪些问题

肾脏病人的用药更须注意，因为肾脏是排泄药物的主要器官。用药应由医生掌握，然而病人对药物知识略知一二，也可保护自己。选用药物时一定要很好地了解药物的性能、剂量及药物对身体的损害。

每100克肾组织每分钟流过血液量竟达300～400毫升，故血液中的毒物对肾脏的影响甚大。同时，各类毒物随血液到达肾小球，经滤过后在肾小管内浓缩、排泄、代谢，也容易造成肾小管及肾间质的损害。此外，肾脏内皮细胞的表面积很大，特别是肾小球，故接触有毒的药物及其代谢产物的机会也多。对已患有肾脏病的人，凡药物本身或其代谢产物须经肾脏排泄的，应更加注意，在肾功能已受损害时，应按肾功能减退情况相应地减少这类药物用量，以免药物或其代谢产物在血中积蓄以致中毒。最好在医生的指导下用药。

肾脏病人应慎用以下药物：抗生素类药物中的新霉素、庆大霉素、丁胺卡那霉素、妥布霉素、链霉素以及某些先锋霉素、多黏菌素、万古霉素、两性霉素、磺胺类、四环素类等。有些药物虽然本身没有肾毒性，但因病人对这些药物过敏，也可引起肾损害，如：新型青霉素可引起急性过敏性间质性肾炎，表现为发热，皮疹，嗜酸性白细胞增多，少尿及肾功能减退等。

还有常用的感冒药、止痛药，若长期使用可阻抑肾小管细胞的酶的活动，发生直接肾小管毒性作用，有时还会引起肾组织的过敏反应，故有肾实质疾病的病人，使用这类药物也应慎之又慎。

十一、肾脏病人应慎服的中药

麦芽将造成孕妇退乳汁、甘草容易造成血压上升、红枣不利肾脏病人、银杏与阿司匹林合用容易造成出血不止、低血压禁用生决明子、肾脏病患应慎服百草茶、孕妇禁用薏仁，这些中药知识你知道吗？

现在许多老年人都流行吃银杏，虽然银杏叶具有血小板凝集抑制，及血管扩张、增加血流，预防老人痴呆、老化等作用，与此同时，许多老年人治疗慢性病中，医师常会开立含阿司匹林的药物治疗，而银杏若与阿司匹林合用，则会产生凝血时间延长而易造成出血不止。

大枣（红枣）具有补脾胃、镇痛作用，但可能会造成腹部膨满，且因含钾高，肾脏病人应慎用。甘草则具有清热解毒、肾上腺皮质荷尔蒙之消炎止痛，但它却容易使水分及纳离子贮留造成血压上升，同时钾离子流失会造成低钾血症、抽搐等症状，高血压患者应注意。

至于夏天常用的百草茶原料，包括夏枯草、金银花等，虽然具有清肝解热的功效，但都因药物本身含钾量高，所以肾脏病人应特别注意。

肾脏病人的食疗

☞ 肾脏病人的茶饮
☞ 肾脏病人的小吃
☞ 肾脏病人的菜肴
☞ 肾脏病人的主食

第一节　肾脏病的饮食调养原则

一、肾脏病的饮食调养原则

饮食是供给机体营养物质的源泉，是维持人体生长、发育不可缺少的条件，而饮食不当又是致病因素之一，因而合理适度的饮食可以增进健康，加速疾病的痊愈。根据肾脏病患者的特点，其饮食调养应注意以下几个方面：

1. 蛋白质的摄入量

对于慢性肾功能不全的患者需要限制蛋白质的摄入量，这样可减少血中的氮质滞留，减轻肾脏的负担，从而延缓慢性肾功能衰竭的进程。一般主张摄入蛋白质每日 0.4 ~ 0.6 克/千克体重，应选用优质蛋白质，如鸡蛋、牛奶、瘦肉等动物蛋白，其中含必需氨基酸较高，而且在体内分解后产生的含氮物质较少，植物蛋白质如豆制品、玉米、面粉、大米等含必需氨基酸较少，非必需氨基酸较多，生物效价低，故称为"低质蛋白"，应予适当限量。对于肾病综合征患者的蛋白质摄入量也有一定的要求，既不可严格控制蛋白质摄入量，又不可过分强调高蛋白饮食，因为血浆蛋白持续低下可使抵抗力下降，易发感染，水肿反复，加重病情，而高蛋白饮食可引起肾小球的高滤过，久之则促进肾小球硬化。目前主张肾功能正常的肾病综合症患者，每日蛋白质的摄入量以 1 克/千克体重为宜，而且要以优质蛋白为主。

2. 盐的摄入量

如果肾脏病患者没有水肿或高血压的情况不必限盐，可与正常人一样每日进盐 10 克，限制盐的摄入量主要针对水肿和高血压的患者，因为不限制盐可加重水钠潴留，使水肿难以消退，引起血压升高。一般每天，控制盐在 2 ~ 3 克，尿少，血钾升高者应限制钾盐摄入量。

限盐不只是使用于调味的盐，调味料或加工食品所含的盐分也要注意。要使用限制盐分的味精、酱油、调味汁、梅子、火腿、香肠、培根等制品。同时，忌食咸菜、酱菜、咸蛋、酱豆腐、榨菜等含钠多的食品。

3. 水的摄入量

肾脏病患者如果没有尿少水肿的情况是不需控制水的摄入量

的，水肿的患者主要应根据尿量及水肿的程度来掌握水的摄入量，一般而言，若水肿明显时，初进食以外，水的摄入量最好限制在500～800毫升/日较为适宜。患尿路感染之后，为避免和减少细菌在尿路停留与繁殖，患者应多饮水，勤排尿，以达到经常冲洗膀胱和尿道的目的。

尿路结石的患者也应大量饮水，因为尿量减少是尿路结石形成的主要原因之一。大量饮水可以冲淡尿晶体浓度，避免尿液过度浓缩，减少沉淀机会，一般要求每日饮水2400～3000毫升，使每日尿量保持在2000～2400毫升以上。尿量增多可促使小结石排出，同时尿稀释也可延缓结石增长的速度和避免手术后结石的再发。

4. 多食含丰富维生素的食物

新鲜蔬菜和水果是碱性食物，既能供给多种维生素，还能促进肾脏功能恢复。

5. 多食高热量食物

每天需要热量1800～2200卡，要有效利用少量的蛋白质，就必须吃高热量食品。

6. 多食清淡而有利尿作用的食物

有利于消肿作用的食物有鲤鱼、鲫鱼、羊奶、西瓜、冬瓜、绿豆、赤小豆等。西瓜皮煮水，利尿效果较好。

7. 限制钾

肾功能的降低会形成高钾血症，香蕉、橘子、蔬菜等要减量。

8. 忌食辛辣刺激食物

肾病患者应忌食辛辣刺激食物及海腥发物，如鹅、公鸡、猪头肉、带鱼、黄鱼等。

9. 其他宜忌

忌食煎炸食物，戒除烟酒，浮肿明显者宜多食萝卜、冬瓜、西瓜、黑豆、丝瓜等，兼见血尿者，宜食莲藕、白茅根、花生、茄子；伴高血压者宜食芹菜、菠菜、木耳、豆芽、玉米等。

二、肾脏病患者饮食宜忌

1. 肾脏病患者少吃杨桃

杨桃中含有一种水溶性物质，该物质可使患者体内产生神经毒性作用分子，肾脏病患者因肾功能障碍无法将此神经毒性作用分子排出，从而导致神经性中毒，造成神经系统障碍，出现意识不清及肢体麻木等症状。尽管也有部分患者食用杨桃后没事，但这可能与杨桃品种、病人状况及耐受性有关，但医学界人士还是强调宁可信其有，告诫患者少碰杨桃。

2. 慢性肾衰患者要禁食豆制品食物

慢性肾衰患者应进食有高营养价值的优质蛋白，但蛋白质的总摄入量要限制。而豆制品类食物属植物蛋白质，是低质量蛋白，它含非必需氨基酸的量高，而生物效价较低，故应严格禁食。

3. 肾脏病人可吃鱼、虾、蛋、肉类食物

鱼虾类食物，有的肾脏病人自觉不吃，认为对肾不好，其实，此类食物为优质蛋白，在有过敏性疾病如过敏性紫癜、紫癜性肾炎时因怀疑异性蛋白过敏或有鱼虾过敏史者须慎用，一般是不需禁忌的。鱼、虾、蛋、肉类食物含丰富的动物蛋白，是人体细胞、组织主要的构造材料，对人体十分重要，进食含蛋白食物后肝脏分解，肾脏排泄，所以当肾脏功能下降时，要适当减少蛋白摄入量，以既

满足人体代谢营养需要，又不增加肾脏负担为原则。有的患者肾脏病并不严重而不敢吃蛋白，或病情需限蛋白时而不在乎都是不正确的。

第二节 食疗方案

食疗药膳是中医学中的重要组成部分，对调理和治疗慢性病，改善某些肾脏病的临床症状具有良好的效果。药膳有性味的不同和治疗作用的不同，其应用不是针对西医的病，而是针对中医的症。

也就是说，病人在选择药膳时，应在医生指导下，选择适合自己病情的药膳处方，即"辨证施膳"。

中医理论认为：医食同源，食物安排得好，也可以治疗疾病。唐代孙思邈《千金要方》说："凡欲治病，先以食疗，……后乃药尔。"就非常强调疾病的饮食治疗。因为饮食既可以补充人体的营养物质，提高患者的抗病能力，又各具补益和治病的特殊性能，所以，饮食得宜，可以调整人体脏腑功能，调补阴阳、扶正祛邪，起到一定的治疗作用。肾脏是人体的重要脏器，肾脏病从临床上看以本虚标实为多见，肾精的亏损、肾气的不足，可造成机体抗病能力下降，全身营养不足，水液代谢的异常、免疫反应性损害、凝血机制的障碍，又可表现为水湿内聚、湿热、热毒蕴结、淤血凝滞、浊毒内停等标实症候。因此，通过饮食治疗，一方面补充肾气、增加营养、提高抵抗力，一方面通调尿道、祛邪化滞是十分必要的。

现代营养学的观点认为，由饮食摄入的营养素包括糖、脂肪、蛋白质、维生素、水和无机盐等。其中，前三者是人体能量的主要来源，而维生素等也是人体不可缺少的。水分每日每千克体重大约需要30毫升，钠每日大约需要100毫摩尔/升（5.9克食盐），钾每日需要60毫摩尔/升（4.5克氯化钾），镁每日需要4~10毫摩尔/升（1~2.5克硫酸镁）。这些营养素都需要通过饮食摄入。而肾脏病患者水肿，是水钠排出减少，导致水钠潴留所致，所以饮食必须减少钠的摄入，采取低盐饮食甚至无盐饮食。而肾病综合征患者由于大量的蛋白尿，降低了血浆蛋白，血浆胶体渗透压降低，液体由血浆渗到组织间，产生水肿，治疗当补充蛋白，饮食方面可适当增加优质蛋白，古方鲤鱼汤、黑鱼汤即是较好选择。另外，肾脏病尤其肾衰患者常表现为水电解质紊乱，酸碱平衡失调，此时的饮食治疗也非常重要。慢性肾衰病人一般要求优质低蛋白饮食，既要适当限制植物蛋白的摄入，又要充分供应牛奶、鸡蛋等优质蛋白，否则必增加肾脏负担，升高血清肌酐、尿素氮，加速肾衰发展速度。而水电解质紊乱表现为低钾者，应鼓励进食含钾丰富的食物，如肉类、蔬菜、水果、豆类；表现为高钾者，则限制含钾丰富的食物，可吃蛋类，鸡蛋含钾较低，米面类食品含钾也不太高。表现为低钙高磷者，饮食安排可多喝牛奶等含钙高的饮食，而限制动物内脏、干果类、沙丁鱼等含磷高的食品。总之，应注意通过科学合理的饮食安排，减轻肾脏负担，调理机体脏腑功能，以纠正水电解质紊乱，酸碱平衡失调。

具体到中医食疗方，包括茶饮、药粥、药膳等。临床上具体选用食疗处方时，也当遵循中医辨证论治的精神，辨证用膳。这样才能增强食疗的针对性，提高食疗效果。

（一） 茶 饮

茶饮是将天然药物或食物与茶叶配用或代茶冲泡、煎煮饮用，以治疗疾病或保健养生。茶饮治疗是我国人民和医家在长期同疾病作斗争的过程中，不断实践、充实和发展而形成的独具特色的治疗方法。运用药茶疗法防治疾病，历代均有记载。由于药茶具有简便省时、价格适宜、疗效确凿、用药量少、携带方便、服用及时、副作用少等优点，它已开始进入千家万户，深受广大群众和患者的欢迎。茶饮疗病，患者乐意饮用，并可不拘时间，随时泡服。同时，茶的温度容易控制，可以根据病情选择恰当的服用方法。从疗效上看，药茶的有效成分溶出量大，药液质量好，宜于临床使用。正由于药茶具有方便、有效、天然、节约的优点，而且既有针对性，又有灵活性，所以也就决定了药茶在临床运用上的广泛性，受到了人们的普遍欢迎。

黄芪红茶

【组成】黄芪 20 克，红茶 1 克。

【制法】黄芪加水 500 克煎煮 5 分钟，去渣取汁，加入红茶即得。

【功效】补气升阳，利尿退肿。适用于慢性肾炎。

【用法】每日 1 剂，分 3 次温饮。

蚕豆壳冬瓜皮茶

【组成】蚕豆壳 20 克，冬瓜皮 50 克，红茶 20 克。

【制法】将蚕豆壳、冬瓜皮洗净，与红茶一同放入锅中，加水 1500 克，煎煮成 500 克，去渣取汁。

【功效】健脾除湿，利尿消肿。适用于慢性肾炎水肿。

【用法】代茶频饮。

玉米须茶

【组成】玉米须 100 克，冰糖适量。

【制法】将玉米须洗净放入锅中，加入清水和冰糖，煎汤。

【功效】利尿泄热，降压。适用于肺结核，慢性肾炎和早期高血压。

【用法】代茶频饮。

白茅根茶

【组成】鲜白茅根 90 克。

【制法】将白茅根洗净，放入锅中，加水煎汤。

【功效】凉血解毒，清热利尿。适用于肾炎水肿。

【用法】代茶饮。

养肾茶

【组成】黄芪 15 克，丹参 10 克，山楂 10 克。

【制法】将黄芪、丹参、山楂用凉开水洗一下，放入茶杯中，沸水冲泡。

【功效】活血化淤。适用于慢性肾炎肾功能轻度减退。

【用法】每晚睡前 1 小时代茶饮服 1 小杯。

乌鱼茶

【组成】鲜乌鱼 1 尾约重 500 克，茶叶 200 克，茅根 500 克，冬瓜皮 500 克，生姜 50 克，红枣 300 克，冰糖 250 克，葱白 20 克。

【制法】将茶叶、茅根、冬瓜皮、生姜、红枣加适量的水，熬煎成汤，去渣后浓缩至 1000 克左右，放入去肠杂后的乌鱼，用小火煮至鱼熟烂，加入冰糖和葱白。

【功效】健脾补肾，利尿消肿。适用于慢性肾炎水肿。

【用法】汤代茶饮，吃鱼，每日 1 剂，分 3 次服完。

冬瓜瓢茶

【组成】冬瓜瓢 100～200 克。

【制法】将冬瓜瓢洗净，放入锅中，加水煎汤，去渣取汁。

【功效】利水退肿。适用于慢性肾炎水肿。

【用法】代茶饮。

西瓜糖

【组成】西瓜两大个。

【制法】（1）西瓜分成两半用汤匙挖出果肉。

（2）用纱布或布，将果汁控出汁。

（3）将果汁放入锅中，用小火煮至有红色沉淀物。

（4）3～4小时后，水分变少而出现糊状，要充分搅拌以免烧焦，冷掉后会变硬，所以比蜂蜜还稀时，火可关掉。

（5）放入冰箱可保存一年。

【用法】每天3次，饭前喝一大匙。

【提示】（1）西瓜几乎都是水分，拧果肉可拧出相当多的果汁。最好准备大一点的锅。

（2）夏天时可直接吃或榨汁喝，但会使身体变冷，所以体寒的人不可吃太多。将西瓜作成西瓜糖，夏天以外的时期也可食用。体冷的人可加热水喝。

【口感】具西瓜风味的麦芽糖感觉，喝起来既甜又好喝。

【功效】西瓜具有促进肾脏机能防止尿毒症的效果。容易浮肿的人或因肾炎而发热，排尿困难时很有效。

蚕豆皮热汤

【组成】蚕豆皮125公克，黑砂糖90公克，水1公升。

【制法】（1）蚕豆皮和黑砂糖放入锅中加水，中火煮到水剩一半。

（2）用纱布滤汁，去掉蚕豆皮。

（3）放入保存容器保存。

【用法】一天3次，一次喝20公克。空腹时加热服用。

【提示】蚕豆是春天的蔬菜，所以要在盛产期制作。蚕豆干燥后放置三年更好，皮和豆分别利用会更有效。

【口感】黑砂糖甜味很重，喝起来很顺口。

【功效】干燥后放置三年以上的蚕豆对消除浮肿有很好的药效。具有降低血压的效果，所以最适合肾脏病患者。

参元汤

【组成】人参6克，桂圆肉10枚。

【制法】用人参加桂圆肉加水，文火共煮。

【功效】人参（或西洋参）能益气健脾，桂圆肉养血安神。此方对慢性肾功能不全病人贫血、心悸怔忡者，有养血安神之功效。

【用法】代茶饮用。

参枣汤

【组成】人参6克，红枣6枚。

【制法】用人参加红枣加水，文火共煮。

【功效】人参（或西洋参）益气健脾，红枣健脾和胃。此方对慢性肾功能不全病人贫血者，有提高血红蛋白作用。

【用法】代茶饮用。

五汁饮

【组成】鲜藕500克,鲜梨500克,鲜生地500克,生甘蔗500克。

【制法】将鲜藕、鲜梨、鲜生地、生甘蔗一起切碎,以消毒纱布拧汁。

【功效】鲜藕功能清热凉血,鲜梨功能清心润肺化痰,鲜生地功能清热凉血,生甘蔗功能助脾健胃,此方用于慢性肾功能不全病人有鼻出血者。

【用法】代茶饮用,分2~3次服完。

(二) 主 食

花生粥

【组成】花生仁45克,冰糖适量,粳米60克。

【制法】将花生仁连红衣捣碎,与冰糖和淘洗干净的粳米一同放入沙锅,加水800克,用旺火烧开后转用小火熬煮成稀粥。

【功效】润肺和胃,祛痰止血。适用于慢性肾炎等症。

【用法】日服1剂。

白茅根粥

【组成】鲜白茅根250克,冰糖适量,粳米50克。

【制法】将白茅根云须和节间小根，洗净切碎，放入沙锅内，加水300克，煎至200克，再与冰糖和淘洗干净的粳米一同加水300克，煮至米花粥稠即成。

【功效】凉血止血，清热利尿。适用于慢性肾炎尿血等症。

【用法】每日温服2次。凡脾胃虚寒者不宜服用。

荠菜粥

【组成】新鲜荠菜250克，粳米100克。

【制法】将荠菜、粳米分别洗净，一同放入沙锅，加水1000克，用旺火烧开后转用小火熬煮成稀粥。

【功效】益气健脾，明目止血。适用于慢性肾炎。

【用法】日服1剂，分数次食用。

白果芡实糯米粥

【组成】芡实30克，白果10枚，糯米30克。

【制法】将白果去皮洗净后与淘洗干净的粳米、芡实一同入锅，加水500克，用旺火烧开后再转用小火熬煮成稀粥。

【功效】健脾除湿。适用于慢性肾炎、蛋白尿、水肿等症。

【用法】日服1剂，连服10天为一疗程。慢性肾炎有血尿素氮或肌酐升高者不宜食用，因其含非必需氨基酸较多。

绿豆猪肝粥

【组成】绿豆 60 克，猪肝 100 克，粳米 100 克，精盐、味精各适量。

【制法】将猪肝洗净切成片，与淘洗干净的绿豆和粳米一同入锅，加水 1000 克，用旺火烧开后转用小火熬煮，待粥熟后加精盐和味精调味。

【功效】消肿下气。适用于慢性肾炎、水肿等症。

【用法】日服 1 剂。

玉米山药粥

【组成】玉米粉 150 克，山药 100 克。

【制法】将山药上笼蒸熟后去皮切成小块，玉米粉用沸水调厚糊；在砂锅内放入清水，上火烧开，用竹筷拨入玉米糊，小火熬煮至熟后加入山药，一同煮成粥。

【功效】益肺宁心，调中开胃，利水消肿。适用于慢性肾炎水肿，小便淋漓涩痛等。

【用法】日服 1 剂。

鲤鱼汁粥

【组成】鲤鱼 1 条（重约 750 克），糯米 50 克，葱白、豆豉各适量。

【制法】将鲤鱼去鳞及内脏，洗净后放入锅中，加水炖煮至水减半时，去鱼留汤，与淘洗干净的糯米、葱白、豆豉一同入锅，用旺火烧开后转用小火熬煮成稀粥。

【功效】下水气，利小便。适用于慢性肾炎水肿等症。

【用法】日服1剂。

葡萄桑葚粥

【组成】葡萄干7克，桑葚干10克，薏苡仁7克，粳米50克，红糖适量。

【制法】以上前4味淘洗干净，一同入锅，加水500克，用旺火烧开后转用小火熬煮成稀粥，调入红糖。

【功效】健脾和胃，滋阴补肾，清热利尿。适用于慢性肾炎早期，伴食欲不振，尿少水肿。

【用法】日服1剂，分2次温热食用。

绿豆猪肝粥

【组成】绿豆60克，猪肝100克，粳米100克，精盐、味精各适量。

【制法】将猪肝洗净切成片，与淘洗干净的绿豆和粳米一同入锅，加水1000克，用旺火烧开后转用小火熬煮，待粥熟后加精盐和味精调味。

【功效】消肿下气。适用于慢性肾炎水肿等症。

【用法】日服1剂。

白术人参粥

【组成】白术 10 克，白参 3 克，茯苓 10 克，白糖 10 克，粳米 100 克。

【制法】将前 3 味加水煎汁，去渣后与淘洗干净的粳米一同煮粥，加入白糖调味。

【功效】生津止渴，利水渗湿，健脾补中。适用于慢性肾炎水肿等症。

【用法】日服 1 剂，早晚服食，7～10 天为一疗程。

大枣山药粥

【组成】小米、大枣、赤小豆、山药（鲜）、食碱。

【制法】小米、大枣、赤小豆、山药（鲜）各适量，加水共煮成粥，熬时加适量食碱。

【功效】慢性肾功能衰竭病人贫血服用，有健脾利水、和胃养血的功效。

【用法】可做主食，经常服用。

（三）小 吃

茯苓饼

【组成】茯苓粉 250 克，粳米粉 250 克，白糖 250 克。

【制法】将茯苓制粉后，加等量的粳米粉和白糖，用水调稠糊状，然后用小火烙成薄饼。

【功效】补气健脾，利尿消肿，宁心安神。适用于慢性肾炎水肿。

【用法】作点心食用。

五白糕

【组成】白茯苓50克，白扁豆50克，白莲子50克，白菊花15克，山药50克，面粉200克，白糖适量。

【制法】将白扁豆、白莲子、白茯苓、白菊花、山药磨成细粉，与面粉混匀，加水和面，再加鲜酵母揉匀发酵，发好后揉入白糖，上笼蒸约30分钟，熟后出笼，切成块状即成。

【功效】健脾除湿，利尿消肿，宁心安神。适用于慢性肾炎水肿。

【用法】作点心食用。

冰糖芡实莲子

【组成】莲子150克，芡实100克，冰糖50克，蜜桂花5克，食碱5克。

【制法】将莲子加食碱倒入开水中，打去皮，去污水。再加食碱和开水，打去残皮。莲子清水漂净，去两头及心，放入开水锅中烫3次，沥干。锅置中火上，放入莲肉、芡实加水烧开，撇去浮沫，溶入冰糖后炖1小时，加蜜桂花拌匀。

【功效】补脾益肾。适用于慢性肾炎等症。

【用法】作点心食用。

青梅核桃仁饺

【组成】青梅50克，核桃仁50克，面粉50克，果酱70克，冬瓜条50克，白糖10克，可可粉适量。

【制法】将青梅、冬瓜条分别剁成末。核桃仁洗净，捞出，沥水，剁成末，放入盆中，加入青梅末、冬瓜条末、果酱，搅拌均匀，即成为馅料。面粉放入另一盆里，加入可可粉，用热水和成面团，揉匀，放在案板上摊开晾凉，揉匀揉透，盖上湿布饧面片刻，再稍揉几下，搓成长条，揪成小面剂，压扁，再擀成圆形薄面皮。将馅料打入面皮里，包成圆球形，再用花夹子夹成核桃仁样花纹，即成蒸饺生坯。将饺子生坯摆入小笼里，上锅，旺火沸水蒸3～4分钟即熟，原笼垫盘，直接上桌。

【功效】补肾生津。适用于慢性肾炎等症。

【用法】作点心食用。

桑葚蛋糕

【组成】桑葚30克，女贞子20克，旱莲草30克，鸡蛋500克，白糖300克，面粉200克。

【制法】将桑葚、女贞子、旱莲草洗净后，加水煎熬半小时，去渣留汁。将药汁、鸡蛋、白糖、面粉和均匀，上笼蒸15分钟。每晚睡前服5克。

【功效】补肝益肾，滋阴养血。适用于慢性肾炎等症。

【用法】作点心食用。

桑葚蜜膏

【组成】鲜桑葚 100 克（或干品 500 克），加蜂蜜 250 克。

【制法】以鲜桑葚加水文火煎浓，加蜂蜜收膏。

【功效】桑葚有养血补肾作用，蜂蜜可润燥养血。此方用于慢性肾功能不全，肾阴不足、失眠烦躁者。

【用法】随时取用。

（四）菜 肴

黄芪鲤鱼汤

【组成】鲤鱼，茯苓，白术，泽泻。

【制法】鱼与茯苓、白术、泽泻入锅加适量水同煎，不入盐，沸后以文火炖 30 ~ 40 分钟，之后拣出药袋。

【功效】本方在消除蛋白尿、提高血浆蛋白、消除水肿诸方面有明显效果。

① 本方气味俱全，并配有血肉有情之品——鲤鱼，共奏益气、活血、利水、和胃之功。因为正气得以恢复，机体水液代谢复常，水肿不易复发。

② 鲤鱼为高蛋白食物，能提高血浆蛋白，对消水亦有所裨益。

③ 尿蛋白的减少似与黄芪的补气升阳作用有关，因肺脾之气

双补，治节有令，升降复常，清者升，浊者降，各行其道。

【用法】吃鱼喝汤，每周 1~3 次，疗程视病情而定。气阴两虚以气虚为主，水湿内停的临床表现是颜面及四肢浮肿，按之凹陷，尿量少而色清，神疲乏力身重，大便溏薄，短气懒言，口不渴，舌胖嫩，边有齿痕，色淡，苔薄白而水滑，脉沉细无力。患者水肿较甚时，应在服用利水药的同时，配用本方，若水肿消退后或留有微肿时，可单进本方以善后调理。需要指出的是慢性肾衰终末期，即尿毒症期的水肿不宜选用本方。再者有明显的呕恶纳呆时，暂不进本方，待脾胃稍作调理后再进，且宜每周 1 次。

虫草炖鸭

【组成】冬虫夏草 10 克，老公鸭 1 只，黄酒、生姜片、葱白段、胡椒粉、精盐、味精、鲜汤各适量。

【制法】将鸭宰杀去毛，去内脏，剁去脚爪，冲洗干净，在沸水锅内略焯片刻，捞出用凉水洗净。冬虫夏草用温水洗净泥沙。将鸭头顺颈劈开，取 8~10 个冬虫夏草放鸭头内，用棉线缠紧，余下的冬虫夏草同生姜片、葱段一起装入鸭腹内，放入盆子中。注入鲜汤，加入精盐、黄酒、胡椒粉，用绵纸封严盆子口，上笼蒸熟，出笼后揭去绵纸，拣去姜葱，加味精调味即成。

【功效】利尿滋阴，补肾健体。适用于慢性肾炎、长期有轻度蛋白尿以及肾功能损害者。

【用法】佐餐食用。

花生仁拌芹菜

【组成】花生仁 200 克，芹菜 250 克，精制植物油、食醋、精盐、味精、酱油、白糖、花椒油各适量。

【制法】将花生仁洗净沥干。炒锅上火，放油烧热，放入花生仁炸酥，备用。芹菜洗净切成 3 厘米长的小段，放入沸水锅中焯一下，用凉开水过凉，控净水分。将芹菜成圈状均匀地码在盘边上，花生仁堆放在芹菜圈中。另取一碗，放入食醋、精盐、味精、酱油、白糖、花椒油兑成调味汁，浇在芹菜上，拌匀即成。

【功效】凉血止血，降压祛脂。适用于高血压、高血脂症、血小板减少症、慢性肾炎及秋燥咳嗽、尿血等症。

【用法】佐餐食用。

黄芪鹌鹑

【组成】黄芪 8 克，鹌鹑 8 只，葱、生姜、黄酒、精盐、味精、胡椒粉、鸡汤各适量。

【制法】将黄芪用湿布擦净，切成薄片。鹌鹑宰杀后，去净毛，剁去爪，剖开腹部，除去内脏。冲洗干净后放入开水锅中焯约 1 分钟捞出，将黄芪分别放入鹌鹑腹内。葱切小段、生姜切片。将鹌鹑、葱、生姜、黄酒、精盐、胡椒粉、鸡汤一并放入沙锅内，放火上炖，直至鹌鹑炖烂，拣出黄芪、葱、生姜，放上味精即成。

【功效】补脾益气。适用于脾胃虚弱、食少倦怠、浮肿、慢性肾炎等病症。

【用法】佐餐食用。

糖醋鲤鱼

【组成】活鲤鱼1尾（重约250克），葱1克，生姜1克，蒜丝1克，笋尖5克，面粉40克，干淀粉40克，荸荠1个，精制植物油500克（实耗约50克），白糖40克，干黑木耳、酱油、精盐、黄酒、鲜汤、食醋各适量。

【制法】将黑木耳用开水发好，葱、生姜、蒜切成细丝，荸荠、笋尖切成薄片，淀粉用水调成水淀粉。将鱼剖杀洗净，抹干，再将鱼的两面用刀划成深约1厘米的刀口，用精盐撒在刀口处，稍腌，再把干面粉向各刀口撒匀，然后再把整条鱼的两面都沾满面粉。油锅加热，油热后将鱼下锅，炸透，使呈金黄色，取出滤油。锅中放少许植物油，放入葱、生姜丝、蒜丝，加入食醋，同时加进黑木耳及荸荠片、笋片、鲜汤、黄酒、白糖、水淀粉等，烧开成浓汁，快速浇在炸好的鱼上。

【功效】止嗽下气，利尿消肿。适用于肾炎水肿等病症。

【用法】佐餐食用。

莲子煲鹌鹑

【组成】鹌鹑7只，莲子50克，山药25克，桂圆肉25克，生姜1片，精盐适量。

【制法】将洗净的鹌鹑用凉水涮过，将适量的水煮沸，放下鹌鹑、山药、莲子、桂圆肉、生姜，煮开后改小火煲3小时，加精盐调味即成。

【功效】补益五脏。适用于慢性肾炎等症。

【用法】佐餐食用。

山药枸杞炖白鸽

【组成】净白鸽2只，山药15克，枸杞10克，白酱油、黄酒、味精、鲜汤各适量。

【制法】将白鸽的头、脚各斩一刀折向鸽身，然后将2只鸽排在一个汤碗中，加入山药、枸杞，再放入鲜汤、白酱油、黄酒、味精，盖好并用绵纸封口放进锅中，加适量的水用旺火炖至熟烂取出即成。

【功效】补虚健脾，补气益肾。适用于慢性肾炎等症。

【用法】佐餐食用。

砂仁鲫鱼

【组成】砂仁5克，鲫鱼1尾（重约300克），麻油、精盐、淀粉各适量。

【制法】将鲫鱼除去鳞甲及内脏，洗净，再将砂仁末、麻油、精盐拌匀，纳入鱼腹合拢，用淀粉密封刀口，入碗内，加适量的清水，并用碗盖紧，隔水炖熟即成。

【功效】醒脾开胃，利湿止呕。适用于慢性肾炎等症。

【用法】佐餐食用。

莴苣炒木耳肉片

【组成】莴苣400克，水发黑木耳15克，瘦肉片100克，麻油20克，精盐3克，味精2克，黄酒4克，湿淀粉20克，鲜汤150克，精制植物油250克（实耗约20克），葱花5克，生姜末3克。

【制法】将莴苣去皮洗净，顺长剖成两半，切成象眼片，用开水烫一下，过凉水控干水分。黑木耳泡发，择洗干净。撕成小片。肉片放入盆内，加入湿淀粉10克、精盐1克上浆，用热锅、温油滑开，捞出待用。将麻油放入锅内，葱花、生姜末炝锅，投入莴苣、黑木耳翻炒几下，加入鲜汤、精盐、黄酒，待开时加入肉片、味精，用湿淀粉勾芡即成。

【功效】清热利尿。适用于慢性肾炎水肿等症。

【用法】佐餐食用。

猪髓扒菜心

【组成】猪脊髓10条，油菜心10棵，鲜汤500克，精盐、黄酒、味精、白糖、葱段、生姜片、胡椒粉、湿淀粉、鸡油各适量。

【制作】将猪脊髓洗净，放入沸水锅中焯一下，捞出。锅中放鲜汤250克，加入精盐、葱段、生姜片和黄酒，将猪脊髓放入汤内，用旺火烧开后转用小火煨5分钟，捞出晾凉，除去筋皮，轻轻剥出脊髓。将油菜心洗净，放入沸水锅中焯透，捞出控去水分，整齐地码在盘中。再将锅上火，放油烧热，放入葱、生姜煸炒，烹入黄酒，加入鲜汤250克、精盐、白糖、胡椒粉，调好口味。将脊髓、油菜心放入锅内，汤开撇去浮沫，用小火烧 5 分钟，转用旺火收汁，淋入湿淀粉，顺锅边淋入葱姜油，转动炒锅，待淀粉熟透，淋入鸡油，整齐地盛入盘内即成。

【功效】滋阴补髓。适用于慢性肾炎等症。

【用法】佐餐食用。

刀豆炒腰花

【组成】刀豆 250 克，猪腰子 1 副，黄酒、精盐、味精、白糖、葱、生姜各适量。

【制作】将刀豆撕去筋，洗净并切成片。猪肾撒去衣膜，居中对剖去腰臊，用沸水淋冲后剞花刀切成薄片，加黄酒、精盐腌 15 分钟，拌上湿淀粉。炒锅上火，放油烧热，先爆葱、生姜，再下腰片滑熟盛起。刀豆下油锅煸炒至透，加适量的水煮沸，调味再焖煮 3 分钟，下腰片拌和，用湿淀粉勾薄芡，出锅即成。

【功效】温中下气，益肾补元，壮阳固精。适用于慢性肾炎等病症。

【用法】佐餐食用。

木耳拌瓜皮

【组成】西瓜皮 500 克，黑木耳 30 克，精盐、味精、白糖、麻油各适量。

【制作】将西瓜皮外表的硬皮削去，洗净，沥干后改刀切成片，放入碗中，加入精盐拌匀，腌渍 10 分钟左右，沥去水分。将木耳用温水泡发后，再用开水略烫，沥干水分。将西瓜皮、黑木耳放入盘内拌匀，加入少许精盐、味精、白糖、麻油，调拌均匀即成。

【功效】清热解暑，利尿消肿。适用于慢性肾炎水肿等症。

【用法】佐餐食用。

韭菜炒核桃仁

【组成】核桃仁 60 克，韭菜 150 克，精盐、味精、精制植物油各适量。

【制作】将核桃仁下油锅炸黄，再加入洗净切成段的韭菜，炒熟，调入精盐、味精即成。

【功效】补肾助阳，益智强身。适用于慢性肾炎等病症。

【用法】佐餐食用。

清蒸茄子

【组成】无籽嫩茄子 500 克，酱油、麻油、味精、蒜蓉各适量。

【制作】将茄子两头切去，隔水蒸熟，再撕成粗条，然后切成 5 厘米长的段，装入碟中，再将酱油、麻油、味精、蒜蓉放入碗中拌好，浇在茄子上即成。

【功效】清热消肿，利尿解毒。适用于慢性肾炎等病症。

【用法】佐餐食用。

洋葱炒羊肉

【组成】羊肉 200 克，洋葱 100 克，生姜丝 10 克，花椒 10 粒，辣椒 5 克，精盐、黄酒、味精、食醋、精制植物油各适量。

【制法】将羊肉洗净切成丝。炒锅上火，放油烧热，放入花椒、辣椒炸焦，捞出后再放入羊肉丝、生姜丝、洋葱翻炒，加入精盐、黄酒、味精、食醋、植物油，熟透收汁即成。

【功效】利尿消肿。适用于慢性肾炎水肿等症。

【用法】佐餐食用。

莲藕炒豆芽

【组成】鲜藕 100 克，水发莲子 50 克，荷叶 200 克，绿豆芽 150 克，植物油、精盐、味精、湿淀粉各适量。

【制法】将莲子、荷叶加适量的清水，小火煎，取汤汁备用。鲜藕洗净切成细丝，炒锅上火，放入植物油烧热，煸炒藕丝至七成熟，再加入煮熟的莲子和洗净的绿豆芽，再将备好的莲子荷叶汁浇上，加入精盐、味精，用湿淀粉勾芡即成。

【功效】健脾利湿，消肿轻身。适用于慢性肾炎水肿等症。

【用法】佐餐食用。

（五）汤 羹

鱼蓉白奶羹

【组成】鱼肉100克，番茄15克，豌豆25克，面包100克，鲜汤250克，干香菇1.5克，精制植物油200克（实耗约25克），黄酒、味精、精盐、干淀粉各适量。

【制法】将香菇用开水泡开，洗净，去根，切成小方丁；番茄洗净切丁，面包切丁，面粉用水调好；取鱼肉下开水锅，微火煮熟后捞出，碾成碎泥；肉汤烧开，倒入鱼肉泥、豌豆、香菇丁、番茄丁、味精、黄酒、精盐等，待水再开时加入湿淀粉，略搅几下，加入猪油，即成鱼蓉羹。炒锅上旺火，放油烧热，倒入面包丁，待炸成橙黄色取出，放在碗中，倒上鱼蓉羹即成。

【功效】补益脾胃。适用于慢性肾炎兼有高血压者。

【用法】佐餐食用。

黄鱼海参羹

【组成】大黄鱼肉125克，泡发好的海参125克，火腿末1克，葱段2克，鸡蛋1个，鲜汤300克，胡椒粉、猪油、黄酒、味精、精盐、干淀粉各适量。

【制法】将火腿蒸熟，切成细末。再将干淀粉加一倍的水调成湿淀粉；大黄鱼肉、海参洗净，切成4厘米宽0.5厘米长的厚片；鸡蛋打破后用筷子搅好，备用；油锅加热，放入葱花，略煸，加进黄酒、鲜汤、海参片和黄鱼肉片，再加上胡椒粉，煮开后葱段取出，加入味精、精盐，用湿淀粉勾芡，再将打好的鸡蛋慢慢地倒入，然后倒入碗中，淋上猪油，撒上火腿末即成。

【功效】开胃益气，补肾填精。适用于慢性肾炎等。

【用法】佐餐食用。

花生蚕豆汤

【组成】花生仁125克，生蚕豆250克，红糖适量。

【制法】将蚕豆去壳，与花生仁一同洗净入沙锅，加适量的水，用小火炖煮至蚕豆皮破裂，水呈棕色混浊时停火，加入红糖稍煮即成。

【功效】补脾益气，利尿消肿。适用于慢性肾炎水肿等症。

【用法】当点心食用。

葫芦双皮汤

【组成】葫芦壳50克，冬瓜皮30克，西瓜皮30克，红枣10克。

【制法】将以上4味洗净，一同放入锅中，加清水400克，煎至150克，去渣，即成。

【功效】健脾利湿，消肿。适用于慢性肾炎。

【用法】每日1剂，至浮肿消退为度。

鲤鱼汤

【组成】鲤鱼 1000 克，辣椒 15 克，葱、生姜、香菜、黄酒、荜菝、味精、醋各适量。

【制法】将鲤鱼去鳃及内脏，洗净后切成 3 厘米见方的块；葱、姜洗净拍破；将鲤鱼、葱、姜、荜菝放入锅内，加适量的水，用旺火烧沸，再转用小火炖约 40 分钟，然后加入香菜、黄酒、味精、醋，即成。

【功效】利尿消肿，下气平喘，通乳。适用于慢性肾炎水肿等。

【用法】佐餐食用。

玉米须黄芪汤

【组成】玉米须 30 克，糯稻根 30 克，黄芪 25 克，炒糯米 20 克。

【制法】将玉米须、糯稻根、黄芪分别洗净，与炒糯米一同入锅，加适量的水，煎煮，去渣取汁即成。

【功效】补气利尿。适用于肾炎蛋白尿。

【用法】日服 1 剂，连服 3～5 个月。

黑鱼冬瓜汤

【组成】黑鱼 1 条，冬瓜 150 克。

【制法】将黑鱼去鳞鳃及肠杂，洗净；冬瓜去皮洗净，切成块，与黑鱼一同入锅，加适量的水，共煮至鱼熟汤浓。

【功效】健脾开胃，消肿利尿。适用于慢性肾炎。

【用法】饮汤吃鱼和冬瓜。

黑豆山药黄芪汤

【组成】黑豆50克，山药50克，黄芪30克，茯苓15克，甘草10克，白糖适量。

【制法】将黄芪、茯苓、甘草一同放入沙锅，加水煎煮30分钟，去渣取汁，再将黑豆、山药洗净，加入药汁内，同煮至熟烂，加白糖调味，即成。

【功效】补脾强肾，固摄精气。适用于慢性肾炎。

【用法】温热服用。

薏米鸡汤

【组成】母鸡1只（重约1500克），党参3克，薏米500克，清水1500克，生姜20克，代用盐0.5克，胡椒粉3克，葱15克，黄酒15克，味精3克。

【制法】将鸡宰杀，去净毛及内脏，剁去脚爪，洗净，入沸水锅中焯去血水，洗净。党参、薏米洗净。沙锅加清水，放入鸡、薏米、党参、代用盐、生姜、葱、胡椒、黄酒，置旺火上烧开，去浮沫，改用小火慢烧2小时左右，至鸡肉熟为度。从沙锅中拣出生姜、葱不用，放入味精调味即成。

【功效】健脾和胃，化气利尿。适用于慢性肾炎、肾衰多尿期、水肿等。

【用法】饮汤吃鸡肉和薏米。

鱼头豆腐汤

【原料】鲩鱼头 2 个，豆腐 3 块，生姜 3 片，精制植物油、精盐各适量。

【制法】鱼头切开，除鳃洗净。放油和生姜片在锅内，把鱼头爆香。再放 4 碗水，然后放豆腐，煮 1 小时左右即成。

【功效】祛风补脑，活血消肿。适用于慢性肾炎水肿，或肾虚头痛、高血压头昏等病症。

冬瓜鲩鱼汤

【原料】冬瓜 250 克，鲩鱼 250 克，生姜 2 片，精制植物油、精盐各适量。

【制法】鲩鱼以用尾部最好，去鳞洗净，用油盐起锅，煎至金黄色。冬瓜洗净去皮和瓢，切成细块。

煲内加入适量的水，上述原料一并放入煲内，煮约 3 小时，调味即成。

【功效】清热解毒，利尿化痰，祛风平肝。适用于肾炎尿少、咳嗽多痰、血压增高等病症。

【用法】佐餐食用。

何首乌鲤鱼汤

【原料】活鲤鱼1条，何首乌2.5克，生姜2.5克，黄酒、精盐各适量。

【制法】鲤鱼除去苦胆，保留内脏，不刮鳞，切成段。何首乌加适量的水，小火熬1小时，去渣留汁备用。锅内添水3碗，放入鱼，旺火煮沸，下黄酒、生姜、精盐，小火炖2小时左右，加入何首乌汁煮沸即成。

【功效】补肝益肾，利尿消肿。适用于慢性肾炎水肿、肝硬变腹水等病症。

【用法】佐餐食用。

鲜蘑豆腐汤

【原料】鲜蘑菇150克，豆腐400克，大蒜1瓣，葱花、生姜片、代用盐、麻油、味精、胡椒粉、湿淀粉各适量。

【制法】鲜蘑菇切丁，豆腐沸水烫后切成小薄片，油烧至六成热，爆香蒜丁、生姜末，加入蘑菇丁煸炒，然后倒入清水；待沸倒入豆腐片，并调味，再沸，用湿淀粉勾薄芡，撒上葱花、胡椒粉，淋上麻油即成。

【功效】消胀利尿，宽中益气，清热开胃。适用于慢性肾炎、哮喘引起的四肢、头面水肿。

【用法】佐餐食用。

小肉丸子豆腐汤

【原料】猪腿肉150克,嫩豆腐400克,鸡蛋2只,洋葱50克,大蒜1瓣,黄酒、胡椒粉、精盐、味精各适量。

【制法】将肉剁成末,加上猪油炒过的洋葱末,再加上黄酒、精盐、胡椒粉、蛋液、淀粉搅拌成肉蓉,制成小丸子以温油煎黄。油爆香蒜蓉,下豆腐丁,加水煮沸,加入丸子再焖煮3分钟即成。

【功效】滋养内脏,润滑肌肤,清热利尿。适用于慢性肾炎水肿等病症。

【用法】佐餐食用。

鹅肉冬瓜汤

【原料】鹅肉250克,冬瓜500克,味精适量。

【制法】将鹅肉切细,入锅内加水炖至八成熟时,加入冬瓜(去皮、瓤、切块),同炖至熟烂,加味精调味即成。

【功效】祛湿利尿,补肾消肿。适用于慢性肾炎或老年性水肿。

【用法】佐餐食用。分2日吃完。

鸭肉蒸大蒜绿豆汤

【原料】老母鸭1500克,大蒜4头,绿豆50克,黄酒2匙,生姜片、葱段各适量。

【制法】将老母鸭去毛,开腹弃肠杂,洗净,以黄酒抹遍全身。

将绿豆、蒜头及葱段、生姜片塞入鸭腹中，以线缝合，置瓷盆中上锅隔水蒸 3~4 小时，至鸭肉熟烂离火。喝汤，吃肉、蒜和绿豆。

【功效】滋阴补肾，利尿消肿。适用于慢性肾炎、水肿等病症。

【用法】佐餐食用。分 2 日吃完。

鸭肉芡实扁豆汤

【原料】老母鸭 1500 克，白扁豆 90 克，芡实 60 克，黄酒 2 匙，精制植物油适量。

【制法】将老母鸭洗净，取肉切块，下热油锅中煸炒 3 分钟，调入黄酒，加冷水浸没，上火烧开，放入精盐，慢炖 2 小时，倒入扁豆和芡实，再煨 1 小时离火即成。

【功效】滋阴补虚，益肾祛湿。适于慢性肾炎及肾阴虚之盗汗、遗精患者食用。

【用法】佐餐食用。

赤豆乌鸡汤

【原料】黄毛乌骨雌鸡 1 只（重约 1500 克），赤小豆 100 克，黄酒 15 克，精盐适量。

【制法】将乌骨鸡活杀，去毛，开腹弃肠杂，洗净。将赤小豆洗净后塞满鸡腹，淋上黄酒 1 匙，以线缝合，置瓷盆中，撒上少许精盐，上锅隔水蒸熟，离火。

【功效】利尿消肿。适用于轻症慢性肾炎水肿且体质虚弱者。

【用法】佐餐食用。分 2~3 次食完。

蚕豆小豆炖牛肉汤

【原料】蚕豆250克，赤小豆125克，瘦牛肉500克。

【制法】将牛肉洗净切薄片，同蚕豆、赤小豆一同放入锅中，加水煮至烂熟。

【功效】健脾利湿，消肿清热。适用于脾虚水泛的慢性肾炎、眼睑水肿等病症。

【用法】佐餐食用。2日内食完，连服6~8天。

白果薏苡仁汤

【原料】白果仁8克，薏苡仁100克，冰糖适量。

【制法】将白果仁、薏苡仁一同放入锅中，加适量的水煮熟，加入冰糖稍炖即成。每日1剂，连服数剂。

【功效】清热利湿，健脾补肺。适用于慢性肾炎小便淋痛、水肿等病症。

【用法】佐餐食用。

党参芡实猪腰子汤

【原料】党参30克，芡实20克，猪腰子（猪肾）1个，精盐、黄酒各适量。

【制法】将猪腰子洗净切片，用清水漂洗，党参、芡实放锅里加水熬汁。将猪腰子和药液放入沙锅里，用小火煲1小时，加精盐和黄酒调味即成。

【功效】养阴益气。适用于气阴两虚的慢性肾炎，症见头晕耳鸣、腰膝酸软、口渴喜热饮、食少乏力、手足心热、舌体大、舌尖稍红、舌根白、脉滑无力。

【用法】佐餐食用。

薏苡仁乌豆汤

【原料】黑豆100克，薏苡仁30克。

【制法】将黑豆、薏苡仁分别淘洗干净，一并放入锅内，加适量的水，用旺火煮沸后转用小火煲1小时左右，以黑豆熟烂为度，调味供用。

【功效】补肾健脾，利尿消肿。适用于慢性肾小球肾炎，脾肾两虚所致的水肿（以腰以下为甚）、尿少、脘腹胀满、纳少便溏、身倦乏力等病症。

【用法】佐餐食用。

赤豆草果鸭汤

【原料】青头鸭1只，草果1枚，赤小豆250克。

【制法】将鸭洗净，去内脏，洗净沥干水；赤小豆和草果洗净，草果捣碎，一并塞入鸭腹内，用线缝合，放入沙锅内，加清水高出鸭面，旺火煮沸后转用小火煲3小时，调味食用。

【功效】健脾开胃，利尿消肿。适用于慢性肾炎脾虚水泛所致的全身性水肿（按之凹陷不起）、面色黄滞、食欲不振、小便短少等病症。

【用法】佐餐食用。

豆腐鳅鱼汤

【原料】鳅鱼500克，豆腐250克。

【制法】将鳅鱼剖开去内脏，洗净斩段，放入煲里，加适量的水，用小火煲至五成熟时加入豆腐，继续以小火煲半小时，调味食用。

【功效】清热利湿。适用于慢性肾炎小便不利、水肿、湿热、黄疸等病症。

【用法】佐餐食用。

冬瓜牡蛎排骨汤

【原料】牡蛎100克，冬瓜600克，排骨400克，生姜2片，葱1条，红枣6个，精盐适量。

【制法】将红枣洗净去核。冬瓜刮去皮洗净。排骨放入沸水中煮5分钟，捞起洗净。牡蛎用清水浸10分钟，洗净放入大汤碗内，加入沸水，加盖焖30分钟，取起沥干水。炒锅上火，放油烧热，下生姜片、葱段煸香，加入牡蛎爆香，取出用热水洗去油脂。煲内加适量的水烧沸，放入全部用料，旺火煲沸后转用小火煲3小时，放少许精盐调味即成。

【功效】利尿解毒，滋阴养血，生津润肠。适用于慢性肾炎等病症。

【用法】佐餐食用。

三豆甘草汤

【原料】绿豆20克，赤小豆15克，黑豆15克，甘草4克。

【制法】将绿豆、赤小豆、黑豆、甘草一同放入沙锅中，加适量的水煎煮，至豆熟烂离火即成。

【功效】利尿消肿，解毒清热。适用于慢性肾炎等病症。

【用法】每日分2次服食，连用5日为1个疗程。

第九章

肾脏病常用天然药物

☞ 清热解毒半边莲

☞ 清肝明目决明子

☞ 降压利尿罗布麻

☞ 宁心安神五味子

阿 胶

【性味】为马科动物驴的皮，经漂泡去毛后熬制而成的胶块。性平，味甘。

【功效】具有补血止血、滋阴润肺的功效，适用于血虚眩晕、心悸，吐血、尿血、便血、崩漏，阴虚心烦、失眠，虚劳喘咳或阴虚燥咳等症。

【用量】5～10克。

【作用】阿胶能影响造血功能，促进周围血中红、白细胞、血红蛋白的数量增加。动物实验中将阿胶给予患贫血的狗，可使狗的红细胞、血红蛋白较快增加。

半边莲

【性味】 为桔梗科多年生蔓生草本植物半边莲的全草。性寒，味辛。

【功效】 具有清热解毒、利尿消肿等功效，适用于毒蛇咬伤、蜂蝎刺螫、疔疮初起肿痛，大腹水肿、面足浮肿等症。

【用量】 干品 10~15 克，鲜品 30~60 克。

【作用】 半边莲有利尿、降血压作用。用本品煎剂或粉剂给正常人口服，浸剂或针剂给大鼠灌服、静注，或半边莲针剂给狗静注，均具显著而持久的利尿作用。尿中氯化物排泄量明显增加。动物实验表明，本品较大剂量有降血压作用。

白 术

【性味】 为菊科多年生草本植物白术的根茎。性温，味苦、甘。

【功效】 具有补气健脾，燥湿利尿，止汗安胎等功效，适用于脾虚运化失常所致食少、便溏、脘腹胀满、倦怠无力、脾虚水肿、痰饮、自汗、胎气不安等症。

【用量】 5~15 克。

【作用】 白术有明显而持久的利尿作用，并能促进钠的排出；白术有降血糖作用；白术有抗凝血作用；白术有强身壮体作用，可保护肝脏，防止四氧化碳中毒引起肝糖元减少；白术挥发油有抑制食管癌细胞作用。

补骨脂

【性味】 为豆科一年生草本植物补骨脂的种子。性温，味辛、苦。

【功效】 具有补肾壮阳、固精缩尿、温脾止泻等功效，适用于阳痿、腰膝冷痛、滑精遗尿、尿频、脾肾阳虚泄泻。

【用量】 5~10克。

【作用】 现代研究表明，补骨脂能影响造血功能，实验小鼠使用环磷酰胺后导致白细胞减少症，给予本品有治疗作用。

萹 蓄

【性味】 为蓼科一年生草本植物萹蓄的干燥地上部分。性微寒，味苦。

【功效】 具有利水通淋、杀虫止痒等功效，适用于小便短赤、淋漓涩痛、皮肤湿疹、阴痒等症。

【用量】 10~15克。

【作用】 萹蓄有明显利尿作用，并促进钠的排出。对宋内氏痢疾杆菌有微弱的抑菌作用。

白僵蚕

【性味】 为蚕蛾科昆虫家蚕的幼虫在未吐丝前，因感染白僵菌而发病致死的僵化虫体。性平，味咸辛。

【功效】 具有息风止痉，祛风止痛，解毒散结等功效，适用于肝风内动与痰热壅盛所致的抽搐惊痫，风热与肝热所致的头痛目赤、咽喉肿痛、风火牙痛、瘰疬痰咳、疔肿丹毒、风疹瘙痒等。

【用量】3～10 克。

【作用】现代研究表明，本品含脂肪及蛋白质，其中蛋白质有刺激肾上腺皮质的作用。本品有良好降低蛋白尿作用。

白花蛇舌草

【性味】为茜草科一年生草本植物白花蛇舌草的全草。性寒，味甘、微苦。

【功效】具有清热利湿、解毒消痈等功效，适用于痈肿疮毒、咽喉肿痛、毒蛇咬伤、热淋小便不利及胃癌、食管癌、直肠癌等多种癌症。

【用量】10～60 克。

【作用】现代研究表明，白花蛇舌草能影响免疫功能，动物实验本品能刺激网状内皮系统的增生，表现为网状细胞显著增生，细胞体增大，胞浆丰富，能明显地增强网状细胞及白细胞的吞噬能力；能刺激嗜银物质倾向于致密化改变，显示免疫过程中机体防御性升高。本品抗菌作用不显著，只对金黄色葡萄球菌、痢疾杆菌有微弱的抗菌作用，但可通过上述途径而提高机体的抵抗力，从而达到灭菌抗炎的目的。

川 芎

【性味】为伞形科多年生草本植物川芎的根茎。性温，味辛。

【功效】具有活血行气、祛风止痛等功效，适用于月经不调、痛经、闭经、难产、产后淤阻腹痛、胁肋作痛、肢体麻木、跌打损伤、疮痈肿痛、头痛、风湿痹痛、胸痹胸痛等症。

【用量】3～10克，研末吞服每次1～1.5克。

【作用】川芎能改善肾脏病理变化，具有降血压作用，能影响造血功能。根据川芎嗪的活血行气作用，治疗慢性肾炎氮质血症，发现具有降低血尿素氮作用。动物实验对皮下注射甘油所致家兔急性肾衰模型，肌肉注射川芎针剂有预防作用，可增加肾血流量，维持肾小管对钠的再吸收能力，增加肾内前列腺素的合成，减少血浆血管紧张素Ⅱ的含量。给予实验性膜性肾小球肾炎家兔以川芎嗪，有良好降低尿蛋白作用。给予早期肾性高血压狗以水浸剂后有显著降压作用，但形成肾性高血压1年以上者效果较差。而合用利血平则可使肾性高血压形成1年以上者降压效果加强，对狗的原发性高血压作用不显著。本品能增强骨髓造血功能。动物实验表明，阿魏酸钠防治家兔急性苯中毒，用川芎治疗后可使白细胞、血小板均明显增加。

车 前

【性味】为车前科多年生草本植物车前或平车前的成熟种子（全草）。性寒，味甘。

【功效】具有利水通淋、止泻、消肿明目、清肺化痰等功效。适用于水肿、小便不利、淋症、暑湿泄泻、目赤、内障、视物昏暗、肺热咳嗽痰多等症。

【用量】车前子5～10克，车前草10～15克，鲜品加倍。

【作用】本品含桃叶珊瑚甙。人体利尿实验及动物实验均表明，本品可使水分、氯化钠、尿素、尿酸排出增多而利尿作用显著。

丹　参

【性味】 为唇形科多年生草本植物丹参的根。性微寒，味苦。

【功效】 具有活血祛淤、凉血消痈、养血安神等功效，适用于月经不调、血滞经闭、产后瘀滞腹痛、心腹疼痛、淤痕积聚、肢体疼痛、疮痈肿痛、湿热病热入营血、胸脾心痛等症。

【用量】 5～15克。

【作用】 丹参能改善肾脏病理变化，影响免疫及造血功能。丹参静脉滴注可改善肾功能，使各项高凝指标均获好转。此作用对较早期病变有效，对晚期者基本无效。动物实验表明，本品能对抗氨基糖甙类抗生素如庆大霉素所致大鼠肾皮质 Na＋－K＋－APT 酶活性的下降，并使该酶保持较正常水平。对失血性贫血家兔模型，给予丹参可显著缩短其周围血红细胞及血红蛋白恢复正常的天数，但对网织红细胞影响不大。

大　黄

【性味】 为蓼科多年生草本植物掌叶大黄，唐古特大黄或药用大黄的根和根茎。性寒，味苦。

【功效】 具有泻下攻积、清热解毒、活血化淤等功效，适用于肠道积滞、大便秘结、吐血、鼻出血、热毒疮疡、烧伤、黄疸、淋症等症。

【用量】 3～12克。

【作用】 现代研究表明，大黄可改善肾脏病理变化，降低血脂，影响免疫功能。用大黄注射液静脉滴注可使肾功能衰竭症状改善，促进氮质血症排出而不致腹泻。对肾衰大鼠模型，本品使经肠吸收氨基酸减少，血中必需氨基酸升高，利用氨合成蛋白质，因而使肝、肾合成尿素减少。本品可抑制体内蛋白质分解，而降低血中尿素氮及肌酐含量；促进尿毒氮和肌酐随尿排出体外。慢性肾衰大鼠模型经给予本品后，血清肌酐升高减慢，尿肌酐和肌酐清除率保持不变，说明大鼠的慢性肾衰进展延缓。本品治疗后可使尿蛋白减少。

冬虫夏草

【性味】为麦角菌科植物冬虫夏草菌的子座及其蝙蝠蛾科昆虫绿蝙蝠蛾幼虫的尸体。性温，味甘。

【功效】具有益肾补肺、止血化痰等功效，适用于阳痿、遗精、腰膝酸痛、久咳虚喘、劳嗽痰血等症。

【用量】5～15克。

【作用】现代研究表明，本品治疗慢性肾功能衰竭近期疗效良好，远期发现可延缓进展，使恶化缓慢。治疗后必需氨基酸较治疗前明显升高，非必需氨基酸明显下降。天然虫草与人工虫草均可使肾功能改善，贫血纠正，细胞免疫水平提高。

地 龙

【性味】地龙又称蚯蚓、蛐蟮，为蚯蚓科动物参环毛蚓或蚯蚓的干燥全虫。地龙含有丰富的蛋白质、胆碱、脂肪，还含有地龙素、地龙解热素、胆固醇、类脂化合物、多种维生素及无机盐。性寒，味咸。

【功效】具有清热解毒、活血通经、平喘定惊、利尿降压等功效，适用于慢性肾炎、热结尿闭、高热神昏、惊厥抽搐、疹毒内攻、经闭、关节痹痛、肢体麻木、半身不遂、尿少水肿、咳嗽喘急、高血压病、小儿急慢惊风等病症。现代研究表明，地龙有缓慢而持久的降血压作用，能平喘、强心，有解热、镇静、抗惊厥、抗组胺作用。

【用量】鲜品 10 克，干品研粉吞服每次 1～2 克。

【作用】药理实验对肾性高血压有特效。动物实验小剂量本品对肾性高血压大鼠模型有明显降压作用。对麻醉兔、大白鼠静脉给予本品提取液，均有明显急剧的降血压作用。其降压机理与影响中枢神经系统有关。

当 归

【性味】为伞形科多年生草本植物当归的根。性温，味甘、辛。

【功效】具有补血活血、止痛润肠等功效，适用于血虚、月经不调、经闭、痛经、虚寒腹痛、瘀血作痛、跌打损伤、痹痛麻木、痈疽疮疡、血虚肠燥便秘等症。

【用量】5～15 克。

【作用】本品能影响免疫功能和造血功能。动物实验用当归、僵蚕组成的抗排异制剂对小白鼠异体皮瓣移植后的排异反应有显著抑制作用。本品可使贫血病人全血细胞数增加，其抗贫血作用与其所含维生素 B_{12}、叶酸有关。

党 参

【性味】为桔梗科多年生草本植物党参及同属多种植物的根。

性平，味甘。

【功效】具有补中益气、生津养血等功效，适用于中气不足、肺气亏虚、热病伤津、气短口渴、血虚萎黄、头晕心慌等症。

【用量】10～30克。

【作用】党参能影响造血功能。用本品水煎剂灌服可使小白鼠白细胞、红细胞、血红蛋白显著增加且无溶血作用。皮下注射可使白细胞、网织红细胞显著增加。

大 蓟

【性味】为菊科多年生宿根草本植物大蓟的根及全草。性凉，味甘、苦。

【功效】具有凉血止血、散淤消痈等功效，适用于咯血、鼻出血、崩漏、尿血、疮痈肿毒等症。

【用量】10～15克，鲜品30～60克。

【作用】大蓟具有降血压作用，其降压作用较显著、持久；炒炭后能缩短出血时间。

莪 术

【性味】为姜科多年生草本植物莪术、郁金或广西莪术的根茎。性温，味辛、苦。

【功效】具有破血祛淤、行气止痛等功效，适用于气滞血淤所致经闭腹痛及淤瘕积聚、饮食不节、脾运失常所致的积滞不化、脘腹胀痛。

【用量】3～10克。

【作用】现代研究表明，本品能改善肾脏病理变化，影响造血功能。动物实验用本品注射液治疗膜性肾病家兔模型，能使蛋白尿排泄减少，肾小球血管壁 IgC 及 C_3 沉积减少。对由环磷酰胺引起的小白鼠白细胞下降，用本品有明显效果。

熟地黄

【性味】本品为玄参科植物地黄的根茎，经加工蒸晒而成。性微温，味甘。

【功效】具有滋补肾阴、益养精血等功效，适用于肾阴亏虚、精血不足、阳痿、早泄、遗精、更年期综合征、高血压病、高脂血症、动脉硬化、冠心病、心律失常、贫血、白细胞减少、神经衰弱、慢性肝炎、肾病综合征、慢性肾炎、红斑狼疮、老人、病后或手术后体虚等病症。

【用量】每日 6~20 克。

【作用】地黄水煎浸膏剂可明显增加小鼠心肌营养性血流量。口服地黄煎剂后，可以使大鼠降压并改善肾功能。动物实验证实，地黄有降血糖和保护肝脏的作用。地黄乙醇提取物所得黄色针状结晶能缩短兔凝血时间，因而具有止血作用。地黄煎剂对风湿性和类风湿性关节炎、哮喘、荨麻疹等免疫性疾病有与肾上腺皮质激素反应相类似的作用。

甘 遂

【性味】为大戟科多年生草本植物甘遂的块根，性寒，味苦、甘，有毒。

【功效】 具有泻水逐饮、消肿散结等功效，适用于身面浮肿、大腹水肿及胸胁积液、风痰癫痫、痈肿疮毒。

【用量】 每次 0.5 克。

【作用】 甘遂具有利尿作用，而对健康人则无明显利尿作用。但无论采用甘遂散外敷治疗不同疾病所致小便不利，抑或用炙甘遂研末内服治疗肾性水肿，均可通利小便而收效。加热处理可使毒性及一般药理活性（包括利尿）皆可降低，传统的加工炮制法虽可减轻腹泻和中枢神经系统抑制，却可增强其利尿活性。

甘 草

【性味】 为豆科多年生草本植物甘草的根及根茎。性平，味甘。

【功效】 具有补脾益气、润肺止咳、缓急止痛等功效，适用于脾胃虚弱、中气不足、气短乏力、食少便溏、咳嗽气喘、痈疽疮毒、食物或药物中毒、脘腹或四肢挛急作痛等。

【用量】 2～10 克。

【作用】 甘草能影响免疫功能。本品含有一种具有免疫抑制作用的物质 LX。其免疫抑制作用发生在免疫初期，即作用于巨噬细胞，影响其酶系统的活动，降低它的抗原信息量而显示其免疫作用，对于免疫记忆细胞到抗体产生的过程无作用，LX 和考的松不同，在产生免疫抑制效果的同时，对末梢血液中白细胞数，特别是淋巴细胞数并不产生明显影响。其作用机制是由于甘草次酸在结构上同皮质激素相似，对后者在肝内代谢起竞争性抑制作用，间接地提高了皮质激素的血浓度所致。

钩 藤

【性味】 为茜草科常绿木质藤本植物钩藤及其同属多种植物的带钩茎叶。性微寒，味甘。

【功效】 具有熄风止痛、清热平肝等功效，适用于惊痫抽搐、头胀头痛，或肝阳上亢、头晕目眩。

【用量】 10～15 克。

【作用】 本品有良好降血压作用。本品叶及钩中含结晶性生物碱钩藤碱及同位异构体异钩藤碱。钩藤碱能兴奋呼吸中枢，抑制血管运动中枢，扩张外周血管，使麻醉动物血压下降，同时心率减慢，但本品经水煎沸 20 分钟以上则降压效能有所降低，故不宜久煎。本品有明显镇静作用，而无明显催眠作用，是一种具有特殊中枢抑制作用的镇静药。多种类型及多种剂型及多种不同的给药方式，均可使实验动物的血压降低，且无快速耐受性。在慢性降压实验中，本品多种制剂皆能使肾性高血压和条件反射型高血压大鼠的血压温和而持久地降低。降压机制为抑制血管运动中枢，直接扩张末梢血管；抑制神经节，具有交感神经阻滞作用，抑制神经末梢递质的释放。

黄 芩

【性味】 为唇形科多年生草本植物黄芩的根。性寒，味苦。

【功效】 具有清热燥湿、泻火解毒、止血安胎等功效，适用于温热所致的多种病症如湿温、黄疸、泻痢、热淋、痈肿疮毒、肺热咳嗽、吐血、衄血、便血、血崩，胎热不安等症。

【用量】3～10 克。

【作用】本品提出物黄芩素可抑制由同种及异体抗体所引起的被动变态反应，改善肾脏病理变化。动物实验经给动物黄芩甙灌胃、肌注或静注，均见降压作用。用口服本品浸剂、酊剂法给慢性肾性高血压狗或神经性高血压狗，均可使血压降低。其作用机理系直接有血管扩张作用。

黄 芪

【性味】为豆科多年生草本植物黄芪和内蒙黄芪的根。性微温，味甘。

【功效】具有补气升阳、益气固表、托毒生肌、利尿退肿等功效，适用于脾肺气虚或中气下陷之症，卫气虚所致表虚自汗，气血不足所致痈疽不溃或溃久不敛，浮肿尿少。

【用量】10～15 克，大剂量可用 30～60 克。

【作用】黄芪能改善肾脏病理变化，有利尿作用。用黄芪注射液后可使肾小球肾炎患者免疫球蛋白 IzA、IzC 明显上升，蛋白尿明显下降；使肾功能不全患者血清肌酐、尿素氮明显下降。用黄芪治疗微小病变肾病可使血浆蛋白水平提高，胆固醇明显下降，浮肿减轻。动物实验发现口服较大量黄芪粉后，对实验大鼠肾毒性血清肾炎有阻抑作用，使其蛋白尿出现的阳性率、严重程度、肾脏病理改变均低于对照组。同时可降低生理性尿蛋白量，使氯化汞性蛋白尿恢复加快。本品不仅对病人之水肿、尿少有肯定的利尿作用，对正常人体也有利尿作用，并使钠的排出量增加。

旱莲草

【性味】为菊科一年生草本植物，性寒，味甘、酸。

【功效】具有滋阴益肾、凉血止血等功效，适用于头晕目眩、须发早白、吐衄、尿血，便血、崩漏等症。

【用量】10~15克，鲜品加倍。

【作用】本品能影响造血功能。动物实验对小白鼠因环磷酰胺所致的白细胞下降有升高作用。

鸡血藤

【性味】为豆科攀援灌木密花豆（三叶鸡血藤）和香花崖9藤（山鸡血藤）等的藤茎。性温，味苦、微甘。

【功效】具有止血补血、舒筋活络等功效，适用于月经不调、经行不畅、痛经、血虚经闭、关节酸痛、手足麻木、风湿痹痛等症。

【用量】10~15克，大剂量可用30克。

【作用】本品能改善肾脏病理变化。动物实验本品能促进小白鼠的肾脏总磷代谢，24小时总磷代谢的增强可反映能量代谢和合成代谢的增强，本品此作用对肾功能具有积极的影响。

金钱草

【性味】为报春花科多年生草本植物过路黄的全草。性平，味甘淡。

【功效】具有利水通淋、除湿退黄、解毒消肿等功效，适用于热淋、砂淋、石淋，湿热黄疸等症。

【用量】30～60克，鲜品加倍。

【作用】本品有利尿作用。用本品煎剂灌服大白鼠，可使其尿量明显增加。用本品静注给麻醉狗，可使其动脉血压降低，肾血流量明显增加，肾血管阻力明显减小。

决明子

【性味】为豆科植物决明子的成熟种子。性微寒，味甘、苦。

【功效】具有清肝明目、润肠通便等功效，适用于肝热或肝经风热之目赤肿痛、羞明多泪，热结便秘或肠燥便秘。

【用量】10～15克。

【作用】本品能降低血清胆固醇，动物实验表明其有降低血压的作用，对防治血管硬化与高血压有一定疗效。

褚实子

【性味】为桑科植物构树的种子。性寒，味甘。

【功效】具有滋补肾阴、强壮筋骨的功效，适用于肾阴亏虚、阳痿、慢性肾炎等病症。

【用量】每日10～15克。

金樱子

【性味】为蔷薇科常绿攀援灌木植物金樱子的成熟的假果或成熟花托（金樱子肉）。性平，味酸、涩。

【功效】具有固精缩尿、涩肠止泻等功效，适用于遗精、滑精、遗尿、尿频以及白带过多、久泻久痢、脱肛、子宫下垂、崩漏等。

【用量】6～18克。

【作用】本品有良好降低蛋白尿作用。

苦 参

【性味】为豆科多年生落叶灌木植物苦参的根。性寒，味苦。

【功效】具有清热燥湿、祛风杀虫、利尿等功效，适用于黄疸、泻痢、带下、阴痒、皮肤瘙痒、脓疱疮、疥癣、麻风、小便不利、灼热涩痛等症。

【用量】3～10克。

【作用】苦参能影响免疫功能，对天花粉所致大鼠的被动皮肤过敏反应有明显抑制作用。

灵 芝

【性味】为多孔菌科植物赤芝或紫芝的子实体。性平，味甘。

【功效】具有养心安神、益气补血、健脾养胃、止咳祛痰等功效，适用于神经衰弱、失眠症、冠心病、心律失常、高血压病、慢性支气管炎、慢性肝炎、肾炎、哮喘、白细胞减少症及风湿性关节炎等病症。

【用量】1.5～3克。研粉吞服，每次1～1.5克。

【作用】现代研究表明，灵芝能改善肾脏病理变化，有降血压、降血脂作用，能影响造血功能和免疫功能。动物实验，对家兔膜性肾炎，用薄盖灵芝治疗有一定疗效。其机制为通过调整免疫系统，抑制T及B细胞，减少抗体的形成，使上皮下免疫复合物沉积减少，从而达到减轻肾小球基底膜病变，防止免疫复合物渗出和沉积，从而防止了新月体形成。其免疫抑制作用与其含有丰富的腺苷成分有关。灵芝所含的多糖、肽类、三萜以及酶类等多种成分，对血压有双向调节作用；灵芝可防止引起血管障碍，可预防脑血栓、心肌梗死。灵芝能促进血红蛋白的合成，保护肝细胞，可治疗贫血、慢性肝炎。

荔枝草

【性味】为唇形科一年生草本植物。性凉，味辛。

具有清热利水消肿等功效，适用于水肿、腹水、小便不利，咽喉肿痛、痈肿热毒等症。

【用量】10～15 克。

【作用】现代研究表明，本品有利尿作用，可使肾炎水肿较快消退，小便量增多。

罗布麻

【性味】为夹竹桃科多年生草本植物罗布麻的叶。性微寒，味淡涩。

【功效】具有平肝清热，降血压利尿等功效，适用于高血压头痛、眩晕、失眠、小便不利、水肿等症。

【用量】3～10 克。

【作用】本品有良好的降血压、利尿作用。临床研究本品对充血性心力衰竭及多种原因引起的水肿均有治疗作用。对肾性高血压有一定的降压作用。

麻 黄

【性味】 为麻黄科多年生草本状小灌木草麻黄等的草质茎。性温，味辛、微苦。

【功效】 具有发汗平喘、利水等功效，适用于外感风寒表实症，风寒外束肺气壅遏所致的喘咳症，水肿而兼有表征。

【用量】 1.5～10克。

【作用】 现代研究表明，本品有利尿作用。能影响造血功能。作用机制为由于肾血管扩张，导致肾血流量增加，在利尿的同时，肾脏体积增大。本品所含之伪麻黄碱有显著利尿作用，用尿素利尿后，其作用照旧有效。本品所含之麻黄碱可升高血糖，使脾脏收缩，增加血红细胞。

牛 黄

【性味】 为牛科动物牛的胆囊结石，少数为胆管中结石。此为天然牛黄。由牛胆汁或猪胆汁经提取而成的称为人工牛黄。性凉，味苦。

【功效】 具有清热解毒，熄风止痛、化痰开窍等功效。

【用量】 0.2～0.5克。

【作用】 牛黄有降压作用，能影响造血功能。动物实验口服牛黄对大鼠的肾型人工高血压有较强的降低作用，其作用机制与扩张微血管及对抗肾上腺素升压的作用有关。口服牛黄可使健康家兔红细胞显著增加；能使因放血引起贫血的家兔血红蛋白量恢复；使去脾家兔血红蛋白及红细胞增加。

茜 草

【性味】为茜草科多年生蔓生草本植物茜草的根，性寒，味苦。

【功效】具有凉血止血、活血祛淤等功效，适用于血热所致的各种出血、血滞经闭、跌打损伤瘀滞作痛及痹症关节疼痛。

【用量】10～15 克。

【作用】茜草能改善肾脏病理变化，影响造血功能。用本品提出物茜草双酯治疗 IgA 肾病，可使血尿明显减轻、尿蛋白量及血清 IgA 下降，血尿变化与血清 IgA 水平无关，血清肌酐无明显变化。动物实验用本品提出物给健康小鼠及狗口服，可使骨髓有核细胞总数、周围血白细胞、网织红细胞均增加。对于狗因环磷酰胺所致白细胞减少有肯定的防治作用。

秦 皮

【性味】为木犀科落叶乔木植物苦沥白蜡树或小叶白蜡树的茎皮。性寒，味苦。

【功效】具有清热解毒、清肝明目等功效，适用于热毒泻痢、血痢里急后重、肝经郁热、目赤肿痛生翳等症。

【用量】3～12 克。

【作用】现代研究表明，本品能改善肾脏病理变化，可促进动物实验尿酸排泄，其作用机制系对肾小管重吸收尿酸进行抑制，同时还发现对小鼠具有利尿作用，而对大鼠则无此作用。

瞿 麦

【性味】 为石竹科多年生草本植物瞿麦和石竹的带花全草。性寒，味苦。

【功效】 具有利水通淋等功效，适用于小便短赤、淋漓涩痛等症。

【用量】 10～15克。

【作用】 瞿麦具有利尿作用。动物实验瞿麦煎剂口服可使盐水潴留的家兔产生显著利尿作用，其中以瞿麦穗作用最强，茎较次之。

牵牛子

【性味】 为旋花科一年生攀援草本植物裂叶牵牛或圆叶牵牛的成熟种子，性寒，味苦。

【功效】 具有泻下逐水、去积杀虫等功效，适用于水饮停蓄、水肿腹胀、肠胃湿热积滞、大便秘结、虫积腹痛等症。

【用量】 3～10克，散剂1.5～3克。

【作用】 牵牛子可加速菊根粉的排泄，因而具有利尿作用。

肉 桂

【性味】 为樟科常绿乔木植物肉桂的干皮或粗枝皮。性热，味辛、甘。

【功效】 具有补火助阳、散寒止痛、温通经脉等功效，适用于肾阳不足、畏寒肢冷、腰膝软弱、阳痿、尿频、脘腹冷痛、食少便溏、寒湿痹痛、腰痛、淤滞经闭、痛经等症。

【用量】2～5克，研末冲服每次1～2克。

【作用】本品能影响免疫功能。动物实验发现，本品水浸液对小鼠及家兔的实验性肾炎具有显著抑制尿蛋白上升的作用。

酸枣仁

【性味】为鼠李科落叶灌木或乔木酸枣的成熟种子。性平，味甘。

【功效】具有养心安神、敛汗等功效，适用于失眠、惊悸、体虚自汗、盗汗。

【用量】10～18克，吞服每次1.5～3克。

【作用】本品能改善肾脏病理变化，有降血压作用。动物实验表明，大鼠口服本司抗其实验性肾性高血压，并对肾性高血压之形成有显著抑制作用。

桑寄生

【性味】为桑寄生科常绿小灌木槲寄生或桑寄生的带叶茎枝。性平，味苦。

【功效】具有祛风湿、补肝肾、强筋骨、安胎等功效，适用于风湿痹痛、腰膝酸痛、胎漏下血、胎动不安等症。

【用量】10～20克。

【作用】本品具有显著的利尿作用，其利尿有效成分为广寄生甙。动物实验表明，口服或静脉注射广寄生甙均有显著利尿作用。

桑白皮

【性味】 为桑科小乔木桑树的根皮。性寒，味甘。

【功效】 具有泻肺平喘、利尿消肿等功效，适用于肺热咳喘、痰多、浮肿、小便不利之水肿实症。

【用量】 10~15克。

【作用】 本品具有利尿、降血压作用。动物实验本品煎剂口服可使水钠潴留的家兔产生显著利尿作用。

五味子

【性味】 为木兰科多年生落叶木质藤本植物北五味子和南五味子的成熟果实。性温，味酸。

【功效】 具有敛肺滋肾、生津敛汗、涩精止泻、宁心安神等功效，适用于久咳虚喘、津虚口渴、自汗盗汗、遗精滑精、久泻不止、心悸、失眠、多梦等症。

【用量】 2~6克，研末服每次1~3克。

【作用】 本品能改善肾脏病理变化，有降血压作用，能降低患肾病临产妇的血压。

吴茱萸

【性味】 为茎香科落叶灌木或小乔木植物吴茱萸、石虎或疏毛吴茱萸的将近成熟果实。性热，味辛、苦。

【功效】 具有散寒止痛、疏肝下气、燥湿等功效，适用于脘腹冷痛、头痛、虚寒泄泻，寒湿脚气疼痛、呕吐吞酸等症。

【用量】1.5~5克。

【作用】本品有降血压作用，降压作用机制主要是扩张外周血管而使其阻力降低，且与组胺释放有关。动物实验用本品给肾性高血压狗静注，有显著降压作用，其作用持续时间长，超过3小时。

玄参

【性味】为玄参科多年生草木植物玄参的根。性寒，味苦、甘、咸。

【功效】具有清热解毒、养阴等功效，适用于身热、口干、咽喉肿痛、烦躁谵语、痈肿疮毒、瘰疬等症。

【用量】10~15克。

【作用】本品具有降血压作用，能影响造血功能。动物实验本品水浸液、乙醇水浸出液及乙醇浸出液用于狗、猫、兔等麻醉动物均有良好的降压作用。肾型高血压狗口服本品煎剂同样能降压，且降压作用比对健康狗明显。本品对因环磷酰胺所致小白鼠白细胞下降有提升作用且疗效肯定。

鱼腥草

【性味】为三白草科植物蕺菜的全草。性微寒，味辛。

【功效】具有清热解毒、排脓利尿等功效，适用于肺痈咯吐脓血、肺热咳嗽痰稠，热毒疮疡，热淋小便涩痛等症。

【用量】15~30克。

【作用】本品具有明显利尿作用，除因含大量钾盐外，该作用与其扩张血管、增加肾血流量有关。

益母草

【性味】为唇形科一年生或两年生草本植物益母草的全草。性微寒，味辛、苦。

【功效】具有活血祛淤、利尿消肿等功效，适用于血脉阻滞的月经不调、经行不畅、小腹胀痛、经闭、产后瘀阻腹痛、恶露不尽及跌打损伤、淤血作痛、小便不利、水肿、心痹疼痛。

【用量】10～15克，大剂量30克。

【作用】本品有利尿作用，动物实验给家兔用本品静脉注射可使尿量明显增加。

藏红花

【性味】为鸢尾科多年生草本植物番红花和干燥花柱头。性寒，味甘。

【功效】具有活血祛淤、通经、凉血解毒等功效。能改善肾脏病理变化。

【作用】动物实验用本品注射液静注原位性肾小球肾病模型家兔，可使尿蛋白量明显减少，镜下观肾小球毛细血管扩张，管腔增厚，系膜增生较轻，减少蛋白尿，减轻肾小球的病理变化。

猪 苓

【性味】为多孔菌科真菌猪苓的菌核。味甘、淡。

【功效】具有利尿渗湿等功效，适用于小便不利、水肿、泄泻、淋浊、带下等症。

【用量】5~10克。

【作用】本品具有利尿作用，能影响免疫功能和造血功能。用猪苓煎服6小时后尿量增加60%以上，其中尿中氯化物增加45%，利尿强度强于咖啡因治疗的对照组，显示显著利尿作用。而用3克则利尿作用明显减弱。其利尿机制由于抑制肾小管重吸收功能。本品既不影响肾小球滤过率，亦无稀释血液作用。

泽 泻

【性味】为泽泻科多年生沼泽植物泽泻块茎。性寒，味甘、淡。

【功效】具有利尿渗湿、泄热等功效，适用于小便不利、水肿、泄泻、淋浊、带下、痰饮等症。

【用量】5~10克。

【作用】泽泻具有利尿、降血压、降血脂作用，可增加尿素及氯化物的排泄。本品含钾约147.5%，其利尿作用可能与含大量钾盐有关。冬季采集正品利尿效果最佳，春季者次之。动物实验表明，给切除肾上腺大鼠用本品后其排钾显著增加。

黄蜀葵花

【性味】为锦葵科一年生或多年生草本植物黄蜀葵的花朵。性寒，味甘。

【功效】具有通淋消肿、解毒等功效，适用于淋症、痈疽肿毒、汤火烫伤等症。

【用量】研末1~2克，入煎剂20~30克。

【作用】本品有利尿、消炎作用，对于肾病水肿可使其缓慢消退且效果持久。

鹿角胶

【性味】 为鹿科动物梅花鹿或马鹿的角煎熬而成的胶块。又名鹿胶。性温，味甘、咸。

【功效】 具有温肾益精、补气养血功能，适用于肾精亏损、气血虚弱、慢性肾炎、阳痿早泄、失眠健忘、耳鸣心悸、吐血尿血、肾上腺皮质功能减退、营养不良、贫血、神经衰弱、寒性脓疡、老人或久病体虚等病症。

【用量】 每日 6 ~ 12 克。

【作用】 鹿角胶具有强壮作用，能加速血液中红细胞和血红蛋白的生长。鹿角胶对长期不愈合和一时新生不良的溃疡和创口，能增强再生过程，并能促进骨折的愈合。

此外，生姜皮、桑白皮、苏叶、白茅根、覆盆子、螵蛸、女贞子、枸杞子、杜仲、山萸肉、菟丝子、党参、白术、冬虫夏草、龟版、马齿苋、白茅根、大蓟、蒲公英、银花、竹叶、淡竹叶、桃仁、当归等均可选用。患者实际应用时，应根据具体病情选方，或在医生指导下进行辨证用膳。如此，才能取得较好的疗效。

肾脏病常用偏方

☞ 单方抗顽疾

☞ 偏方治大病

第一节　肾脏病验方集萃

肾脏性的疾病，种类很多，有急性，有慢性。急性肾炎为一种常见的肾病，其病状为尿量异常短少，尿中含有蛋白质、血球、上皮、细菌、脓球等异常成分。多因饮食过量，服用过猛的药物，或食用腌咸食物太多，或因身体受冻寒，以致肾脏肿胀异常，充血殊甚，而阻碍正常的功能，不能将尿液从肾排出，于是逐渐积于身体的组织中，因此手足髀腿等处，有浮肿征象，甚至导致侵及肺部，导致呼吸困难，心脏衰弱，昏迷而死，青年人患这种病，尤为危险。老年多患慢性肾炎。肾盂炎、肾石、肾结核、肾瘤、肾囊肿等症，需要分别医治。

（1）治水肿满腹、下阴四肢皆浮肿者，扒骨硝一小把（用手量）苏淮山3~5分，壶中煮三滚，以之代茶饮，每日2~3次，每次半杯至1杯，服后半小时至1小时，会有体内积水大量排出，约20分钟排泄一次，尿质混浊，臭味难闻，用药1、2日，体内积水全部排出，患者精疲力竭，体弱不堪，应饮用高级补品，待9日后，积水又来，唯已减少很多，仍照前法服用，约4周，积水即可全消而愈。

（2）治腰疼不可俯仰，每日早晚服麻油20cc，闪挫神效。

（3）治闪腰挫气二法

①用白葡萄干1两，用好酒煮服，至重者两服即效。

②以硼砂研为细末，点两眼四角泪出即愈。

（4）治急、慢性肾炎，用西瓜连皮加多量水煎服。或切碎水煮浓缩成西瓜膏，以开水化服，每次1~2匙，1日2次。

（5）治慢性肾炎，用含羞草根适量，煮水当茶饮，至好为止，此方已治愈多人，值得一试。

（6）治肾盂炎，用鲜茅根4两，水煎服有效，对泌尿系统的感染也有治疗效果。

（7）治肾虚腰痛三法

①用猪腰1个，和带壳刀豆子1两一起煮食，对妊娠期腰痛也有疗效。

②丝瓜（菜瓜）藤连根，焙燥研细末，以黄酒送服，每次1钱，1日2次。

③以杜仲2两、红枣10枚同煎，服食有效。

（8）治肾结核，用荠菜花、车前子各6钱，水煎服，此方也可治血尿。

（9）治肾炎而有浮肿二法

①可用鲤鱼1尾，重约1斤，红小豆4两，以10碗水煮成1碗，饮汁，神效。

②用大活鲫鱼1尾，去肠杂，用商陆（中药店有售，切如豆粒大）、红小豆各4钱，填入鱼肚中，用线缚定，煮至熟烂不加盐，可放少许糖，只喝汤，不食鱼，间日服一剂，约服3、4剂，小便畅顺，即可治愈。

（10）治肾脏炎，可用淡水螃蟹（无毛）和在来糙米煮稀饭，不可加调味料及盐，蟹不要撕开，三餐食用，蟹肉要吃，内脏勿吃，应连续食用10～20天，不可间断，方为有效。食用期间严禁吃盐及禁吃茄子、橘子、花生、香瓜、番瓜、蜂蜜、泥鳅、冰水等食物。（浮肿约2～3天可消除）

（11）肾结石验方

柴胡2钱、防风2钱、黄芩2钱半、元胡3钱、黑丑3钱、山甲3钱、当归2钱、桃仁3钱、红花1钱、小茴香2钱、木香2钱。空心服。胆、肾、膀胱等结石皆效。

以2碗半水煎八分服。渣2碗水煎七分服。日服1帖。

若研末，可依分量增加倍数，研成粉末，每日4次（睡前加一次）每次约1～2钱，空腹服用。

第二节　肾脏病常用偏方

秘方一

【配方】石蒜（解鳞茎）120克、蓖麻子8粒。

【用法】将上药共捣烂贴患者肚脐，小便通则去药，每日1次，连续贴数日。

【附注】若将上药敷于患者两足心（通泉穴）亦能治肾炎。

秘方二

【配方】田螺、车前子、蒜各适量。

【用法】将上药共捣烂，置于锅内加水适量熬成膏，贴于患者脐上，用布带束住，每日换药1次，连续数日，以愈为度。

秘方三

【配方】马阑、君达菜各10棵。

【用法】将上药洗净切碎，置于锅中，加水适量煎汤，倒入盆内，让患者坐于盆上，围被使之发汗，然后再洗腹部与四肢，每日1次，连续数日。

秘方四

【适用】肾炎小便不畅。

【配方】生姜4片、大蒜5瓣、青葱5支。

【用法】将上药洗净，捣烂，入锅内炒热，敷于患者脐上，每8小时换药1次，连续敷6次。

秘方五

【适用】肾炎小便不畅。

【配方】野芥菜根适量，食盐少许。

【用法】将野芥菜根洗净，入盐同捣烂如泥，于患者脐中搽半小时，即可用布带包扎好，每日换药1~2次，连续进行数日，以愈为度。

秘方六

【成分】活鲫鱼1条，去肠不去鳞，冬瓜1个。

【制法】切开一头，去内瓤及子，将鲫鱼放入，略加姜、葱、黄酒，再放入赤豆30克，用切开之盖盖好，以牙签钉牢，放沙锅中，加水炖3~5小时，喝汤，吃鱼及瓜。

【用法】最好淡吃，可略加糖醋，每天1次，连吃或间吃1剂均可，以7剂1疗程。

秘方七

【制法】取饭瓢形仙人掌叶，将细毛烧掉，洗净切成小片，用文火慢煮。

【用法】食前喝1杯，每天3次，不久即可收效，症状较轻的，2天即可消肿胀，且不会再发。

秘方八

【成分】将大黑鱼1尾，约重500克。

【制法】去肠留鳞，在鱼腹中放入大蒜瓣及赤小豆，以填满鱼腹为度，再用厚粗纸包裹数层，缚定，先在清水中浸到里外湿透，然后放灰火中煨熟。

【用法】取出淡食或蘸糖醋少许食之，1日分数次吃完，连吃数天，即能生效。

秘方九

【适用】慢性肾炎，浮肿不退时。

【成分】以大鲤鱼1条。

【制法】去肠杂，不去鳞，用大蒜瓣填入鱼腹，以纸包好，用线缚定，外面用黄泥封裹，放于灰火中煨熟。

【用法】取去纸泥淡食，1日吃完，小便利，肿自消除。

秘方十

【成分】生黄芪 30 克、生姜 30 克、赤小豆 15 克、鸡内金（为细末）6 克、金橘饼 2 枚、糯米 30 克。

【制法】先以水 600 毫升，煮黄芪 20 分钟，捞去渣，放入苡仁、赤小豆，煮 30 分钟，再次入鸡内金、糯米煮熟成粥。

【用法】以上为一日量，分两次服，食后嚼服金橘饼一枚，每日服一剂。在服用本方之前，要检查肾功能和尿蛋白等。若肾功能有所改善，蛋白尿有所消失，则持续服用 1～2 个月，待肾功能完全恢复，尿蛋白完全消失后，仍继续服用 3 个月，以巩固疗效。并应当安排好休养，以免复发。

秘方十一

【成分】"田坞草"叶 1 把。

【制法】洗净切碎，鸡蛋 1 枚打烂和叶拌匀，用茶油（茶叶子的油）煎服。

【用法】隔日 1 次。

秘方十二

【制法】将芝麻的根 30 克及茎部晒干后洗净，煮水以代茶服。

【用法】如稍好即可酌量减少服饮次数。

秘方十三

【成分】活鲤鱼 1 条（500 克左右）、商陆根 9 克（用白花商陆根，赤色商陆根不可服，以免中毒）。

【制法】先将鲤鱼肚腹剖开，除去内脏、洗净、留鱼鳞。然后将商陆根填入鱼腹中，放锅内加适量水煎煮，采用低盐饮食，或每天用酱油 10 毫升（可用青霉素小瓶量取 1 瓶相当 10 毫升）。

【用法】第一次只煎服浓汁，小孩每次服 200 毫升左右，成人每次服 400 毫升左右。第一次服完后，第二次再加水煮，吃鱼喝汤。

秘方十四

【制法】大田螺肉捣烂，用荞麦粉拌和，再捣之，摊匀于布上。

【用法】贴敷脐中部。

秘方十五

【成分】黑白丑各 120 克，红糖 120 克，老姜 500 克，大枣 60 克，共为 1 剂量。

【制法】先将黑白丑剔去杂质，用锅炒至有爆裂声，取出研细末。老姜洗净去皮，捣烂用纱布压姜汁。大枣洗净用针穿于枣两头，各穿一孔后入冷水中浸约一小时，拭去生水，干后再煮熟去皮与核，将枣捣成糊状。然后将红糖、枣泥、黑白丑粉入姜汁，半小时后调匀成糊蒸熟，待干后制成丸剂。

【用法】1 剂分两天半服完，每日 3 次，于饭前 1 小时空腹服。

【注意事项】服完后 3 个月忌油盐。

秘方十六

【制法】采含羞草根适量，煮水当茶饮，至好为止，此方已治愈多人，值得一试。

秘方十七

【适用】尿蛋白不消失。

【成分】大蓟根 15 克、薏苡仁 30 克。

【用法】煎服。

秘方十八

【成分】取糯米 60 克、生芪 15 克、淡竹 30 克。

【制法】水煎服饮，约 10 剂后，即可见效。

此方可治尿毒症，对肾炎的治疗也有很好的功效。

秘方十九

【成分】龙眼菇一朵的 1/3，和水蛙 2 只。

【制法】用清水 5 碗，煮至剩 2 碗的量，取出温服。

【用法】较严重的，每天服用 3 次，如有起色，则每天服 2 碗即可。

龙眼菇即龙眼树上所生者。

秘方二十

【成分】另有药草名"猿仔草"。

【制法】取其幼叶茎切细，和蛋黄共搅，白茶油煎后服用。再取其粗叶茎根等，煮白水，以 6 碗水的量煮至 3 碗为止。

【用法】以之代茶饮。以两法同时并用，效果更佳。

秘方二十一

【成分】桂枝、黄耆各 9 克，茯苓、甘草各 18 克。

【用法】水煎服饮。

秘方二十二

【成分】采生长于沼泽的芒根 24 克。

【制法】水煎。

【用法】这是 1 天的分量，分作 3~4 次服下。

秘方二十三

【成分】茵陈蒿的种子 24 克。

【制法】水煎服。

【用法】这是 1 天的量，分 3~4 次服用。